高等职业教育新形态
一体化教材

中国传统文化

主　审　蔡大勇　郭志敏　唐韭虹
主　编　李国新　高悦敏　宋玉红

中国人民大学出版社
·北京·

图书在版编目（CIP）数据

中国传统文化 / 李国新，高悦敏，宋玉红主编 .--
北京 ：中国人民大学出版社，2023.1
ISBN 978-7-300-31325-2

Ⅰ.①中… Ⅱ.①李… ②高… ③宋… Ⅲ.①中华文化－高等学校－教材 Ⅳ.① K203

中国国家版本馆 CIP 数据核字（2023）第 004618 号

高等职业教育新形态一体化教材
中国传统文化
主　审　蔡大勇　郭志敏　唐韭虹
主　编　李国新　高悦敏　宋玉红
Zhongguo Chuantong Wenhua

出版发行	中国人民大学出版社		
社　　址	北京中关村大街 31 号	邮政编码	100080
电　　话	010－62511242（总编室）		010－62511770（质管部）
	010－82501766（邮购部）		010－62514148（门市部）
	010－62515195（发行公司）		010－62515275（盗版举报）
网　　址	http：//www.crup.com.cn		
经　　销	新华书店		
印　　刷	中煤（北京）印务有限公司		
开　　本	787 mm × 1092 mm　1/16	版　　次	2023 年 1 月第 1 版
印　　张	16.25	印　　次	2023 年 7 月第 2 次印刷
字　　数	353 000	定　　价	56.00 元

编委会

前言

中华优秀传统文化源远流长、博大精深，积淀着中华民族最深沉的精神追求，代表着中华民族独特的精神意识，为中华民族生生不息、发展壮大提供了丰富滋养，成为中华民族的重要凝聚力，成为中国特色社会主义植根的文化沃土，成为中华民族在世界文化激荡中站稳脚跟的根基。党的十八大以来，以习近平同志为核心的党中央高度重视传承弘扬中华优秀传统文化，将文化建设和文化教育明确作为实现中华民族伟大复兴的主要战略任务。党的二十大报告指出：中华优秀传统文化是中华文明的智慧结晶，其中蕴含的天下为公、民为邦本、为政以德、革故鼎新、任人唯贤、天人合一、自强不息、厚德载物、讲信修睦、亲仁善邻等，是中国人民在长期生产生活中积累的宇宙观、天下观、社会观、道德观的重要体现，同科学社会主义价值观主张具有高度契合性。习近平总书记旗帜鲜明地提出，坚持文化自信，并将其纳入中国特色社会主义的“四个自信”；在庆祝中国共产党成立 100 周年大会上，鲜明地提出“坚持把马克思主义基本原理同中国具体实际相结合、同中华优秀传统文化相结合”。国家在出台的一系列相关重要文件中强调指出：“推动高校开设中华优秀传统文化必修课”“实施中华文化传承工程，推动中华优秀传统文化融入教育教学”等。

有鉴于此，我们特编写了《中国传统文化》一书。本书从传统思想、传统文学、传统艺术、传统民俗、传统生活、传统科技以及地域文化方面入手，择其精华，去其糟粕，进行高度浓缩，全方位、多角度地展示了中华优秀传统文化的精神特质。因此，本书有助于广大学生把握中国传统文化的精髓，堪称了解、学习以及弘扬和传承中华优秀传统文化的典型教材。本书为河北省 2022 年高等学校人文社会科学研究项目《“双高”背景下中华优秀传统文化融入高职院校文化建设的研究》（编号：SY2022070）研究成果。

本书的主要特色与创新如下：

1. 内容上创新。将习近平新时代中国特色社会主义思想融入本教材，体现社会主义核心价值观，做到有机渗透；精简文化理论，不求全面，避免学术化，做到通俗简洁；注重传统文化的人文精神、现代价值和传承创新，融入地域文化、乡村文化、科技文化等与国家战略相契合的新内容，做到与时俱进，力求学生学而有得和学而有养。

2. 体例上创新。基于“三教”改革视域下，突出价值引领、职业教育特色和数字化教学资源特点，以学生的学习兴趣和学习习惯为出发点，按照“课程—模块—项目—任务”的编写体例，架构“五位一体”（价值引领 + 知识传递 + 文化体验 + 实践活动 + 能力培养）的教学模式，专门设置文化学习与体验活动，强化实践育人，力求体现教材的针对性和可操作性。

3. 形式上创新。为了满足专业的实际需要和学生的个性学习，本书在组织模式上创造性地采用“活页式”，取得了与以上课程内容、教学模式有机统一的效果，打造了职业教育公共理论基础课教材改革的新范式。同时，本书不仅是教师的教本，而且是学生自学的学本，在排版设计上符合广大学生的阅读和审美需求，力求既适合教师教学，又适合学生自学。

在本书编写过程中，我们得到了河北传统文化教育学会、秦皇岛职业技术学院的鼎力支持。同时，我们还参考了许多前辈学者和同人的著作、教材、论文等研究成果以及部分网站资源，一并在此表示诚挚的谢意！由于编者能力所限，虽竭尽全力，力求完美，但书中仍难免有不足之处，恳请同行方家批评指正。

编者

目录

绪　论

习近平总书记在中央政治局第二十三次集体学习时强调："在历史长河中，中华民族形成了伟大民族精神和优秀传统文化，这是中华民族生生不息、长盛不衰的文化基因，也是实现中华民族伟大复兴的精神力量，要结合新的实际发扬光大。"

中华优秀传统文化是中华民族的精神命脉，是中华民族的重要凝聚力，是最深厚的文化软实力，是中华民族一以贯之、经久不衰的人文情怀和文化精神。正是这种人文情怀和文化精神，激励了一代又一代仁人志士，浇铸了中国历史一个又一个的荣耀与辉煌。

一、文化、中国文化与中国传统文化

人类从野蛮到文明，靠文化进步，从生物的人到社会的人，靠文化教化。人的个性、气质、情操，靠文化培养；人的崇高与渺小，靠文化赋予；人的各种各样人生观、价值观，靠文化确立。那么，文化的本义何在？

当今世界关于文化的定义，据统计已经有 260 多种。迄今为止，“文化”的定义仍是学术界众说纷纭的问题。但不论文化有多少定义，其实质性含义是“人化”或“人类化”，即文化的核心问题是人。广义的文化与自然相对，泛指人类所创造的文明成果，即物质财富与精神财富的总和。狭义的文化是指人类所创造的一切观念意识形态成果。

从文化形态学的角度来讲，文化一般分为以下四个层次：

第一，物质文化层，也称物态文化层，它是人的物质生产活动及其产品的总和，属于实体文化。如服饰文化、饮食文化、建筑艺术文化均属于物态文化层。物态文化以满足人类最基本的衣食住行等方面的生存需要为目标，直接反映人与自然的关系。

第二，制度文化层，是指各种社会规范，它规定人们必须遵循的制度，反映出一系列的处理人与人相互关系的准则。如家族制度、婚姻制度、官吏制度、经济制度、政治法律制度、伦理道德等。

第三，行为文化层，多指人际关系中约定俗成的礼仪、民俗、风俗，即行为模式。其具有三个特征：一是集体约定俗成，并反复履行，如过春节、端午节等；二是形式类型化、模式化，如春节要贴对联、包饺子等；三是时间上一代传一代，好的风俗会随着时间的推移逐步传承下来。

第四，精神文化层，也称心态文化层，是指价值观念、审美情趣、思维方式、心理活动等。这是文化的核心。心态文化大致相当于通常所说的社会意识。

中国文化是与外国文化对举的概念，是指中华民族及其祖先在自己脚下这片土地上创造出来并传播到世界各地的文化总和。

中国传统文化，即鸦片战争以前中国人创造的文化，是

文化与文明的区别

属性不同：文化包括人的价值、信仰、道德、理想、艺术等因素；而文明仅包括技术、技巧和物质因素。

形成时间不同：文化是广泛的符合人的生活形态的统称；文明是有史以来长期沉淀下来的。

形态不同：文化偏重于精神和规范，而文明偏重于物质和技术。文明较容易比较和衡量，较易区分高低，如古埃及的金字塔、中国的长城、秦代的兵马俑等。

指在长期的历史发展过程中形成和发展起来的，保留在中华民族中间具有稳定形态的中国文化，包括思想观念、思维方式、价值取向、道德情操、礼仪制度、风俗习惯、行为方式、生活方式、宗教信仰、文学艺术、教育科技、文物典籍等。

文化驿站

中国传统文化

二、中国传统文化的特点

（一）崇尚统一，追求稳定

秦朝的大统一后，特别是汉代董仲舒对“大一统”观念的理论阐述，统一便逐渐转化为民族文化深层结构的社会心理，形成了我们民族的独特政治思维定式，以江山统一为乐，以社稷分裂为忧，是中华民族天经地义和矢志不渝的政治价值取向。历朝历代的统治者与被统治者都认同统一，认为只有统一才能创造开明的政治、繁荣的经济和文明的社会，国家才能强盛，百姓才能安居乐业。

（二）伦理至上，群体至上

中国古代重视君臣、父子、兄弟、夫妇、朋友等人伦关系，还十分强调群体至上，两千多年来一直延续着“家族本位”传统。传统主流思想认为：构成社会的本体是家而不是个人，一个独立个体，对家以上的群体要承担无限的义务与责任，个体对社会应具有服从甚至牺牲奉献精神。个体的社会角色首先是家庭成员，然后才是社会公民，家族是家庭的扩大，国家是家族的扩大和延伸。中华民族的群体意识对维护社会稳定起了重要作用，促进了个体对家、国义务的履行。

（三）尊老尚古，贵中尚和

在中国人的传统观念中，老者是智慧与经验的化身，所以要“尊老”，以孝为本。儒、墨、法、道各家皆以“法先王”的方式来推行其政治理想。

“中”是不偏不倚，既不要不足也不要过度，也就是孟子所说的“中庸”。“和”是和气、和睦、和平、和谐。传统观念认为，只有“贵中”，才能“尚和”，才能和谐。和谐之美在传统思想中被看作是一种最高境界。

（四）兼容并包，丰富多彩

“厚德载物”“有容乃大”，是中华民族精神的主要表现和优良传统。中国人历来认为，只有包容、兼容，吸纳不同的意见，汇集不同的声音，在矛盾的对立统一中才能体现自身的价值。中国传统文化中的不少内容来源于各民族或世界各地，正是由于这种不断地吸纳和兼收，中国传统文化才得以不断地丰富和发展。

三、中国传统文化的当代价值

站在新的历史起点，深入挖掘根植于中华民族基因中的优秀文化特质，对其进行创造性转化、创新性发展，更好地同中国当代文化相融通，展示中国优秀传统文化的当代价值，是实现中华民族伟大复兴的必然要求。

（一）中国优秀传统文化为马克思主义中国化提供文化沃土

习近平总书记在纪念孔子诞辰2565周年国际学术研讨会暨国际儒学联合会第五届会员大会开幕会上强调：“在带领中国人民进行革命、建设、改革的长期历史实践中，中国共产党人始终是中国优秀传统文化的忠实继承者和弘扬者，从孔夫子到孙中山，我们都注意汲取其中积极的养分。”离开了中国优秀传统文化，中国特色、中国气派和中国风格就无从谈起。

在马克思主义理论指导下发展的中国传统文化，与当代文化不断融合创新，其合理的文化内核逐渐积淀为中华民族最深沉的精神追求和价值指引。马克思主义中国化是一个动态的、不断创新的历史进程，中国优秀传统文化为其发展提供了不竭动力和思想源泉。

（二）中国优秀传统文化为社会主义市场经济发展提供价值导向

中国传统文化蕴含的义利观有助于遏制市场经济条件下的拜金主义，端正人们追求物质利益的态度；蕴含的诚实守信价值观有助于加强市场主体的道德修养，培育良性的市场经济契约精神。以社会主义市场经济精神为指导，挖掘中国传统文化中的合理要素，有利于构建一个和谐、文明的社会主义市场经济秩序。

中国传统文化中的和合思想、大同理念、自强精神等优秀基因，为社会主义市场经济发展提供了文化资源、精神力量，在新的历史条件下，继续巩固、拓展、创新中国传统文化，发挥它强大的生命力，为创建当代中国政治经济学理论体系提供文化资源。

（三）中国优秀传统文化是彰显文化自信的有力支撑

文化自信是一个国家、一个民族发展中更基本、更深沉、更持久的力量。中国优秀传统文化强调“天行健，君子以自强不息”、“公家之利，知无不为，忠也”、“吏不廉平，则治道衰”和“君子之守，修其身而天下平”等，其中蕴含的自强、公忠、廉洁、修身等理念具有鲜明的民族特色和时代价值，是中华文明传承至今没有中断的根基，是我们坚持文化自觉的底气、坚定文化自信的底色。

中国传统文化发展至今，依旧保持鲜活的创造力和强大的生命力，得益于中国传统文化的包容性、开放性、融合性特质，使中华民族在西方文化渗透的背景下依旧能坚定文化自信，为世界文明多样性发展贡献中国力量。

▲ 清华大学校训

（四）中国优秀传统文化为社会主义核心价值观构建提供思想源泉

中国优秀传统文化与社会主义核心价值观是一种双向的互动融通，一方面，构建社会主义核心价值观是对中国传统优秀文化的继承与升华；另一方面，中国优秀传统文化与社会主义核心价值观是“源”和“流”的关系，中国优秀传统文化蕴涵的独特价值体系是社会主义核心价值观的重要思想资源。

社会主义核心价值观的个人、社会、国家三个维度与中国传统文化倡导的“正心、修身、齐家、治国、平天下”相一致。践行社会主义核心价值观的立足点是个人道德的培育，中国传统文化非常重视对个人道德修养、道德理想的培养，崇尚修身，提倡“仁义礼智信”，强调“君子义以为质”，追求“君子”的理想人格，从而达致内圣外王。“仁者爱人”将血缘关系延展到“四海之内皆兄弟”“天下大同”的社会理想中去，“老吾老以及人之老，幼吾幼以及人之幼”等观念都体现在社会维度中。中国优秀传统文化蕴涵丰富的治国理政思想，传统儒家强调“民惟邦本”“民贵君轻”的民本思想，提倡“大道之行也，天下为公”，主张“天人合一”，注重人与人、人与自然统一的和谐思想。

（五）中国优秀传统文化为解决人类问题贡献中国智慧

当今世界，人类正共同面对恐怖主义、贫富分化、环境污染等诸多全球性问题，解决这些问题需要世界人民共同协作。中国优秀传统文化蕴涵着解决当代人类面临问题的重要启示，中华民族秉承共商共建共享的全球治理观。

自古以来，中华民族的血脉中流动着“和”的基因，始终崇尚和平、和睦、和谐，强调“和而不同”“以和为贵”，主张平等交流、互相借鉴。中国传统文化反对暴力与战争；倡导“博施众利”“正其义不谋其利”，秉持正确义利观，主张互利共赢；注重“亲仁善邻，国之宝也”“救灾恤邻，道也”；强调“民吾同胞，物吾与也”等理念，追求构建一种和谐共生的关系，为解决全球环境问题提供价值参考。

任务活动

活动一：任务图解（30分）

要求： 针对以上教学内容，画出简洁明了的思维导图。

活动二：文化体验（70分）

主题： 寻找身边最美的传统文化。

目的： 通过搜集资料，促进综合实践能力的发展，激发学生对优秀传统文化的热爱。

1/5 角色构建

要求： 全班按人数均分成5个小组。

项目小组	组长	成员
一组		
二组		
三组		
四组		
五组		

2/5　设计与行动

要求：每位学生以“寻找身边最美的传统文化”为主题，搜集整理资料，小组讨论后完成一份会议记录。

小组讨论会议记录

<table>
<tr><td>会议名称</td><td></td><td>时间</td><td></td><td>会议地点</td><td></td></tr>
<tr><td rowspan="2">小组成员到会情况</td><td>实到会人数</td><td></td><td colspan="3" rowspan="2">请假或缺席人员名单：</td></tr>
<tr><td>应到会人数</td><td></td></tr>
<tr><td>主持人</td><td colspan="2"></td><td>记录人</td><td colspan="2"></td></tr>
<tr><td>具体议程</td><td colspan="5"></td></tr>
</table>

续表

<table>
<tr><td>会议内容记录</td><td>一、对身边最美传统文化的看法
小组长发言：
1. ______ 发言：
2. ______ 发言：
3. ______ 发言：
4. ______ 发言：
5. ______ 发言：
6. ______ 发言：
小组长总结发言：
二、对“中国传统文化”课程的看法、建议和意见（请简单概括）</td></tr>
<tr><td>会议结果</td><td></td></tr>
</table>

3/5 观察与评价

项目小组	符合要求（30 分）	内容广泛（40 分）	记录清晰（15 分）	建议中肯（15 分）	总分
一组					
二组					
三组					
四组					
五组					

4/5 反思与探究

从实施过程和评价结果两个方面，对上述活动进行反思（可从活动内容是否完成、活动流程是否做得规范、活动做得是否完美等方面考虑）。

5/5 修正与完善

根据反思与探究中寻求到的解决问题的方法，进一步修正和完善寻找传统文化活动的编排。

知识链接

1. 央视网纪录片《美丽中国》.
2. 袁行霈，王仲伟，陈进玉. 中华传统文化经典百篇. 北京：中华书局，2016.

壹

模块一

中国传统思想文化

在历史悠久的中国传统思想文化中，始终存在着两条主要的脉络，即儒家学说和道家学说。以孔子、孟子思想为核心的儒家学说，是中国思想文化的正统；而以老子、庄子思想为代表的道家学说及在此基础上所产生的道家文化，则是儒家学说的对立面和补充，构成中华文明的主干；再加上墨家、法家、兵家、纵横家以及外来的并被汉化的禅宗文化等，形成了中国传统思想文化“儒道互补”“兼容并蓄”的基本特色。

项目一 儒家思想文化

习近平总书记在纪念孔子诞辰2565周年国际学术研讨会暨国际儒学联合会第五届会员大会开幕会上强调："孔子创立的儒家学说以及在此基础上发展起来的儒家思想，对中华文明产生了深刻影响，是中国传统文化的重要组成部分。儒家思想同中华民族形成和发展过程中所产生的其他思想文化一道，记载了中华民族自古以来在建设家园的奋斗中开展的精神活动、进行的理性思维、创造的文化成果，反映了中华民族的精神追求，是中华民族生生不息、发展壮大的重要滋养。中华文明，不仅对中国发展产生了深刻影响，而且对人类文明进步作出了重大贡献。"

项目目标

◆ 知识目标

1. 了解儒家思想发展脉络；
2. 理解儒家思想文化体系。

◆ 能力目标

1. 通过任务活动，学生可提高资料搜集能力及将传统文化知识与现实相结合的创新思维和应用能力；
2. 通过任务活动，学生可提高创新能力、思辨能力和协作能力。

◆ 素养目标

1 挖掘儒家思想的优秀文化基因，提高学生文化素质修养与思想道德水平；
2. 认知儒家思想文化对人类社会的积极影响，拓宽文化视野，增强学生的民族意识，坚定文化自信。

任务一　儒家思想发展过程

儒家的思想文化随着社会的发展变化，先后经历以下几个重要发展阶段。

一、“原始儒学”阶段

春秋晚期，孔子创立儒家学派。孔子思想的核心是“仁”。他要求人与人之间要互相爱护、融洽相处，要待人宽容，“己所不欲，勿施于人”。他强调统治者要以德治民，反对苛政和任意刑杀。他希望恢复西周的礼乐制度，“克己复礼”，使每个人的行为符合礼的要求。孔子创办私人讲学，主张“有教无类”，打破了贵族垄断文化教育的局面。孔子被后人尊称为“万世师表”和“至圣”。

战国时期，孟子和荀子是儒家的两位代表人物。孟子主张“仁政”，进一步提出“民为贵，社稷次之，君为轻”的民本思想，在伦理观上主张“性本善”，要实行仁政来恢复和扩充人的善性。荀子主张以德服人，提出“君舟民水”的著名论断，强调人民群众的力量巨大。荀子提出“性本恶”，强调用礼乐来规范人的行为，使人向善。经过孟子、荀子的改造和发展，儒学体系更加完整，儒家思想更能适应社会的需要。战国后期，儒学发展成为诸子百家中的蔚然大宗。

二、儒道互补阶段

（一）从“无为”到“有为”

汉初，统治者吸取道家“无为而治”的思想，采取与民休息的政策。后来，汉朝的经济实力逐渐恢复和增强，为了加强中央集权，适应国家统一的发展形势，积极有为的政治思想成为时代的需要。

文化驿站

儒家思想

▲ 儒家学派的创始人——孔子

四书五经

四书五经，是“四书”与“五经”的合称。四书指《大学》《中庸》《论语》《孟子》，五经指《诗经》《尚书》《礼记》《周易》《春秋》。

四书五经在中国传统文化的诸多文学作品当中占据着相当重要的位置，是历代儒客学子研学的核心书经。四书五经详细记载了我国早期思想文化发展史上政治、军事、外交、文化等各个方面的史实资料以及孔孟等思想家的重要思想。

▲ 董仲舒画像

（二）“罢黜百家，独尊儒术”的提出

董仲舒把诸子百家中道家、法家和阴阳五行家的一些思想糅合到儒家思想中，加以改造，形成了新的儒学体系。董仲舒适应汉武帝加强中央集权的需要，提出“大一统”和“罢黜百家，独尊儒术”的主张。汉武帝接受他的建议并付诸实行。

（三）儒学成为正统

从汉武帝时起，儒家学说成为政府选拔人才、任官授爵的标准。儒家经典成为国家规定的教科书。此后，儒家思想成为历代统治者推崇的正统思想，逐渐成为两千多年来中国传统文化的主流。

三、“宋明理学”阶段

（一）三教合一

魏晋南北朝到隋唐时期，儒学吸收佛教、道教的精神，有了新发展；佛教吸收儒学精神，渐趋中国本土化；道教受到儒学影响，主张“贵儒”又“尊道”。统治者奉行三教并行的政策，即尊道、礼佛、崇儒。

（二）程朱理学

北宋时，儒家学者展开了复兴儒学、抨击佛道的活动，同时又融合佛道思想来解释儒家义理，形成了以理为核心的新儒学体系——“理学”。其中，北宋程颢、程颐兄弟和南宋朱熹最为突出，“理学”也称“程朱理学”。

（三）陆王心学

南宋时期，理学家陆九渊把“心”作为宇宙万物的本原，提出“心”就是“理”的主张，认为天地万物都在心中。明朝时期，王阳明提出“致良知”和“知行合一”学说。这一学派也称为“陆王心学”。

宋明理学历经几百年的发展，对中国社会政治、文化教育以及伦理道德都产生了深远的影响。

四、明末清初的儒家思想

黄宗羲提出“天下为主，君为客”的民主思想，主张以“天下之法”取代皇帝的“一家之法”，从而限制君权，保障人民的基本权利。顾炎武重视对实际情况的了解，形成了经世致用的思想。他主张到实践中求真知，力求解决国计民生的现实问题。王夫之继承和发展了前代思想家的唯物思想，认为世界是物质的，物质是不断变化的。

明末清初，黄宗羲、顾炎武和王夫之三位进步思想家对传统儒学的批判继承，促使我国传统文化重新焕发了生机，对后世产生了巨大影响。

任务二　儒家思想内容

儒学生发于远古三代，奠基于礼乐文明，植根于中华民族的生活和人们的心灵之中，是传统社会与传统文化的主要精神形态。在剥离其形式主义的躯壳和为政治化服务的腐朽儒学的负面影响后，其有机、连续、整体的宇宙观，自强不息而又厚德载物的做人之道，人生意义和理想人格境界之追求等，都有其现实意义。

一、儒家的宇宙观

儒家“天人合一”思想是中国人最基本的思维方式，也是中国古人看待人与人、人与自然关系的基本态度。在儒家看来，“天”可以有三种属性：一是宇宙主宰思想。董仲舒认为“天”是一个有喜怒哀乐的天，可以和人感应、能够决定人的吉凶祸福。他认为：“天亦有喜怒之气，哀乐之心，与人相副，以类合之，天人一也。”二是“民胞物与”。孟子认为人类修行的目的是去除外界欲望的蒙蔽，“求其放心”，达到一种自觉地遵循道德原则的境界，这就是“天人合一”的境界。宋明理学家都继承了这条路线。三是大自然思想。荀子在《荀子·天论》里强调天就是物质性的大自然。

儒家的“天人合一”把天、地、人看作一个整体，认为“万物与我并生，天地与我为一”，把人类社会放在整个大生态环境中加以考虑，强调人与自然环境息息相通、和谐一体，天人之间可以互相感应和交流，认为天地万物是人的物质生命和精神信念的重要基础。

二、儒家的人生观

儒学总是关心或重视人间即生人的生活，而不追求或向往死后或来世的幸福。此种现实主义人生观始于孔子。如关于鬼神，孔子说：“未能事人，焉能事鬼。”“未知生，焉知死。”他认为应该致力于生人的事，不必追问死后的事情。

此后，荀子将其发展为无神论，认为祭天和祀祖只是教化百姓和文饰人类生活的一种方式，并无神秘的意义。儒学不以彼岸世界为归宿，而以治理好人的现实生活为目标，重视社会问题，具有强烈的忧患意识和社会责任感与使命感，“以天下为己任”是儒家及其信奉者的共同目标。

▲“以天下为己任”的范仲淹

儒家人生的大道，是“在明明德，在亲民，在止于至善”；而“明明德，止于至善”的层次则在“格物，致知，修身，齐家，治国，平天下”。儒家倡导人生当“尽其在我、以生为乐”“己立立人、己达达人”“穷则独善其身，达则兼善天下”。在生命与理想发生不可兼顾的矛盾时，宁可杀身成仁、舍生取义，以成就自己的道德人生。

三、儒家的道德观

文化驿站

道德观

儒家学派都倡导伦理教化和道德修养，以此来调整人际关系，并以圣人为人格的最高标准。仁、义、礼、智、信是儒家道德观的主要内容。

（一）儒家以“仁”作为处理人际关系的基本思想

孔子认为“仁”就是“爱人”，就是要在人我相处时亲爱一切人，与一切人友善。将由爱自己家人出发到爱所有人的“仁者爱人”的理论作为处理人与人之间关系的准则，该准则也被视为人伦关系和谐有序的基本伦理规范。这种思想反映了古人追求和谐的人伦关系和尊重他人的利益、价值、意志与愿望的人本主义精神。孔子还认为“仁”就是“克己复礼”，是其处理人际关系的根本。“克己”，即约束自己；“复礼”，即把外在礼仪规范反之于己身而践履之。

（二）“义”是儒家处理个人与他人、物质与精神关系的道德规范

在儒家看来，就个人而言，“义”要求人们始终坚守在任何时候、任何情况下都不可丢弃道德意志。儒家把“义”看得十分重要，认为没有“义”就无从体现“仁”。这种贵义思想发展至今成为中华民族崇尚革命气节与民族气节的优良传统。就社会而言，“义”要求人们以社会利益为重，切勿因个人利益而损害他人、社会利益。儒家以社会利益为重的思想，对于维护社会秩序有着重要的意义。

▲ 舍生取义的文天祥

（三）儒家的“礼”指的是道德生活规范和礼节仪式

儒家关于“礼”的思想可总结为：第一，要求人们的道德生活要符合社会制度的规范。遵从“礼”，就是要遵从社会制度，维护社会秩序。第二，要求人们的道德生活讲求礼节仪式，这是人际情感交流、人际关系和谐的重要形式。儒家提倡“礼”的道德规范，主要是要求人们遵守国家宗法制度这一社会规范。

（四）儒家的“智”指的是人的聪明才智和学识

儒家“智”的思想主要体现在：首先，讲究对人对事不偏不倚地认识，进而对道德原则和规范进行深刻理解，明辨道德是非原则。孔子说过“知者不惑”，孟子也言“是非之心，智也”。在儒家“智”的道德规范中，一个重要内容就是对人对事的认识要讲究不偏不倚，即中庸认识法。其次，对于道德的认识亦是如此。要想个体行为合乎社会的道德原则与规范，就必须身体力行学好这些原则与规范。

（五）儒家“信”的道德规范，要求人与人交往要诚实不欺、遵守诺言

“信”被儒家视为立身处世的基本原则。孔子说“人而无信，不知其可也”“民无信不立”。他认为个人在社会中与人交往不讲信用，必然会为社会所唾弃。同时，儒家认为信与义是

相互联系的，信是有原则的信。如孟子说过：“言不必信，行不必果，惟义所在。”

四、儒家的社会观

儒家的社会观是基于孔子“仁”的思想体系，突显人的价值，强调以人的群体价值来调整人际关系的社会观。在儒家看来，就个人与社会的关系而言，人的价值可分为自我价值与社会价值。人的价值的突显与人在社会中的责任与贡献有关，只有具有高度的社会责任感与历史使命感，并为他人或社会群体的幸福做出贡献的人，才能达到自我价值与社会价值统一的境界。儒家强调以“内圣”“明德”“尽伦”“正心诚意”为基础，以“外王”“新民”“尽制”“治国平天下”为功能，就是突出自我价值与社会价值的一致性。

儒家把处处以群体价值为重看成是培养理想人格的主要途径与标准。孔子认为“成人”之道为“见利思义，见危授命，久要不忘平生之言，亦可以为成人矣”，孟子更是把突出个体价值还是群体价值的问题尖锐地提了出来。他认为，如果全国上下都追逐人的个体价值，则这个国家就要灭亡了，即所谓“上下交征利而国危矣”；当个体价值与群体价值发生冲突的时候，必须牺牲前者以保存后者。

孔子的思想体系
- 政治思想
  - “治国以礼，为政以德”
  - “仁”和“礼”
- 教育思想
  - 教育理论
  - 教育内容
  - 教育方式
- 文艺与美学思想
  - 美与善的统一
  - 兴观群怨

任务三 儒家思想的人文精神

中华五千年文明孕育的人文精神，特别是作为其核心的儒家人文精神，是我们走向现代化的重要精神资源，是中华大地、华夏子孙精神生命的根基。

人文精神

人文精神是一种普遍的人类自我关怀，表现为对人的尊严、价值、命运的维护、追求和关切，对人类遗留下来的各种精神文化现象的高度珍视，对一种全面发展的理想人格的肯定和塑造；而人文学科是集中表现人文精神的知识教育体系，它关注的是人类价值和精神表现。

一、“身任天下”的忧患意识

中国传统文化的忧患精神，被早期儒家发扬光大，孔子忧“德之不修，学之不讲，闻义不能徙，不善不能改”“君子疾没世而人不称焉”。孟子更是意识到忧患精神对于个人和国家的重要性。他说“君子有终身之忧”“生于忧患，死于安乐”。因此，孟子认为要忧患一生、自强不息，要在艰苦的环境中主动地接受磨练。他认为，个人的生命存亡、事业成败和国家的盛衰强弱都与是否有忧患意识休戚相关。

正是儒家这种心系天下的忧患意识才焕发出人们强烈的入世精神，催生出“士不可不弘毅，任重而道远”的社会责任感和历史使命感，激起人们改造社会、变革现实的无穷热情。

文化驿站

忧患意识

二、“与天地参”的人本思想

儒家思想非常崇尚和重视个人的价值与尊严，认为人可以与天地并重。《孝经》说：“天地之性，人为贵。”《中庸》说：“能尽人之性，则能尽物之性；能尽物之性，则可以赞天地之化育；可以赞天地之化育，则可以与天地参矣。”孟子更主张应该以民生为本，轻君贵民。荀子则用层进比较的方法，从现象上说明了为什么天地万物之中人最为贵的道理。汉代大儒董仲舒则说：“天地人，万物之本也。天生之，地养之，人成之。”正是由于孔孟等儒家的极力倡导，人类的地位才得以巩固和确立起来。

三、“自强不息”的力行精神

儒家非常注重入世，主张“笃行”，反对空谈。这表现在：

▲ 闻鸡起舞——自强不息的祖逖

在个人修养上，强调“知行合一”。儒家认为，个人道德理想的最高境界是实现“三不朽”，即“立德”“立功”“立言”，而要实现这一目标，就要身体力行，言行合一。

在用人标准上，主张听言观行。孔子认为言行不一、表里不一、伪装欺世的行为，是“德之贼也”，他不仅主张“听其言而观其行”，而且主张对“行必果”的人，还要考察其动机是否纯正。

在入世经世上，主张自强不息、立功成器。儒家要求每一个人都要以天下为己任。儒家认为，人要有“修身、齐家、治国、平天下”的入世品格和刚健精神，才能激发“国家兴亡，匹夫有责”的担当意识和忧患意识。

四、“与命与仁”的终极关怀

孔子的终极关怀突出表现在他的“与命与仁”思想上，孔子承认天命，但他认为的“天命”并不是传统的天神观念，而是一种社会历史发展的必然性。在此基础上，孔子提出了“与仁”的思想，并且以追求“仁”道为己任。这里，孔子由“畏天命”到“知天命”，即从对历史发展必然性的敬畏到通过发挥人的主观努力而推行“仁”道，体现出孔子对人类社会命运的关怀和对人类文化传承的重视。

五、“忘食忘忧”的乐道精神

儒家对人生的基本看法是温柔敦厚的乐观主义。据统计，整部《论语》中，“乐”字出现了45次之多，却没有出现一个“苦”字，处处表现出孔子对世情的关怀，对人道的真情以及对现实人生的乐观主义精神。不仅如此，孔子还认为，人生的快乐与物质财富的丰裕程度不成正比。他说：“饭疏食，饮水，曲肱而枕之，乐亦在其中矣。不义而富且贵，于我如浮云。”在孔子看来，只有道德能够使人获得真正的快乐。道德对于人来说，是一种内在的价值，它不因物质财富而增加，也不因经济贫穷而减少。当然，孔子认为，在符合

▲ 安贫乐道的颜回

道义的前提下，谋取富贵不仅是人合情合理的天然权利，也是积极入世参与社会活动的必需条件。

六、“中国一人”的群体精神

受宗法制度的影响，儒家非常重视人类生活的群体性，儒家诸子所理解的人是整体的人，而个人不具有独立性。与道家哲学更多地关怀个体问题不同，儒家哲学更多地关怀群体问题，所以追求“天下一家，中国一人”的群体和谐，这是儒家人文精神的重要内容。

孔子说：“礼之用，和为贵。”这里所说的“和”，不仅仅是和睦、和谐，而且指从容不迫、合于中道，使“过之者，俯而就之，不至焉者，跂而及之”。由此可知，礼的施行要以不偏不倚、合乎标准才为贵，以此来调节人们的行为规范，就会做到“恭不劳、慎不葸、勇不乱、直不绞，民化而德厚矣”。这种“贵和”思想的提出，把个人与群体连为一体，增进了人与人之间的相互依存关系，强化了国家和民族的凝聚力。

项目拓展

科技自立自强的楷模

我国是人口大国，几千年来吃饭问题始终是最为重要的国之大事。亲历过饥馑岁月，这是袁隆平报考大学时选择学农的直接动因。他一生研究的最主要目标就是“让中国人吃饱饭”和“把中国人的饭碗牢牢端在自己手中”。

在袁隆平刚刚走上水稻品种研究道路的20世纪60年代，这一领域的研究方法还十分简单、极其有限。但袁隆平笃定研究这一领域，至死不渝。袁隆平及其团队对杂交水稻的研究培育几十年来一直保持世界领先水平，其中甘苦自知。享誉世界的科学家、地地道道的农民，这两个身份在袁隆平身上完美统一。他认为“书本电脑里种不出水稻”，耄耋之年仍挽起裤腿下田查看水稻生长情况。他曾在一档节目中提到，带学生的要求就是“实干！实干！实干！”，还称“不下田的学生我不带”。

今天，在尖端科技领域，还有不少“卡脖子”问题制约着我国经济社会的发展，以自强自立的精神在科技上攻坚克难，需要更多袁隆平式的科学家，以“脚踏实地”的研究作风成就“顶天立地”“惊天动地”的科研成果。

项目二 道家思想文化

道家思想在我国源远流长、影响深远。道家思想是春秋战国时期的主要学术流派之一，以“道”为宇宙本源，故称“道家”。老子集古圣先贤之大智慧，总结了古老的道家思想的精华，形成了道家完整的系统理论，标志着道家思想正式成型。道家思想在哲学、政治、人生诸方面对后世产生了深远的影响，除对道教宗教思想的影响重大外，对儒家、法家等也产生了一定的影响，堪称中华古代思想之重要遗产。

项目目标

◆ 知识目标

1. 了解道家思想发展脉络；
2. 理解道家思想文化内容。

◆ 能力目标

1. 通过活动，学生可提高自主学习与独立思考能力，以及将传统文化知识与现实相结合的创新思维和应用能力；
2. 通过活动，学生可提高创新能力、思辨能力和协作能力。

◆ 素养目标

1. 挖掘道家思想的优秀文化基因，提高学生文化素质修养与思想道德水平；
2. 认知道家思想文化对人类社会的积极影响，拓宽文化视野，增强学生的民族意识，坚定文化自信。

任务一　道家思想发展过程

一、杨朱阶段

杨朱基本思想的核心是“贵己”“尊生”。“贵己”就是利己，“尊生”就是珍爱生命。杨朱的哲学是用隐居来实现避世，其出发点是“全生避害”，“全生”是保全生命、保全天性，所以要避开祸害。杨朱主张关切自我、自由和本真，追求内在精神。他“贵己”“尊生”的人生理想对后世产生了不小的影响。

文化驿站

《道德经》

二、老子阶段

老子是道家学派的创始人，著有《道德经》，虽短短五千言却流传于世，是中国古代哲学不可或缺的部分。老子的思想主张是“无为”，其理想政治境界是“邻国相望，鸡犬之声相闻，民至老死不相往来”。老子以“道”解释宇宙万物的演变，“道”为客观自然规律，同时又具有“独立不改，周行而不殆”的永恒意义。其学说对中国哲学发展具有深刻影响，他的哲学思想和由他创立的道家学派，对我国古代思想文化的发展做出了重要贡献。

▲ 老子画像

三、庄子阶段

在先秦道家思想的成熟阶段，庄子是老子哲学思想的继承者和发展者，先秦庄子学派的创始人。庄子提出“齐生死”的理论，从更高的境界来看待自己和外物，主要思想是“天道无为”，认为一切事物都在变化，他认为“道”是“先天地生”的，“道未始有封”（即“道”是无界限和差别的），属于主观唯心主义体系。他在政治上主张“无为而治”，反对一切社会制度，摈弃一切文化知识。

▲ 庄子画像

四、黄老阶段

黄老之学是战国末年楚文化的老学与北方中原的黄帝崇拜相结合而形成的，它标志着道家思潮发展到一个新的阶段。黄老之学始于战国而盛行于西汉时期。它是借黄帝之名，宗老子之学，兼取儒、法、阴阳各家而建立起来的。黄老之学是以道家自然哲学为根柢的政治哲学或经世之学，其宗旨为“清静无为”“崇俭禁奢”“以百姓心为心”，主张采用政尚简易，与民休息、约法省禁、轻徭薄赋等政策，这套措施在汉初取得了积极的社会效果。

道家与道教的联系和区别

1. 产生于不同的时代。道家是由老子、庄子开创的哲学思想流派，在春秋末年创立；而道教则形成于东汉末年，源于张陵所创的五斗米教。

2. 有各自不同的代表人物。道家的代表人物有老子、庄子、刘安等；道教的代表人物有张角、张陵、葛洪等。这两类人物相互之间是不能替代的。

3. 性质不同。道家仅是一种思想文化流派；道教是一个宗教团体。两者在文化形态上具有完全不同的性质。

4. 思想不同。道家思想的核心是“道”，倡导自然的世界观和方法论，是一种哲学学派；道教以道作为其追求目标，是一种宗教信仰。

五、魏晋玄学阶段

魏晋玄学是以道学的典籍《老子》、《庄子》和《周易》（谓之“三玄”）为本，综合儒道而出现的一种崇尚老庄的哲学思想。王弼以道解儒，注重义理，提出了“言不尽意”的认识论和“名教出于自然”的伦理观。阮籍、嵇康等人从“万物一体”的宇宙观出发，提出“越名教而任自然”的理想追求。郭象用“独化于玄冥”的观点，说明世界万物的生成、变化以及万物之间的相互关系。

魏晋玄学继承了两汉的道家思想，又避开了两汉经学的弱点，创造了一个调和儒道学说的新的思想体系。它不仅盛行于魏晋时期，而且还影响佛学，乃至对宋明时期的理学都产生了深远的影响。

六、隋唐以后阶段

玄学衰落之后，道家思想仍是余绪未绝，注释《老子》《庄子》的学者数量极多，形成了道家的章句之学。不过，隋唐之后，道家的存在形式发生了变化，它主要是在道教的阵营中蓬勃发展。道教学者通过对老庄思想的阐释和发挥来建立其宗教理论。于是，有了隋唐时期的道教重玄学和宋元明清时期的道教内丹心性学理论出现的局面。

任务二 道家思想内容

道家思想内容的价值取向，首先是道法自然、宁静淡泊、无为自适。道家认为“道”是世界万物的本源，也是宇宙运行的规律。只有自然运行，天地才可以运化万千，宇宙才可以和谐，人类社会才可以协调有序，六畜才可以兴旺，万木才可以长青。其次，道家的行为取向是超世无为，顺其自然。道家认为，人生在世，要受到无数外在的约束，如声色犬马之乐、功名利禄之欲，甚至死亡之惧，只有超然于一切之上，不刻意去有所作为，才能领会到人生的意义。

文化驿站

道家思想

一、“不争”——以退为进的处世哲学

老子的《道德经》提出了许多以退为进的处世哲学，其中有八处提到“不争”，如：“天之道，不争而善胜”（第七十三章），“天之道，利而不害；圣人之道，为而不争”（第八十一章）；“夫唯不争，故天下莫能与之争”（第二十二章），正因为不和人争，所以天下没有人和他争；“夫唯不争，故无尤”（第八章），正因为不与别人争夺，所以才不会引起别人的关注、嫉妒和怨恨。老子的这种“不争”处世智慧告诉我们：一个人要想成功，其方法就是不争，不要去争抢，只是低调地提升自己的能力，完善自己，强大自己，故自然而然不争而胜。对此，老子以“水”为例，“上善若水，水善利万物而不争”，水是最柔弱的，但是它滋润万物却不与万物争，水又是最强大

阴阳

阴阳是一个简朴而博大的中国古代哲学。阴阳哲理自身具有四个特性：

一是相关性。阴阳的相关性是指用阴阳所分析的事物或现象，它应该是在同一范畴、同一层次或同一交点的，即在相关的基础上的。不相关的事物或现象不宜分阴阳。如：以天而言，昼为阳，夜为阴。

二是普遍性。阴阳的普遍性是指凡属于相关的事物或现象，都可以用阴阳对其各自的属性加以概括分析。如水与火、动与静。

三是相对性。阴阳的相对性是指各种事物或现象的阴阳属性不是一成不变的，在一定条件下可相互转化。如：北方地区十月份的气候较之七月份的炎夏，属阴；但较之十二月份的严冬，又属阳。

四是可分性。阴阳的可分性是指阴阳之中可再分阴阳。如：以天而言，昼为阳，夜为阴；白昼又可再分，上午为阳中之阳，下午为阳中之阴；黑夜亦可再分，前半夜为阴中之阴，后半夜为阴中之阳。

的，水滴石穿。大海和谁相争了吗？它只是柔顺处下，把心量放大，故海纳百川，百川归海。

二、“生活辩证法”——启发现代人进行自我心理调适

在老子看来，任何事物的存在和发展都不可避免地要经历一个由弱到强的过程，“人之生也柔弱，其死也坚强；草木之生也柔脆，其死也枯槁”，柔弱标志着新生、生命力和发展的希望，而刚强则是衰退、败亡的征兆，所以“物壮则老”“木强则折”，强难道是永远都强吗？弱难道是永远都弱吗？“祸兮福之所倚，福兮祸之所伏”。坏事里面蕴含着好事的因素，好事里面也蕴含着坏事的前兆。所以当你成功时，不要得意；当你处于弱势时，也不要丧气。因此，利用老子的生活辩证法，人们能正确地看待生命中的得失、成败、祸福，坦然面对失败，淡然面对成功，有利于缓解自身的焦虑、忧郁等不良情绪，减轻生存压力，从而获得内心的平和和满足，保持心理健康。

▲ 淡泊名利的陶渊明画像

三、“淡泊名利”——获得内心的平和和自适

道家的主要思想是“无为”，但老子的“无为”和庄子的“无为”是有区别的，老子的“无为”其实是“无不为”，至少，也是“有所为”。只不过为了“有所为”，先“无所为”，这就是“有所为有所不为。而庄子的“无为”是真的什么都不做，是“真不为”。庄子一生，把很多送上门来的功名利禄拒之门外，很多人一般都理解为庄子的清高。其实，庄子不是清高，而是透彻。他把人世间的名和利看得很淡，不愿意被名和利所束缚，认为生命和自由才是最可贵的，自由自在地活着就好。因此，庄子开启的这种对自然、对本真、对自我、对自由的追求，曾对魏晋风度、明末士风的形成产生过深刻的影响，同时也唤醒了个人意识的觉醒，启迪人们从名利等各种绳索捆绑之中解放出来，教育人们把人生的种种负累统统卸下，淡泊名利，从而获得宁静的自由和自适的心境。

任务三　道家思想的人文精神

一、道统万物，尊道循道的理性精神

“道”是道家思想中最为重要的范畴，否定了鬼神等传统人格神的主宰地位。道家认为，“道”是天地万物的根源和基础，又是统领、支配天地万物和人的总规律、总法则。“尊道”而“不敢为”，不是无所作为，而是顺应自然规律，不强作妄为，以求达到“无为而无不为”的效果。《庄子·养生主》中通过庖丁解牛的故事，强调了“依乎天理”“因其固然”的重要性，启示人们发挥主观能动性，掌握“道”这一自然规律，进而利用自然规律为人类造福。

二、率性而行，探玄索隐的人生旨趣

《庄子·至乐》中说：“鱼处水而生，人处水而死。彼必相与异，其好恶故异也。故先圣不一其能，不同其事。”这就启示人们，万物各有特性，各有好恶长短，应该充分认识和顺应万物的自身规律。“物各自生而无所出焉”，“无待”于任何力量的主宰。“好道”“率性”则是超越了功利层面而达到了精神的升华和人性的觉醒，它们蕴涵着一种乐于探索的可贵精神。

三、兼收并蓄，公正不偏的思想倾向

宽容精神是道家学派的共同倾向，《道德经》说，圣人能够包容一切，兼收并蓄，因性而治，使人尽其才，物尽其用。庄子体察到个体的知识和能力的局限性，故强调“百家众技皆有所长”，并以小雀与鲲鹏为寓，说明只有站得很高，才能体验到天地一体、万物同一、包容万物的道理；《淮南子》中亦强调应充分认识人才的特性，使天下之才“大小修短各得其所宜……无可弃者”。兼收并蓄、中立不偏的主张体现出道家对学术自由、思想自由的追求，弘扬这一精神是极具意义的。

文化驿站

道法自然

鹏程万里

“鹏程万里”出自《庄子·逍遥游》。

远古时，有一种鸟名叫鹏。大鹏鸟的背像泰山那样高，飞起来的时候，它的翅膀就像遮天蔽日的云彩。

有一次，大鹏鸟向南海飞去。它在南海海面上用翅膀击水而行，扇一下就是三千里。它向高空飞去，卷起一股暴风，一下子就飞出九万里。它飞出去一次，要过半年才飞回南海休息。当它飞向高空的时候，它的背靠着青天，而云层却在它的下边。

生活在洼地里的小安鸟雀，看见大鹏鸟飞得这么高、这么远，很不理解，就说：“它还想飞到哪里去呢？我们往上飞，不过几丈高就落下来了，我们在蓬蒿飞来飞去，也算是飞到边了。大鹏鸟究竟想飞到什么地方去呢？”

后来，人们就用“鹏程万里”形容前程远大。

四、不为物役，宠辱不惊的独立风骨

道家主张超越世俗的物质欲望，倡导淡泊名利、俭朴寡欲的人生态度。老子告诫人们，“咎莫大于欲得，祸莫大于不知足”，不要为财货物欲或名利地位而抛却人格，丧失自我；庄子反对“丧己于物”。这种价值取向，不是来自外在的权威或舆论压力，而是出自主体对生命的珍爱、对自然的热爱等更高层次的精神需要。道家认为，人生的真正幸福或快乐不在于外在的感官享乐，“有主于中”的精神充实和“以内乐外”的精神快乐才是持久和可贵的。这既是一种淡泊名利的高贵品德，又体现出宠辱不惊的心理调适能力。

五、求真尚朴，去伪弃诈的价值观念

道家视“朴”“真”等品质为最高的理想道德，主张保持淳朴天真的自然本性，保持和发展自身的本质和规定性，“见素抱朴”，渴望改变浇薄浮华的世风，使天下“复归于朴”。存朴去诈又体现为对于理性之真的向往，理性之真用于衡量主观与客观的一致性程度。这是人们认识客观世界不可或缺的基础和原则。

项目拓展

杨绛先生，淡泊背后亦风华

“我和谁都不争，和谁争我都不屑，我爱大自然，其次就是艺术，我双手烤着生命之火取暖，火灭了，我也准备走了。”这是杨绛翻译英国诗人兰德诗作《生与死》中的几句话，这正是她自身品格的写照。在这个喧嚣躁动的时代，先生就是温润如玉的慰藉。当我们缅怀杨绛先生时，更多的是想要触碰这个清静如水、淡泊名利的灵魂。

杨绛先生用她的一生，活出了大多数人都难以企及的“至高境界”。她出生书香门第，从小文笔出众，外语天赋极高，本是旧时代千金小姐的她，在经历了苦难之后，和先生钱钟书、女儿钱瑗像一个普通的三口之家一样，过着淡泊名利的生活。“我们这个家，很朴素；我们三个人，很单纯。我们与世无求，与人无争，只求相聚在一起，相守在一起，各自做力所能及的事。”在杨绛先生的描述中，阖家团圆的日子安之若素，云淡风轻，金钱的诱惑、名利的光环都被摒除在外，她和钱钟书先生长期身居陋室，只知埋头做学问。

就是这样一个清清爽爽的文化老人，在临别前留下遗言，希望在自己火化后再发讣告，杨绛先生“希望用最简单的方式安静地离开这个世界，不惊扰大家，不麻烦大家”。

淡泊名利，严谨治学，杨绛先生虽与世无争，闭门谢客，但绝非与世隔绝。

杨绛先生与丈夫钱钟书一生节俭。杨绛先生在社科院的助手曾透露，她家里从未装修过，纸要正反面用，还把玻璃罐头瓶带给同事腌制咸菜。

就是这样清贫了一辈子的老人，在 90 岁那年，拿出了自己与先生共同积攒的 72 万元稿费，全部捐献给了母校清华大学，以“好读书”为名设立奖学金，并宣布，将日后所出版的所有钱、杨二人作品稿酬、版税都投入该基金中。如今，奖学金已惠及千名清华学子，累积奖金超过 2000 万元。

“让真正爱读书的孩子，有书读。”杨绛先生生前最大的心愿在一点点实现。身居陋室，却心怀天下，杨绛先生的所做所言，履行着一名知识分子所肩负的使命与担当。

项目三 墨、法、兵三家思想文化

在中国传统思想文化史上，“兼爱”“非攻”“节用”的墨家思想，重法、重势、重术的法家思想，“求实”“顺理”“应变”的兵家思想，都有中国哲学的丰富内涵，都是中华民族的智慧结晶。

项目目标

◆ 知识目标

1. 了解墨、法、兵三家思想发展过程；
2. 理解墨、法、兵三家主要思想内容。

◆ 能力目标

1. 通过活动，学生可提高自主学习与独立思考能力，以及将传统文化知识与现实相结合的创新思维和应用能力；
2. 通过活动，学生可提高创新能力、思辨能力和协作能力。

◆ 素养目标

1. 挖掘墨、法、兵三家思想的优秀文化基因，提高学生文化素质修养与思想道德水平；
2. 认知墨、法、兵三家思想文化对人类社会的积极影响，拓宽文化视野，增强学生的民族意识，坚定文化自信。

任务一 墨家思想

一、墨家思想的发展过程

墨家约产生于战国时期，创始人为墨翟（墨子）。墨家是一个纪律严密的学术团体，其首领称“巨子”，其成员到各国为官必须推行墨家主张，所得俸禄亦须向团体奉献。

墨家学派有前后期之分。前期墨家思想主要涉及社会政治、伦理及认识论问题，关注现世战乱。墨家思想以贴近平民和小生产者的生活、代表其愿望为特征。

后期墨家思想在逻辑学方面有重要贡献，开始向科学研究领域靠拢。墨家学说开始对逻辑学有所研究，他们的研究领域也开始向科学领域拓展。墨子是我国历史上唯一一位农民出身的哲学家，因此他对于世间的观点也和很多人是不一样的。正是因为他的农民身份，这才得以对科学与数学有所研究，更是创立了许多关于几何学、光学、物理学等在古代极为突出且优秀的科学理论。他根据自己的认知提出了“兼爱”“非攻”等核心的墨家观点，在当时的百家争鸣，有“非儒即墨”之称。

墨子死后，墨家分为相里氏之墨、相夫氏之墨、邓陵氏之墨三个学派，活动于战国中后期。此时的墨家思想，在自然观方面，对物质、移动和时空关系做了唯物主义解释，摒弃了墨子的天鬼观念，并把唯物主义哲学和科学紧密地联系在一起。在认识论上，发扬了墨子重视实践的特点，承认物质世界的可知性，纠正了狭隘的经验论的错误。在政治思想方面，提出了“义，利也”的著名论断，突出了利，把它作为标准和基础用于解释各种社会问题和道德范畴。

历任墨家巨子

巨子又称钜子，墨家领袖的称呼。墨子有没有当过巨子，无法考证，但方授楚所著《墨学源流》认为，墨子是墨家第一任巨子，禽滑釐（qín gǔ xī）是第二任巨子，这也只是一家之言。从先秦典籍中可考证的墨家巨子只有三人：孟胜，田襄子，腹䵍（tūn），见于《吕氏春秋》。

▲ 墨子画像

二、墨家的主要思想

（一）“兼爱”“非攻”

墨家认为社会动乱攻伐，相互残害，是由人们“不相爱”

文化驿站

墨家思想

造成的，所以墨家提出了“兼相爱，交相利”，即我对别人亲爱和有利，别人也回报我以爱和利，“爱无差等”，把别人与自己同等看待，这样人与人之间就平等了。“兼爱”是墨子思想的核心，反映了他企图调和统治者与劳动者之间的矛盾，是一个事实上难以实现的理想。

“非攻”即反对战争，是“兼相爱，交相利”发展的必然结果，体现了墨家反对破坏生产，保全其生命财产安全的价值主张。但是，墨家并不一概反对战争，只是反对无故“攻伐无罪之国”的侵略战争，对防御性的战争是支持的。

（二）“尚贤”“尚同”

墨家反对世袭制度，主张政治地位的获得必须靠才能，没有才能者不能做官。墨子提出：“官无常贵，而民无终贱，有能则举之，无能则下之。”这表明墨家反对靠血缘关系取得特权地位，认为劳动者只要有才能，就可以做官。相反，原来的贵族，要是没有才能，就应该降级。

“尚同”是“尚贤”思想的扩大，不仅一般官吏要“尚贤”，而且“天子”也要由贤者来担任。墨子主张选举天下的贤德、善良、人格高尚而又有智慧、能言善辩的人立为天子，这样做是尚同于天的意志，因为天的意志是“兼爱”。若是人人都做到“兼爱”，天下自然也就太平了。墨家“尚同”的主张，在当时只是一种美好的愿望，是不可能实现的幻想，但是这种学说倾向于中央集权专制主义的模式，在一定程度上符合当时历史发展的趋势，有其积极的意义。

（三）“节用”“节葬”

“节用”“节葬”的思想，是墨家思想的精华。墨子认为，为政者应该增加生产，使物质财富成倍增长。同时，墨子还主张国家的财政开支要对人民有利，他认为葬礼不分贵贱，一律“桐棺三寸”，也无须守丧。埋葬故去之人以后，人们马上就去参加生产劳动。他强烈反对儒家的“厚葬”“久丧”，认为“厚葬”要把财富多埋在坟墓里，而“久丧”则影响劳动生产。如果这样做，还要使国家富强，则根本办不到。

（四）“非乐”“非命”

墨子认为欣赏音乐就是享乐，统治者欣赏音乐，占用了治理国家的时间，老百姓欣赏音乐，占用了劳动生产的时间，而且浪费资源，有碍天下进步，所以否定音乐对于人们的调节作用，要废除音乐。这反映了墨子作为小生产者阶级代言人，其思想上的局限性。

墨家认为，天下的士人君子，若真要天下富裕而非贫苦，要国家大治而非混乱，就要摒弃“天命”言论，依靠切实努力去改变现状。这一思想是对“天命”论的有力打击，这里包含了无神论思想的闪光，强调了人的主观能动性。

（五）“天志”

“天志”“明鬼”是墨子“兼爱”学说的理论根据，即“兼爱”学说是天的意志，是鬼神的意志。这在一定程度上反映了墨子的宗教思想。墨子认为天对一切国家、一切人都一视同仁。天还有赏善罚恶的威力，顺天意的必然得到报偿，逆天意的必然遭到惩罚。墨子还认为“天志”是衡量“王公大人”和“万民”的规矩。墨子的“天”是小生产者的幻想，反映了小生产者的利益。

三、墨家的影响

在中国古代人类思想文化的历史长河中，墨家扮演的是匡时济世的义侠和救世大师形象。墨家的理想人格是英雄。它包括忧民之患的同情之心和“兼以易别”，即以“兼”去消除“别”。墨子的思想在战国时代十分盛行，其门人弟子遍布天下，影响层面很大。墨子以其务实的济世理想、高越的人格情操、丰富的思想内容、完善的教材设计，形成了一个极其严密而充满宗教精神的团体，深深吸引了无数底层百姓与知识分子，对后世也产生了重要影响。

▲ 普通墨家门徒画像

墨子所提出的“兼爱”“非攻”“尚贤”“尚同”“节用”等观点，比较全面地体现和阐释了人与人、国与国、国家与人民、生产与消费等方面的和谐思想，在中国的“和合文化”中具有举足轻重的地位，是现今构建社会主义和谐社会的重要文化渊源之一。

前期墨家在认识论方面，提出了以经验为基础的认识方法，主张“闻之见之”“取实与名”，提出“有本之者，有原之者，有用之者”是检验认识正确与否的方法，以政治实践的结果是否符合国家和人民的利益为依据进行判断。这是中国哲学史上最早提出的关于真理标准的命题，对后世哲学史的发展影响深远。

墨家坚持以大义引导任侠精神，从而对中国几千年的任侠文化起了主导作用。后世军民抵抗外来侵略的慷慨赴死，侠士路见不平的见义勇为，其精神源头皆来源于墨家。而墨家注重实践的认识观，直接启迪了后世以荀子等人为代表的朴素唯物主义的诞生。

虽然距今已过去了两千多年，但墨家思想所倡导的“兼爱”理念以及“非攻”“尚贤”等主张，在今天依然值得人们关注。例如，当今我们构建社会主义和谐社会，正需要发扬墨家“兼爱”思想；而实现国家繁荣、民族复兴，则需要借鉴“尚贤”的现实意义等。墨家思想历经了千年洗礼，其中的理论精华依然可为今人所用，令人不由得惊叹它的旺盛生命力。

任务二 法家思想

法家是中国历史上提倡以法治为核心思想的重要学派，以富国强兵为己任。法家不是纯粹的理论家，而是积极入世的行动派，它的思想也是着眼于法律的实际效用。法家思想包括伦理思想、社会发展思想、政治思想以及法治思想等诸多方面。

一、法家思想的发展过程

法家思想成熟很晚，但成形很早，最早可追溯于夏商时期的理官，成熟于战国时期。战国初期，李悝、商鞅、申不害、慎到等开创了法家学派。商鞅强调“法”，即法律与规章制度。申不害强调“术”，即政治权术。慎到主张“势”，即在政治与治国方术之中，权力与威势最为重要。

至战国末期，韩非（又称韩非子）综合商鞅的“法”、申不害的“术”和慎到的“势”，集法家思想学说之大成。韩非认为“不可一无，皆帝王之具也”。明君如天，执法公正，这是“法”；君王驾驭人时，令人无法捉摸，这是“术”；君王拥有威严，令出如山，这是“势”。

韩非的法治思想强调“法”“术”“势”三者结合，主张改革和实行法治，反对儒家“法先王”思想，要求“废先王之教”“以法为教”。他强调制定了“法”，就要严格执行，任何人也不能例外，做到“法不阿贵”“刑过不避大臣，赏善不遗匹夫”。主张建立中央集权政权，实行君主专制独裁，为此，君主应该使用各种手段清除世袭的奴隶主贵族，“散其党”“夺其辅”；同时，选拔一批经过实践锻炼的封建官吏来取代他们，“宰相必起于州部，猛将必发于卒伍”。在思想和教育方面，韩非则主张禁断诸子百家学说，以法为教，以吏为师。他批判吸收各家主张，博采儒、道、墨之长，融“法”“术”“势”为一体，其思想达到了先秦法家理论的最高峰，为秦统一六国提供了理论武器，对于建立统一强大的秦王朝、实现国家富强起到了重要的作用，但最终因其“一断于法”而忽视对社会的教化引导，从而加速了秦王朝的灭亡。

▲ 韩非画像

秦灭亡后，法家思想暂未消亡，汉初仍有影响。汉武帝后，其势逐渐衰微，作为一个学派已经消失，但其影响一直波及后世。

二、法家的主要思想

（一）反对礼制，强调法律的作用

文化驿站

法家思想

法家重视法律，反对儒家的“礼”。他们认为，当时的新兴地主阶级反对贵族垄断经济和政治利益的世袭特权，要求土地私有和按功劳与才干授予官职，这是很公平的、正确的主张。而维护贵族特权的礼制则是落后的、不公平的。

法家认为，法律的第一个作用是“定分止争”，也就是明确物的所有权。其中，法家代表人物之一慎到就做了很浅显的比喻：“一兔走，百人追之。积兔于市，过而不顾。非不欲兔，分定不可争也。”意思是说，一只兔子跑，很多的人去追，但对于集市上的那么多的兔子，却看也不看。这不是不想要兔子，而是所有权已经确定，不能再争夺了，否则就是违背法律，要受到制裁。法律的第二个作用是“兴功惧暴”，即鼓励人们立战功，而使那些不法之徒感到恐惧。兴功的最终目的还是富国强兵，取得兼并战争中的胜利。

（二）“好利恶害”的人性论

法家认为，人都有“好利恶害”或者“就利避害”的本性。像法家的祖师爷管子就说过，商人日夜兼程，赶千里路也不觉得远，是因为利益在前边吸引他。打鱼的人不怕危险，逆流而航行，百里之远也不在意，也是因为追求打鱼的利益。因为有了这种思想，所以商鞅才得出结论：“人生有好恶，故民之可治也。”

（三）“不法古，不循今”的历史观

法家反对保守的复古思想，主张锐意改革。法家认为，历史是向前发展的，一切法律和制度都要随历史的发展而发展，既不能复古倒退，也不能因循守旧。商鞅明确地提出了“不法古，不循今”的主张。韩非子则更进一步发展了商鞅的主张，提出“时移而治不易者乱”，他把守旧的信奉儒家思想之人讽刺为守株待兔的愚蠢之人。

（四）“法”“势”“术”结合的治国方略

商鞅、慎到、申不害三人分别提倡重法、重势、重术，其思想各有特点。法家思想的集大成者韩非子则提出了将三者紧密结合的思想。“法”是指健全法制；“势”是指君主的权势，要独掌军政大权；“术”是指驾驭群臣、掌握政权、推行法令的策略和手段。历代君主均处心积虑地运用法、势、术，其目的主要是察觉，防止犯上作乱，维护君主地位。

三、法家的影响

法家对法律的起源、本质、作用，法律同社会经济、国家政权、伦理道德、时代要求、风俗习惯、自然环境以及人口、人性的关系等基本问题都做了探讨，对于一个国家的政治、文化、道德方面的约束还是很强的，对现代法制的影响也很深远。

中国古代著名的六大变法

历史上的改革较多，变法较少，大规模的深彻变法一共发生了六次，其中两次成功、四次失败。

历史上成功的变法仅有两例：一是春秋战国时魏国的李悝变法；二是春秋战国时秦国的商鞅变法。

一场变法的成功，影响的要素很多，例如国君的支持、外部的稳定环境、利益集团的反对等，如果一项要素出现问题，就会导致变法的失败。

历史上失败的变法主要有四例：春秋战国时楚国的吴起变法；春秋战国时韩国的申不害变法；北宋的王安石变法；清末的戊戌变法。

一是法家将“法”的意识深深地植入人的心中，让百姓知晓法律，只有这样才能使人人都懂法、守法，从而使法律易于执行，引导人们步入一条知法守规之路；二是法家最值得称道的是树立了“法不阿贵”的平等观，强调法律面前人人平等；三是“法与时移”的主张，坚持历史进化论，具有彻底的唯物主义精神；四是法家坚持执法要立功去私，“不别亲疏，不殊贵贱，一断于法”“法不阿贵”“刑无等级”，对“刑不上大夫”“礼不下庶人”予以否定，这是对中国法制思想的重大贡献，对于清除贵族特权、维护法律尊严产生了积极的影响，体现了法家法治思想公平、公正的原则，对于今天仍具有极高的借鉴价值。

▲ 海瑞画像

任务三　兵家思想

文化驿站

兵家

一、兵家思想的发展过程

只要存在战争，就会出现兵家。在中国古代历史上，兵家的历史可以追溯到上古时代的蚩尤，所以，蚩尤被后人尊为“兵主”。

之后，兵家姜尚及其著作《六韬》影响重大，该书不仅对以往的战事进行了总结，同时分析了制胜的方法，因此该书被视为一部较为科学的兵家著作。宋代将其视为《武经七书》之一。

到春秋战国时期，兵家思想达到最高峰。孙武是中国传统兵法的鼻祖，著有兵法 13 篇，名为《孙子兵法》。战国时期，齐国的孙膑是又一著名兵法家，著有兵法 89 篇，名为《孙膑兵法》。此外，吴国伍子胥、越国范蠡、楚国吴起、魏国尉缭、秦国商鞅等，也都是著名的兵略家或军事思想家。

▲ 兵圣孙武画像

秦汉以后，随着兵家思想的不断深入和完备，逐渐形成蕴含着丰富思想内容和高度智慧光芒的中国古代军事思想。

二、兵家的主要思想

兵家包含十分丰富的思想内容，归纳起来涉及如下几个方面：

一是关于战争的宗旨。一般来说，人们将战争视为政治和经济的集中反映，认为杀人、破城不是战争的目的，求取政治利益和经济利益才是战争的根本原因。

二是对待战争的态度。对此有两种观点，即偃兵派的观点和义兵派的观点。“偃兵”，是止息战争的意思。偃兵派认为，无论什么样的战争都会给人民和社会带来灾难，所以必须消除一切战争。“义兵”，是打正义之战的意思。义兵派认为，人生来便为己，为己便争夺，争夺便会有战争，反对争夺的战争也是战争，所以战争是不可避免的。因此，主张用除民之害、救民之苦的战争消灭造害于民、祸国于世的战争。

三是战争时机的选择。一般认为，在己方已有充分准备、敌方有机可乘的时候发动进袭为最好。比如孙子从五个方面审视战机，即“道”“天”“地”“将”“法”。“道”指政治，“天”指气候，“地”指地形，“将”指将帅，“法”指规范。他认为，若这五个方面都占优势，则是进击敌人的最好时机。

四是关于决胜的根本。一般认为，决定战争胜负的因素是多方面的，但其中有一个根本，就是人心。由此提出“天时不如地利，地利不如人和”的论断。

五是关于运兵的原则。最大的原则有两条，即知己知彼和以奇用兵。以奇用兵，是说用兵要讲究出其不意，攻其不备。兵家认为，用兵与治国不一样。治国要讲求信用，说到做到，守信于民；而用兵则不能讲信用，要用假象迷惑敌人，用奸用诈，让敌人摸不着头脑。由此提出“以正治国，以奇用兵”。“正”就是信用；“奇”就是“诡诈”。

六是关于力量的配备。包括自然环境的利用、战斗力的组织、军队的调度、械具的使用等。自然环境的利用讲究合于天时、取得地利；战斗力的组织讲究统一军心、激励士气、以众击寡；军队的调度讲究避实击虚、全军一体、神速出奇、辎重不离；械具的使用讲究协调互补、用之适宜。

兵家派系

据《汉书·艺文志》记载，兵家分为兵权谋家、兵形势家、兵阴阳家和兵技巧家四类。

兵权谋家，即我们平常熟知的战略战术，并不局限于用到兵器的真实的战场，其含义最广，从多方面阐述战胜之法。代表作有《孙子兵法》《吴子》等。

兵形势者，主要指战术方面的运用。代表作有《尉缭子》。

兵阴阳者，指的是左右战场的地理、天象等外在环境因素。代表作有《孙膑兵法》。

兵技巧者，指的是士兵单兵训练、武器装备等的创新发明和使用方法等。代表作有《墨子·城守》《练兵实纪》。

七是关于原则性和灵活性的关系。兵家认为，在战争中，各种条件都在不断变化，不能固守一种做法，应该根据不同的情况，灵活运用兵法原则，主张“悬权而动”“因敌变化”。“权”，本指秤砣，后引申为衡量轻重、审视情况；“悬权”，本意是将秤砣挂在那里，随着所称之物分量的变化而移动；所谓“悬权而动”，就是根据不同情况随时应变。

三、《孙子兵法》的历史地位

《孙子兵法》不仅是中国也是世界军事思想发展史上的一座里程碑。

（一）国内地位

《孙子兵法》早在战国时期就广为流传，汉代为兵官的教科书，隋唐称为兵经。明朝茅元仪在《武备志》中对《孙子兵法》在几千年封建社会军事学术史上的作用和地位给予了高度评价。

兵学家在军事著作中征引《孙子兵法》文句的，有《吴子》《孙膑兵法》《尉缭子》等，至于唐代的《李卫公问对》、宋代的《虎钤经》、元代的《百战奇法》、明代的《登坛必究》，更是全书或某篇以引用《孙子兵法》来树立自己的学术论点。

军事家直接以《孙子兵法》指导战争的，更是不计其数。如在《史记》记录的孙膑、赵奢、韩信等人的列传中，都有这方面的记载。后世对于《孙子兵法》的学习也是十分广泛的。秦末的项羽、东汉名将冯异就很精通《孙子兵法》。至于三国以后，由于曹操首注《孙子兵法》，以后注家蜂起。

（二）国际地位

《孙子兵法》的问世，标志着独立的军事理论著作从此诞生，因而在世界军事史上是一件具有划时代意义的大事。它几乎涉及了军事学中理论科学的各个门类、各个分支学科。

《孙子兵法》在外国的流传，以日本最早，朝鲜次之。后西传到欧洲，著名法国军事家拿破仑以《孙子兵法》为战争宝典。著名德国军事家克劳塞维茨的著作《战争论》继承了《孙子兵法》的许多思想。英国托马斯·菲利普主编的“战略基础丛书”，把《孙子兵法》排在第一位。到了现代，世界上许多国家都有《孙子兵法》的不同译本。

项目拓展

墨子的工匠精神

我们经常听到“工匠精神”这个词，它是指工匠对自己产品精雕细琢、精益求精的精神理念，是工匠在生产实践中凝聚形成的务实严谨、专注专一的可贵品质。在实现中国梦的道路上，出现了许许多多的人物，比如，航天利器工匠王阳、“军工绣娘”潘玉华等，他们阐述了什么是“工匠精神”。

说到“工匠精神”，不得不提一个人，那就是“工匠精神”的鼻祖墨子。

墨子是中国历史上唯一一名农民出身的哲学家，他的观点以“兼爱”为核心，包括“非攻”“非命”“非乐”“节葬”“节用”等观点，完全体现了农民的意愿。

出生于木匠的墨子从小身处社会的最底层，生活虽然艰苦，但他乐于钻研技术，墨子升为百工之匠，更懂得百工之苦，同时也认同百工的价值。墨子的“兼爱”思想为百工提升了社会地位。只有拥有了社会地位，工匠才能专心致志地精雕细琢产品。

墨子本人是一位很好的机械师，他既能设计也能制造机械，还探索了很多力学和机械设计原理，率先提出机械设计三大定律，以规范机械师的设计标准，墨家的工程师精神，也是诸子百家中独有的。

“尚巧”则是墨子工匠精神中匠技和匠心相结合的重要体现。墨子强调人们从事各行各业都要遵守行业标准，在此基础上，要掌握好专业技能。只有遵守好标准、娴熟掌握技术，才能挖掘潜在的创造力，打磨锻造出精湛的产品。墨子的技术之“巧”在于服务于人，这彰显了墨子独具匠心、精益求精的内在品质，丰富了中国工匠文化的内涵和底蕴。

当前，我国正处在全面建成小康社会的决胜时期，国家大力倡导和弘扬新时代的工匠精神。墨子的工匠精神是中国传统文化中科学精神与人文精神相互融合的优秀代表，其所蕴含的坚持与执着、科学与创新、精工与技艺的优秀品质和精神，也正是现代人在工作、生活中需要具备的优良品质，其对于培育现代工匠精神具有重要的借鉴价值。

我们在日常的生活和工作中，要传承墨子的“工匠精神”，追求精益求精、务实严谨、专注专一的精神理念，这样才有利于中国梦的实现。

任务活动

活动一：任务图解（30 分）

要求： 选取本模块九个任务中的任意一个，根据其内容画出简洁明了的思维导图。

活动二：文化体验（70 分）

主题： 穿越时空——以春秋时期百家争鸣为背景，扮演思想家角色，演出课堂情景剧。

目的： 通过角色扮演与讲述，了解百家争鸣的具体内容、影响及意义，增强学生的民族自豪感与爱国热情。

1/5　角色构建

要求： 全班按人数均分成 5 个小组。

项目小组	组长	成员
一组		
二组		
三组		
四组		
五组		

2/5 设计与行动

角色扮演，创设情境：由学生分别扮演诸子百家中各个派别的主要代表人物，介绍各自生平、主要事迹和主张。

例如，角色 1：我是孔子，……

角色 2：我是老子，……

结合课堂情景剧，以小组为单位完成以下表格。

扮演角色	主要学派	时代生平	主要主张	其他

3/5 观察与评价

项目小组	符合要求（30 分）	内容全面（40 分）	表述清楚（15 分）	融合度高（15 分）	总分
一组					
二组					
三组					
四组					
五组					

4/5 反思与探究

从实施过程和评价结果两个方面，对上述活动进行反思（可以从活动内容是否完成、活动流程是否做得规范、活动是否做得完美等方面考虑）。

5/5　修正与完善

根据反思与探究中寻求到的解决问题的方法，进一步修正和完善穿越时空活动的编排。

知识链接

徐克谦. 中国传统思想与文化（修订本）. 北京：高等教育出版社，2016.

贰

模块二

中国传统文学

习近平总书记在全国宣传思想工作会议上强调："中华优秀传统文化是中华民族的文化根脉，其蕴含的思想观念、人文精神、道德规范，不仅是我们中国人思想和精神的内核，对解决人类问题也有重要价值。要把优秀传统文化的精神标识提炼出来、展示出来，把优秀传统文化中具有当代价值、世界意义的文化精髓提炼出来、展示出来。"唐诗、宋词、明清小说等是华夏神州对人类社会所贡献出的精神财富，是中华民族奉献给世界文化宝库的瑰宝。

项目一 唐诗

中国素有“诗国”之称，在这片古老的国土上，每一寸土地都蛰伏着诗的精灵，每一方空间都飘荡着诗的温馨。可以说，诗是中华文明的灵魂和母体。唐诗，是当时中华民族丰富多样的生活感受和复杂曲折的思想历程的反映，是中国诗歌的标志，是中国古典诗歌的顶峰，是诗歌史上的瑰宝。

项目目标

◆ 知识目标

1. 了解唐诗发展的主要阶段及其代表诗人；
2. 熟悉李白和杜甫的诗歌内容和艺术手法。

◆ 能力目标

1. 能够感悟唐诗的意境；
2. 能够感受唐诗语言的节奏和音韵美；
3. 培养学生具备一定的诗歌鉴赏能力。

◆ 素养目标

1. 培养学生学习古诗词的兴趣，陶冶情操，提高审美情趣与文化品位；
2. 培养学生对中华诗词的兴趣与爱好，增进对民族文化的热爱之情。

任务一　唐诗发展的四个阶段

一、初唐诗歌

唐诗繁荣的准备时期，重要诗人有被称为“初唐四杰”的王勃、杨炯、卢照邻、骆宾王，此外还有陈子昂、张若虚、宋之问等。大唐建国之初，诗歌仍沿着南朝诗歌的惯性发展，柔靡纤弱，毫无生气。“初唐四杰”的出现使这种风气发生了转变。他们才气横溢，不满现状，通过自己的诗作抒发愤激不平之气和壮烈的抱负，拓宽了诗歌的题材。陈子昂的《登幽州台歌》和张若虚的《春江花月夜》都是这一时期的代表作品。

二、盛唐诗歌

盛唐时期是诗歌繁荣的顶峰。唐玄宗执政期间，唐王朝出现了历史上著名的“开元盛世”，政治、经济、文化都发展到了鼎盛。这一时期诗歌全面繁荣，名家大量出现，他们的作品精丽华美、雄健清新、兴象超妙、韵律和谐，表现了时代共同的艺术特色。

这个时期除出现了“双子星座”李白、杜甫两个伟大的诗人外，还有很多成就显著的诗人。他们大致可分为两类：一类是以孟浩然和王维为代表的山水田园诗人，他们的诗多反映闲适、退隐的思想情绪，色彩清淡，意境深幽，多用五言律绝和五言古体。另一类是边塞诗人，在唐代的对外战争中，许多文人参与进去，对边塞和军旅生活有亲身体验，从戎而不投笔，写

▲ 王维诗歌《渭城曲》图像

月亮在古诗中的代称

月亮是古诗中的常见意象。诗句中不会出现明显的与“月”相关的字，其代称经常是：

婵娟、素娥、玉兔、桂花、蟾宫、素影、玉魄、金魄、圆魄、飞镜、金镜、玉镜、冰镜、琼轮、玉轮、孤轮、半轮、玉盘、银盘、晶盘、琼钩、银钩、玉帘钩、玉壶、碧华、金波。

诗描绘苍凉的边塞风光，赞颂将士们的勇武精神，或痛恨战争带来的灾难。其中，高适和岑参取得的成就最高，王昌龄、王之涣也是边塞诗人中的佼佼者。

三、中唐诗歌

从中唐时期开始，国家逐渐衰落，诗歌中豪迈自信、自由飞扬的精神也开始衰退，但诗人们的创新精神和个性风格是异常突出的，使诗歌的发展走向多元化，出现了不同流派，一派以韩愈为代表，其追求奇怪美、重主观，常常打破律体约束，以散文句式入诗；另一诗派以白居易、元稹为主，主张有为而发，有益于政教之用。两个诗派都有写新题乐府，表达对国家的关心、对黑暗现象的抨击和对于民生疾苦的同情。

▲ 白居易诗歌《买花》图像

中唐时期成就最高的诗人是白居易。他主张“文章合为时而著，歌诗合为事而作”，即诗文要为时代服务，为现实服务，这种明确的理论是相当进步的。他了解和同情百姓疾苦，他的政治讽喻诗《新乐府》50首和《秦中吟》10首，都是为民请命的好作品。

中唐的著名诗人还有柳宗元、刘禹锡、李贺等，他们的艺术趣味有自己独特的特点。

四、晚唐诗歌

晚唐诗风渐趋纤巧。虽有过在文学史上产生重大影响的作者和作品，但总的来说，缺少盛唐、中唐的阔大气魄与浑融境界。杰出诗人杜牧、李商隐在诗歌艺术上有独特的贡献。杜牧的抒情小诗清新明丽，广为人知。李商隐擅长律绝诗，常以歌咏历史题材来讽喻现实。两位诗人合称“小李杜”。

任务二　李白的诗歌

李白集入世、隐逸、求仙、任侠于一身，世界观比较复杂，但诗歌创作的主要倾向是积极入世，他是盛唐气象的杰出代表，他的诗既反映了盛唐欣欣向荣的国力，也反映了盛唐气象背后的危机及危机爆发后的悲剧。

▲ 斗酒诗百篇的李白

李白诗歌的思想主题很简单，概括起来就是：一方面，他有着建功立业的“儒家思想”，希望能做成伟业，名垂青史；另一方面，他较为看重人格的独立性，且有着很强的自尊心和自信心，不愿长久地周旋在世俗中，希望能在做成大事后功成身退、隐遁江湖，这是一种掺杂了侠义观念的“道家观念”。然而，李白的理想终生不能得以真正实现，于是，“内儒外道”的他常常显现出一种怀才不遇的苦闷。

由于李白的理想不能实现而有着难以消释的苦闷，而他又往往借助自己的道家思想来努力排遣苦闷，这就使他的诗歌情感体现出一种“旷达其表，哀愁隐现”的特点，与建安诗人相似。在情感表现上，李白性格直率，写作的也多是古体诗，往往不拘一格，出口成篇，较少雕琢，情感脉络或一气流贯或大开大合，跌宕起落，心绪外露，情感变化在诗句最浅表的语言层面得以直接表达，而不似杜甫般愁肠百结，沉吟良久，顿挫回环。

李白诗歌的主要内容概括为：强烈的积极向上的精神，歌唱理想，同时也反映理想与现实的矛盾，如《将进酒》《行路难》；反权贵、反传统的傲岸精神，如《梦游天姥吟留别》《蜀道难》；描写并赞美祖国山川，大略有两大类型：一类是在气势磅礴的高山大川的壮美意境中抒发豪情壮志，另一类则着意追求光明澄澈之美，在秀丽的意境中表现天真的情怀。

李白的诗歌创作带有强烈的主观色彩，主要表现为侧重抒写豪迈气概和激昂情怀，很少对客观物象和具体事件做细致的描述。李白作诗，常以奔放的气势贯穿，讲究纵横驰骋，一气呵成，具有以气夺人的特点，如《上李邕》：“大鹏一日同风起，扶摇直上九万里。”他说自己的诗是“兴酣落笔摇五岳，诗成笑傲凌沧洲”。

李白诗歌的主要特点有：

第一，强烈的感情色彩，喷发式的抒情方式。洒脱不羁的气质、傲世独立的人格、易于触动而又爆发强烈的感情，形成了李白诗抒情方式的鲜明特点。它往往是喷发式的，一旦感情兴发，就毫无节制地奔涌而出，让人直接感受到心灵的震撼。如《鸣皋歌送岑征君》抒写对于政治黑暗、是非颠倒的愤慨，这种情感表达方式完全是李白式的。

第二，想象变幻莫测，随意生发，离奇惝恍，意象壮美而不乏清新明丽。与喷发式感情表达方式相结合，李白诗歌的想象变幻莫测，往往发想无端，奇之又奇，如《将进酒》：“君不见高堂明镜悲白发，朝如青丝暮成雪。”他的奇特想象，常有异乎寻常的衔接，随情思流动而变化万端。一个想象与紧接着的另一个想象之间，跳跃极大。意象的衔接组合也是大跨度的，纵横变幻，极尽才思敏捷之所能。

第三，壮美与优美的意象。李白诗歌中颇多吞吐山河、包孕日月的壮美意象，这与其作诗的气魄宏大和想象力丰富相关联。李白对体积巨大的壮观事物似乎尤为倾心，大鹏、巨鱼、长鲸，以及大江、大河、沧海、雪山等，都是他喜欢吟咏的对象，李白将它们置于异常广阔的空间背景下加以描绘，构成雄奇壮伟的诗歌意象，如《渡荆门送别》的意象极为阔大壮观。但是，李白诗里亦不乏清新明丽的优美意象。那些由清溪、明月、白鹭、竹色、白露等明净景物构成的清丽意象，极大地丰富了李白诗歌的艺术蕴含。

第四，清新明快的语言风格。语言风明丽爽朗是李白诗歌的基本色调，正所谓“清水出芙蓉，天然去雕饰”。在李白诗歌里，用得最多的色彩字是白，其次是金、青、黄、绿、紫等，他天性开朗，喜欢明丽的色调，不喜欢灰暗色，他那些脱口而出、不加雕饰的诗，常呈现出透明纯净而又绚丽夺目的光彩，反映出其不肯苟同于世俗的高洁人格。

什么是浪漫主义

浪漫主义是文艺的基本创作方法之一，与现实主义并称为文学艺术上的两大思潮。浪漫主义在创作中侧重从主观内心世界出发，抒发对理想世界的热烈追求，创作语言热情奔放、想象神奇瑰丽，常用夸张的手法来塑造形象。中国浪漫主义创作以《楚辞》为源头，以李白诗歌为高峰。

任务三　杜甫的诗歌

杜甫一生借诗言志抒怀，惨淡经营，直到临终时还在伏枕挥笔，创作了大量的诗篇，仅流传下来的就多达1400余首。这数量上颇为可观的诗篇，无论是叙事记行的还是抒发情怀的，大都是伤时忧国、缘事而发的，有着丰富的社会和政治内容，充满浓郁的时代气息。可以说，举凡当时的朝政大事，安史之乱中的一些重大战役，唐王朝与边疆地区几个民族关系的变化，乱前繁荣和乱后民生凋敝的社会景象，以及乱离中人民的苦难境况，在杜甫诗中大都有一定的反映。诗人常常触及时代的症结所在，而且描写真实，并不掩饰。通过杜甫的诗歌，可以清楚地看出唐王朝由盛到衰变化的历史轨迹，其中的种种表现及其深刻的内在原因。所以，杜甫的诗号称“史诗”。

▲ 杜甫画像

杜甫诗歌的进步思想内容之一，是揭露和讽刺统治阶级的骄奢腐朽。杜甫一生关心国事，勇于仗义执言，看到统治阶级危害国家和人民的丑恶行径，都愤然为诗，进行揭发、讽刺和抨击。如《兵车行》借征夫对老人的答话，倾诉了人民对战争的痛恨，揭露了唐玄宗长期以来的穷兵黩武、连年征战给人民造成的巨大灾难。

杜甫诗歌的进步思想内容的另一个突出方面反映了繁重赋役和战乱给广大人民造成的苦难境遇。杜甫是位“穷年忧黎元，叹息肠内热”的诗人。在古代，很难找到几个像杜甫这样对劳苦人民投以深切的关注和同情的诗人，也很难找到几部诗集像一部杜诗这样多、这样真切地反映着人民的生活、人民的辛酸血泪。著名的“三吏三别”，通过丈夫被征兵的新婚女子、“子孙阵亡尽”的老翁、不成年的“中男”和“二男新战死”的老妇这几种被强征、强抓去打仗的情景凄惨的画面，高度概括地反映出战乱和兵役的极端残酷，反映出人民的深重苦难，男女老幼无一幸免。

维护国家统一和民族团结，谴责分裂割据，是杜甫诗歌的进步思想内容的又一重要方面。唐前期，国家统一，社会安定，国内各民族的关系比较融洽，汉族和边疆各族在经济和文化上频繁往来，对各族的发展都起了促进作用。唐玄宗恣意用兵边疆，乃至远征西域诸国的黩武政策，损害了国计民生，也破坏了民族和睦友好关系；安禄山之流贪功邀赏，制造民族纠纷，发动叛乱，使国家出现分裂的危机。在有关国内民族纠纷的诗中，杜甫表现了难能可贵的清醒、明智，如《前出塞九首》。

杜甫诗歌的内容是多方面的，除上面三类直接感时伤世、忧国忧民的之外，还有一些描绘自然景物、抒写亲朋情谊和个人生活性情的作品等。

杜甫的诗歌是博大浩瀚的思想内容和高度完美的艺术形式相结合的产物，具有很高的艺术价值。

杜甫诗歌的主要特点如下：

第一，反映生活高度概括，抒发感情爱憎分明。诗人善于选取具有典型意义的人或事，加以艺术的概括，反映丰富多彩的现实生活，揭示生活的本质，表现了诗人鲜明的爱憎。如《兵车行》、“三吏三别”、《羌村三首》、《自京赴奉先县咏怀五百字》等。

第二，描写事物真实细腻。对客观现实做真实而又具体的描写，是杜诗，特别是其叙事诗的重要艺术特色。如《北征》中，对回家后见到贫困生活中子女情状的描写；《垂老别》中，对老夫老妻无限伤心的心理状态的描写。杜诗的工笔描绘，塑造了众多的平民形象，这在此前的诗歌中是少见的。

第三，寓主观倾向于客观叙事之中。诗人善于把主观的思想感情融化在对客观事实的描述之中，让人物和事实本身说话。如《石壕吏》，这是一首揭露官吏横暴，反映人民苦难的诗篇。开头四句写“有吏夜捉人”的场景；中间十六句，写县吏怒吼、老妇哭啼的情景；最后四句，写老妇被抓走、儿媳低泣及与老翁告别的结局。全诗除“吏呼一何怒，妇啼一何苦”两句，稍露诗人爱憎感情外，其余都是客观的白描，诗人的强烈爱憎，以及对事件的主观评价，都在白描中有所流露。

第四，高度凝练与丰富多彩的语言。杜诗在语言运用上是极其成功的，这是诗人向古代诗人、向民间语言学习，以及天才的创造和刻苦训练的结果。杜诗语言的主要特点有：概括性强，精练准确，丰富多彩，通俗自然。如《登高》首联的“急”“高”“清”“白”四个字用得极其精练。颔联的“下”“来”两个动词，概括得极其准确。颈联更是历来誉为用字精练的范例，十四个字包含有他乡作客、万里作客、经年作客、潦倒作

诗人们的“绰号”

李白，浪漫主义诗人，有“诗仙”之称；

杜甫，现实主义诗人，被尊为“诗圣”；

李贺，常写神仙鬼魅诗作，人称为“诗鬼”；

陆游，爱国主义诗人，诗歌多达9000多首，被称为“诗神”；

贾岛，苦吟诗派诗人，以诗为命，人称“诗奴”；

孟浩然，田园诗派诗人，被称为“诗隐”；

白居易，号香山居士，被称为“诗魔”；

王维，晚年皈依佛教，被称为“诗佛”；

贺知章，号四明狂客，被称为“诗狂”。

客，深秋登高、独自登高、多病登高、暮年登高等多层可悲之意。其他如“星垂平野阔，月涌大江流”中的“垂”字、“涌”字，“细雨鱼儿出，微风燕子斜”中的“出”字、“斜”字都是精练准确的例子。杜诗语言的丰富多彩，主要表现在诗人对千姿百态的自然与生活景物的描绘上。杜诗语言的通俗自然，主要指杜甫善用俗语。此外，诗人也善用一些典雅清丽的语言，形象地写出事物的情态，如“留连戏蝶时时舞，自在娇莺恰恰啼”等。

杜甫的诗歌，完善了多种诗歌体式，达到了古典诗歌艺术现实主义的发展高峰，并形成了诗人独特的沉郁顿挫的艺术风格。

项目拓展

吟咏中的文化自信

“文化自信”，是近年来使用的一个高频词。这份自信何来？首先来自老祖宗留给我们的深厚文化家底。从诗经、楚辞、汉赋，到唐诗、宋词、元曲等，中国文艺星河灿烂，创造力之强大、成就之辉煌，在世界文化之林中独领风骚。

这份自信，更源于坚信中国文化、中国智慧对今天的中国与世界的巨大价值。吟咏习近平总书记用过的诗句，人们可以感悟他治国理政的情怀与智慧、胸怀与自信。

◎明信仰之坚贞，则用“千磨万击还坚劲，任尔东西南北风”；

◎道爱民之情深，则引“些小吾曹州县吏，一枝一叶总关情”；

◎察风气之紧要，则有“历览前贤国与家，成由勤俭败由奢”；

◎励青年之志向，则言“宝剑锋从磨砺出，梅花香自苦寒来”；

◎述文明之多元，则借“一花独放不是春，百花齐放春满园”；

……

古人云：诗者，天地之心也。诗人者，必有至真之性、至悯之情、至旷之怀也。“众里寻他千百度，蓦然回首，那人却在灯火阑珊处。”诗意不在远方，它就在我们心中。人生自有诗意，时代呼唤新篇。

项目二 宋词

宋词是中国古代文学继唐诗之后的又一文学高峰，与唐诗并称双绝，都代表了一代文学之胜。宋词远从《诗经》、《楚辞》及《汉魏六朝诗歌》里汲取营养，又为后来的明清戏剧、小说输送了有机成分。直到今天，它仍在陶冶着人们的情操，给我们带来很高的艺术享受。

项目目标

◆ 知识目标

1. 了解宋词两大流派及其代表诗人；
2. 了解苏轼对词的贡献；
3. 理解辛弃疾词的主要内容。

◆ 能力目标

1. 能够感受宋词语言的节奏和音韵美；
2. 培养学生具备一定的诗词鉴赏能力。

◆ 素养目标

1. 培养学生学习宋词的兴趣，陶冶情操，提高审美情趣与文化品位；
2. 重点引导学生领悟宋词中的家国情怀，强化爱国意识。

任务一 宋词概述

词的初期极尽艳丽浮华，流行于市井酒肆之间，是一种通俗的艺术形式，五代时期的《花间集》就很明显地展露了词美丽绚烂的文采，但是这期间词的题材还仅限于描写闺情花柳、笙歌饮宴等方面，可以说还显得很“小气”。虽然其艺术成就已经达到了相当的水准，但是在思想内涵上层次还不够。

宋代初期的词一开始也是沿袭这种词风，追求华丽辞藻和对细腻情感的描写。像曾因写过“忍把浮名，换了浅斟低唱”而得罪了仁宗皇帝的柳永，郁郁不得志，一生就流连于歌坊青楼之间，给歌妓们写词。所谓“凡有井水饮处，皆能歌柳词”。

当时的词被认为是一种粗俗的民间艺术，不登大雅之堂，以至于宋朝的晏殊在当上宰相之后，对于他以前所做的词都不承认。宋朝的艳妓之多、水平之高为其他朝代所罕有，她们和宋朝的才子们一起共同推动了词这一新兴艺术形式在民间的广泛流传。

但是，随着词在宋代文学中占据越来越重要的地位，词的内涵也在不断地充实和提高。“人不寐，将军白发征夫泪。”奠定了边塞词在宋词中的地位，使只闻歌筵酒席、宫廷豪门、都市风情、脂粉相思之类的世人耳目一新。苏轼所做之词首开豪放词风，宋词已经不仅限于文人士大夫寄情娱乐和表达儿女之情的玩物，更寄托了当时的士大夫对时代、对人生乃至对社会政治等各方面的感悟和思考。宋词彻底跳出了歌舞艳情的巢窠，升华为一种代表了时代精神的文化形式。

通过柳永和苏轼在创作上的重大突破，词在形式上和内容上得到了巨大的发展。尽管词在语言上受到了文人诗作的影响，而典雅雕琢的风尚并没有取代其通俗的民间风格。词的长短句形式更便于抒发感情，所以“诗言志，词抒情”的这种说法还是具有一定根据的。

宋词，大体上可分为婉约派和豪放派。婉约派的词，其风格是典雅涪婉、曲尽情态。像柳永的“今宵酒醒何处？杨柳岸，晓风残月”；晏殊的“无可奈何花落去，似曾相识燕归来”；晏几道的“舞低杨柳楼心月，歌尽桃花扇底风”等名句，

词牌来源

(1) 本是乐曲的名称。如《菩萨蛮》，唐代大中初年，女蛮国进贡，使者高髻金冠，妆如菩萨。教坊因此谱成《菩萨蛮曲》，风行一时。

(2) 取词中的几个字为词牌。《念奴娇》又叫《大江东去》《酹江月》，因为苏轼的《念奴娇》，第一句是“大江东去”，最后三个字是“酹江月”。

(3)词牌源于词的题目。《渔歌子》咏的是打鱼，《浪淘沙》咏的是浪淘沙，词牌同时也是词题。

不愧是情景交融的抒情杰作，艺术上有可取之处。豪放词作是从苏轼开始的。他把词从娱宾遣兴的天地里解助出来，发展成独立的抒情艺术。山川胜迹、农舍风光、优游放怀、报国壮志，在他手里都成为词的题材，使词从花间月下走向了广阔的社会生活。从我们今天读者的情趣来看，像“大江东去”之类的豪放派的作品更易于接受。

在宋代的词坛上，词人辈出，宛如夜空中的璀璨群星，使词这一文学形式大盛于两宋。从发展阶段上大致可以分为三个阶段：第一个阶段，晏殊、张贤、晏几道、欧阳修等承袭“花间”余绪，为由唐入宋的过渡；第二个阶段，柳永、苏轼在形式与内容上所进行的新的开拓以及秦观、赵令畤、贺铸等人的艺术创造，促进宋词出现多种风格竞相发展的繁荣局面；第三个阶段，周邦彦在艺术创作上的集大成，体现了宋词的深化与成熟。这三个阶段在时间上并非截然分开，而是互相交错在一起的；就其发展演变的实际情况看，继承与创新也不是相互脱节的。

▲ 周邦彦的词《兰陵王・柳》图像

宋词大致可分小令（58字以内）、中调（59～90字）和长调（91字以上，最长的词达240字）。一首词，有的只有一段，称为单调；有的分两段，称为双调；有的分三段或四段，称为三叠或四叠。

宋词不同于一般宋诗的散文化、议论化，善于将抒情与写景完满结合。在唐五代小令的基础上，宋词演变为许多中调和慢词，在曲折动宕、开阖变化之中，使情、景紧密交融，其细致、具体、微妙处，有的甚至有胜于唐诗。

宋词又长于比兴，多以微妙而细致的比兴手法，借景物表达内心复杂隐幽的感情，每以芳草美人的传统材料来寄托政治上的感慨，感人至深。

宋词形成了众多的艺术风格。宋词虽沿袭唐五代的传统，但以抒发感情、性灵为主，形成“诗庄词媚”的分野，以婉约为宗，但后来由于时代生活的变化、题材的扩大，艺术个性得到重视，艺术手法渐趋多样，因此宋词风格在婉约与豪放之外，兼有真率明朗、高旷清雄、典雅精工、密丽险涩等多种风格。

任务二　婉约派

婉约派为中国宋词流派。婉约，即婉转含蓄。其特点主要是内容侧重儿女风情，结构深细缜密，音律婉转和谐，语言圆润清丽，有一种柔婉之美。婉约派的代表人物有柳永、晏殊、晏几道、欧阳修、秦观、贺铸、周邦彦、李清照等。

柳永（约984—约1053年），原名三变，字景庄，后改名柳永，字耆卿，因排行第七，又称柳七，北宋词人，婉约派代表人物。柳永是第一位对宋词进行全面革新的词人，也是两宋词坛上创用词调最多的词人。柳永大力创作慢词，将敷陈其事的赋法移植于词，同时充分运用俚词俗语，其适俗的意象、淋漓尽致的铺叙、平淡无华的白描等独特的艺术手法，对宋词的发展产生了深远影响。柳永词大量描写市民阶层男女之间的感情，多方面展现了北宋繁华富裕的都市生活和丰富多彩的市井风情。柳永工于羁旅行役词，正是基于他一生宦游沉浮、浪迹江湖的切身感受，主要作品有《雨霖铃·寒蝉凄切》《八声甘州·对潇潇暮雨洒江天》《甘草子·秋暮》等。

晏殊（991—1055年），字同叔，北宋政治家、文学家。晏殊以词著于文坛，尤擅小令，风格含蓄婉丽，与其第七子晏几道被称为“大晏”和“小晏”，又与欧阳修并称“晏欧”，后世尊其为“北宋倚声家初祖”，亦工诗善文，其文章又能“为天下所宗”。存世作品有《珠玉词》，收录《破阵子·燕子来时新社》《踏莎行·细草愁烟》《浣溪沙·一曲新词酒一杯》《木兰花·燕鸿过后莺归去》等。

晏几道（1038—1110年），北宋著名词人。字叔原，号小山，抚州临川文港沙河人，晏殊第七子，其词风似父而造诣过之。晏几道的词工于言情，其小令语言清丽，感情深挚，尤负盛名；表达情感直率；多写爱情生活。晏几道是婉约派的重要作家，主要作品有《小山词》。

欧阳修（1007—1072年），字永叔，号醉翁，晚号六一居士，吉州永丰人，北宋政治家、文学家。欧阳修是在宋代文学史上最早开创一代文风的文坛领袖，与韩愈、柳宗元、苏轼、苏洵、苏辙、王安石、曾巩合称“唐宋八大家”，并与韩愈、柳宗元、苏轼被后人合称“千古文章四大家”。他领导了北宋

“六一居士”的由来

六一居士，出自《六一居士传》，是欧阳修的自传性散文。他在文中写道，吾集古录一千卷，藏书一万卷。有琴一张，有棋一局，常置酒一壶，吾老于其间，是为六一。

诗文革新运动，继承并发展了韩愈的古文理论。正是欧阳修堪为人师的道德文章，“唐宋八大家”中的宋代五人均出自其门下，才有了薪火相传的“苏门四学士”黄庭坚、秦观、晁补之、张耒，才有了曾巩、曾布，才有了“中国十一世纪最伟大的改革家”王安石。

欧阳修散文创作的高度成就与其古文理论相辅相成，从而开创了一代文风。欧阳修在变革文风的同时，也对诗风、词风进行了革新。在史学方面，他也有较高成就，曾主修《新唐书》，并独撰《新五代史》。代表作有《欧阳文忠集》《五代史伶官传序》《醉翁亭记》《丰乐亭记》《秋声赋》《卖油翁》《采桑子·群芳过后西湖好》《蝶恋花·庭院深深深几许》《题滁州醉翁亭》《忆滁州幽谷》《画眉鸟》等。

秦观（1049—1100年），字少游，一字太虚，号淮海居士，别号邗沟居士，高邮军武宁乡左厢里人，北宋婉约派词人。秦观善诗赋策论，与黄庭坚、晁补之、张耒合称“苏门四学士”。尤工词，为北宋婉约派重要作家。所写诗词高古沉重，寄托身世，感人至深；长于议论，文丽思深，兼有诗、词、文赋和书法多方面的艺术才能，尤以婉约之词驰名于世。著作有《淮海词》，收录《踏莎行》《鹊桥仙·纤云弄巧》《忆秦娥》《浣溪沙·漠漠轻寒上小楼》《如梦令·遥夜沉沉如水》等。

李清照（1084—1155年），号易安居士，济南人，宋代女词人，婉约词派代表，有“千古第一才女”之称。前期多写其悠闲生活，后期多悲叹身世，情调感伤。形式上善用白描手法，自辟途径，语言清丽。论词强调协律，崇尚典雅，提出词“别是一家”之说，反对以作诗文之法作词。李清照也作诗，但留存不多，部分篇章感时咏史，情辞慷慨，与其词风不同。代表作有《李易安集》《易安居士文集》《易安词》，已散佚；后人辑有《漱玉集》《声声慢·寻寻觅觅》《一剪梅·红藕香残玉簟秋》《夏日绝句》《临江仙·庭院深深深几许》《如梦令·昨夜雨疏风骤》。

▲“千古第一才女”——李清照

任务三　豪放派

豪放派是宋词的一个流派，与婉约派并为宋词两大词派。

豪放派的特点大体是创作视野较为广阔，气象恢宏雄放，喜用诗文的手法、句法写词，语词宏博，用事较多，不拘守音律。它不仅描写花间、月下、男欢、女爱，而且更喜摄取军情国事等重大题材入词，使词能像诗文一样反映生活，所谓“无言不可入，无事不可入”。

豪放派境界宏大，气势恢宏、不拘格律、汪洋恣意、崇尚直率，而不以主含蓄婉曲为能事。词论家对苏轼所作词有“横放杰出”“词气迈往”“书挟海上风涛之气”之评，对辛弃疾所作词有“慷慨纵横”“不可一世”之评。豪放派内部的分派较少，仅有苏派、辛派、叫嚣派三个阶段性的细支。

苏轼改革词体的主要方向为扩大词的表现功能，开拓词境。他将传统的表现女性化的柔情之词扩展为表现男性化的豪情之词，将传统上只表现爱情之词扩展为表现性情之词，使词像诗一样可以充分表现作者的性情怀抱和人格个性。苏轼让充满进取精神、胸怀远大理想、富有激情和生命力的仁人志士昂首走入词世界，改变了词作原有的柔软情调，开启了南宋苏派词人的先河。

苏轼的词中也常常表现对人生的思考。这种对人生命运的理性思考，增强了词境的哲理意蕴。苏轼虽然深切地感到人生如梦，但并未因此而否定人生，而是力求自我超脱，始终保持着顽强乐观的信念和超然自适的人生态度。

苏轼的词比较完整地表现出作者由积极转而矛盾苦闷，力求超脱自适而不断追求的心路历程和他疏狂浪漫、多情善思的个性气质。继柳永、欧阳修之后，苏轼进一步使词作中的抒情人物形象与创作主体由分离走向同一。

苏轼的词既向内心的世界开拓，也朝外在的世界拓展。不同于晚唐、五代文人词所表现的狭小的生活场景，苏轼不仅在词中大力描绘作者日常交际、闲居读书及躬耕、射

“东坡居士”的别号

苏轼因为乌台诗案被贬黄州团练副使，职务低微，生计艰难，友人向黄州府求得黄州城东门外“故营地”五十亩，给苏轼耕种，公务之余，他带领家人开垦城东的一块坡地，种田帮补生计。东坡居士便是苏轼在这时起的，苏轼又在废园披荆斩棘，自己修造房屋，因堂成时正逢大雪，名为“雪堂”。苏轼在雪堂建成后于四壁绘雪，表明个人志趣高洁。

▲ 苏轼词《江城子·密州出猎》图像

猎、游览等生活场景，而且进一步展现了大自然的壮丽景色。

辛弃疾的词具有强烈的爱国思想和战斗精神。首先，表现在他对被分裂的北方的怀念和对抗金斗争的赞扬上。他词里不但经常出现“西北有神州”“西北是长安”等句子，还强烈表现他不能忍受南北分裂的局面。他在《贺新郎·用前韵送杜叔高》词中写道：“起望衣冠神州路，白日销残战骨。叹夷甫、诸人清绝。夜半狂歌悲风起，听铮铮、阵马檐间铁。南共北，正分裂。”比较突出地表现这种思想。他青年时曾直接参加北方人民的抗金斗争，后来在词里还经常想起这种“马作的卢飞快，弓如霹雳弦惊”（《破阵子·为陈同甫赋壮词以寄之》），“燕兵夜娖银胡䩮，汉箭朝飞金仆姑”（《鹧鸪天·有客慨然谈功名因追念少年时事戏作》）的战斗生活。在历史人物方面，他称赞为中国开创长期统一局面的“西都人物”，鄙薄苟安江左的“王谢诸郎”，赞扬廉颇、李广、邓禹、马援等为国立功的英雄，鄙薄因人成事的李蔡，清谈误国的王衍，同样是这种思想精神的表现。

▲ 爱国词人辛弃疾画像

其次，表现在他对南宋苟安局面的强烈反感上。他讥讽南宋小朝廷是“剩水残山无态度”（《贺新郎·把酒长亭说》），是“斜阳正在烟柳断肠处”（《摸鱼儿·更能消几番风雨》）。讽刺那些小朝廷里人物是“江左沉酣求名者”（《贺新郎·甚矣吾衰矣》），是“学人言语得人怜”的秦吉了（《千年调·庶庵小阁名曰卮言作此词以嘲之》），甚至还骂他们为瑟缩在堆的冻芋与寒瓜，比他们为透过一线壁缝所看到的在阳光里飞舞的灰尘。这揭露了南宋统治集团的腐朽本质，对历史上一切没落的统治阶级来说，都有它的典型意义。他在隐居带湖、瓢泉时热爱陶渊明的诗，但他并不像一些封建文人那样称许他为司马氏一姓守节，而特别看重他和当时没落王朝士大夫不合作的倔强性格。

最后，表现在他志业、才能上的自负和怀才不遇、有志无成的不平上。辛弃疾是在对敌斗争中锻炼出来的人物，他自写青年时的气概是“横槊气凭陵”（《念奴娇·双陆和陈仁和韵》），是“横空直把曹吞刘攫”（《贺新郎·韩仲止判院山中见访》）。他晚年写的《生查子·题京口郡治尘表亭》，体现了他羡慕夏禹的“悠悠万世功，矻矻当年苦”。可是由于他的志业、才能在南归后一直不能实现和发挥，因此词中表现了他的愤慨和不平。辛弃疾的作品表现了中国封建社会一些要求振作有为而受到挫折的人的共同感受，同时形成了他在词史上的杰出地位。辛弃疾的思想感情在当时统治集团里不容易得到理解，在面对祖国雄伟的江山和历史上英雄人物时，激发了他的豪情壮志。因此他的登临怀古之作特别擅长，从《水龙吟·登建康赏心亭》和《水龙吟·过南剑双溪楼》两首词中可见一斑。

项目拓展

叶嘉莹：一辈子都在和古诗词谈恋爱

讲述中国古典诗词大师叶嘉莹先生的纪录片电影《掬水月在手》荣获第 33 届中国电影金鸡奖最佳纪录 / 科教片奖项。该片自在院线上映以来，得到人们普遍赞誉，大家认为，“该片是看过的最美的纪录片”“看到了中国传统文化的价值”。

2020 年，98 岁高龄的叶嘉莹仍执着于古典诗词文化研究与传承工作，被大家尊称为“诗的女儿”“中国古典诗词的引渡人”。

1924 年，叶嘉莹出生在北京的一个书香世家，从小跟着家里的长辈吟诗诵词，以《论语》开蒙，与唐诗为伴，十多岁就开始写诗填词，对诗书的热爱成为她成长岁月里最大的快乐。

生活在战乱频繁、动荡不安的年代，叶嘉莹从小目睹了太多的痛苦和灾难，身处尘世，用诗词溶解生命的苦痛。1941 年，叶嘉莹考上辅仁大学中文系，自此遇到了影响她一生的老师顾随。叶嘉莹第一次上课就把自己的旧作给顾先生看了，顾先生称她有天赋并指导她开始写律诗，还经常用她写的原韵与她和诗。

1944 年的冬天，日本已发动太平洋战争，国难之际，母亲病逝、父亲远隔，又经历白色恐怖，丈夫冤狱，是古诗词给予叶嘉莹生命的力量，溶解了她的苦痛。“平生几度有颜开，风雨逼人一世来。”她饱经患难，自创“弱德之美”。

1976 年 3 月，叶嘉莹又一次遭到不幸，与她相依为命的长女言言出车祸与女婿一同离开人世，她夜夜流泪，陆续写成了十首《哭女诗》。

她决定回国教书，把自己的余年都交付给国家、交付给诗词。在这之前，叶嘉莹在加拿大温哥华教书并且被聘为终身教授，可她从来没有忘记自己的祖国，“我的故乡在中国，古典诗词的根也在中国。传承不应只是学术圈子里几个研究生、几个大学教授的事，应该是整个民族的、普遍的文化传承。”

1978 年，叶嘉莹下定决心回国在南开大学教书，白昼谈诗夜讲词，叶嘉莹的课堂座无虚席，一般讲课都要两到三个小时。教书之外，她一周七天几乎都在图书馆做研究，几乎每天都是最后离开图书馆，二三十年如一日。在教育上，叶嘉莹诲人不倦，从回国到现在，她上过的课、开展的讲座不计其数，而且很长一段时间是义务教学，收入所得一半捐给南开大学做奖学金，一半捐给作家协会做活动经费，有时候往返加拿大的机票也是自己买。

叶嘉莹一生尽其所能推动中华优秀传统文化传承发展，她教授诗词，不只是推动诗词普及，更是希望传统文化中能注入新的生机。“我之所以九十多岁了还在讲授诗词，就是因为我觉得我既然认识了中国传统文化里有这么多美好的、有价值的东西，我就应该让下一代人也能领会和接受它们。”中国古典诗词的魅力吸引了叶嘉莹，使她不但承担起家庭生活的重担，而且在颠沛流离中走出绝望的阴霾。诗词的力量拯救了她、滋养了她，同时她把诗词发扬光大，传承文学之道，赓续文化薪火，绽放文化光彩。她“与古为徒”，与诗为伴，予人为乐，一生为中华优秀传统文化传承发展不断贡献力量。

资料来源：包梦暄. 古典诗词“引渡人”叶嘉莹：一辈子都在和古诗词谈恋爱.（2020-12-03）[2022-10-15]. 中国文艺网.

项目三 四大名著

四大名著，是指《三国演义》《水浒传》《西游记》《红楼梦》四部中国古典章回小说，其思想内容之丰厚、艺术水平之高湛都为历代读者所称道，对中国人的思想观念和价值取向有着深刻的影响，是中华民族的文化瑰宝，是全人类的宝贵文化遗产。

项目目标

◆ 知识目标

1. 了解四大名著的故事内容；
2. 理解四大名著的思想内容；
3. 认知四大名著的艺术特色。

◆ 能力目标

1. 培养学生一定的小说鉴赏能力；
2. 培养学生的认知与思辨能力。

◆ 素养目标

通过作品与民族精神、现实意义相结合，加深学生对四大名著的认知与领悟，开阔文化视野，增强学生的民族意识和文化精神，坚定文化自信。

任务一 《三国演义》

一、简介

《三国演义》（全名为《三国志通俗演义》，又称《三国志演义》）是元末明初小说家罗贯中经过艺术加工创作而成的长篇章回体历史演义小说。

《三国演义》可大致分为黄巾起义、董卓之乱、群雄逐鹿、三国鼎立、三国归晋五大部分，描写了从东汉末年到西晋初年之间近百年的历史风云，以描写战争为主，诉说了东汉末年的群雄割据混战和魏、蜀、吴三国之间的政治和军事斗争，最终司马炎一统三国，建立晋朝的故事。作品反映了三国时代各类社会斗争与矛盾的转化，并概括了这一时代的历史巨变，塑造了一群叱咤风云的三国英雄人物。

一副歌颂诸葛亮事迹的对联

诸葛亮是历史上少有的“完人”，不但在事业上取得了巨大的成功，在人格上更是万民敬仰的偶像。许多人用对联来表达对诸葛亮的赞美。

位于河南省南阳市的卧龙岗，相传是诸葛亮当年躬耕之地，有这样一副对联，对诸葛孔明的一生作出了高度概括：

收二川，排八阵，六出七擒，五丈原前，点四十九盏明灯，一心只为酬三顾；

取西蜀，定南蛮，东和北拒，中军帐里，变金木土爻神卦，水面偏能用火攻。

二、思想内容

《三国演义》以人物为载体形象地演绎了中国传统文化的基本精神，即仁、义、礼、智、信、勇等中国传统文化价值体系中的核心因素。

小说中的刘备就是“仁”的代表，关羽是“义”的代表，张飞是“勇”的代表，诸葛亮是“智”的代表，等等。刘备是小说里的中心人物，也是中国传统文化精神中“仁”的体现者。

作品自始至终贯穿着“拥刘反曹”的思想倾向，体现了人民群众拥护明君、向往和平和憎恶暴君、反对动乱的愿望。小说一直把蜀汉作为中心来描写，尤其是通过刘备这位仁君的形象和诸葛亮这位贤相的形象，突出了作品“拥刘反曹”的主题，表达了人民群众的愿望。

作品极力宣扬“信义”思想。关羽是小说中的一个主要人物，在民间名声尤其大，实际上，作品中突出表现的正是关羽“义”的一面，关羽在《三国演义》中是作为一个“义”的典型而出现的，“义”是关羽性格的基调。可以说，《三国演义》中的关羽是“义”的化身，是中华民族精神当中“义”的人格化。

作品通过三国之间政治、军事、外交等各种事件，生动形象地展现了历史上各种斗争的经验和智慧。《三国演义》中描写了一大批智慧型的人物，比如蜀国的诸葛亮、庞统、徐庶、姜维，魏国的曹操、司马懿、荀彧、邓艾，吴国的周瑜、鲁肃、陆逊……这些智慧型的人物，都是“箭垛式”的人物，是中国人民智慧的化身。

▲ 民间画《关羽千里走单骑》

三、艺术特色

《三国演义》成功地塑造了众多的人物形象。全书写了四百多人，其中主要人物都是性格鲜明、形象生动的艺术典型。各类人物各有共性，同类人物各有个性。比如，曹操的“奸绝”——奸诈过人；关羽的“义绝”——义重如山；孔明的“智绝”——机智过人。小说刻画人物的主要方法是：把人物放在惊心动魄的军事、政治斗争中，放在尖锐复杂的矛盾冲突中来塑造。对于主要人物，往往通过一系列的故事情节和人物语言表现其复杂的性格。作品有以下特点：

长于描述战争。全书共写大小战争四十多次，展现了一幕幕惊心动魄的战争场面。其中尤以官渡之战、赤壁之战、夷陵之战最为出色。对于决定三国兴亡的几次关键性的大战役，作者总是着力描写，并以人物为中心，写出战争的各个方面，如双方的战略战术、力量对比、地位转化等，写得丰富多彩、千变万化、各具特色，充分体现了战争的复杂性和多样性；既写出了战争的激烈、紧张、惊险，而又不显得凄惨，一般具有昂扬的格调，有的还表现得从容不迫、动中有静、有张有弛。

结构既宏伟壮阔而又严密精巧。时间长达百年，人物多至数百，事件错综，头绪纷繁，而描述既要符合基本事实，又要注意艺术情节的连贯。但作者却能写得井井有条、脉络分明，各回能独立成篇，全书又是一个完整的艺术整体。这主要得力于作者构思的宏伟而严密。他以蜀汉为中心，以三国的矛盾斗争为主线，来组织全书的故事情节。

语言精练畅达，明白如话。今天看来，这种语言似乎半文不白，但在当时它却近于白话；用这种语言来写长篇小说，是一种创举，和过去某些小说粗糙芜杂的语言相比，是一个明显的进步。

《三国演义》是古代历史小说中成就最高、影响最大的一部作品，它广泛流传，魅力无穷，在后世产生了难以估量的深远影响。

任务二 《水浒传》

▲ 施耐庵

一、简介

《水浒传》是元末明初施耐庵编著的章回体长篇小说。

全书通过描写梁山好汉反抗欺压、水泊梁山壮大和受宋朝招安，以及受招安后为宋朝征战，最终消亡的宏大故事，艺术地反映了中国历史上宋江起义从发生、发展直至失败的全过程，深刻揭示了起义的社会根源，满腔热情地歌颂了起义英雄的反抗斗争和他们的社会理想，也具体揭示了起义失败的内在历史原因。

二、思想内容

全书以农民起义的发生、发展过程为主线，通过各个英雄被逼上梁山的不同经历，描写出他们由个体觉醒到走上小规模联合反抗，到发展为盛大的农民起义队伍的全过程，表现了“官逼民反”这一封建时代农民起义的必然规律，塑造了农民起义领袖的群体形象，深刻反映出北宋末年的政治状况和社会矛盾。

作者站在被压迫者一边，歌颂了农民起义领袖们劫富济贫、除暴安良的正义行为，肯定了他们敢于造反、敢于斗争的革命精神。宋江原是一位周急扶困的义士，当他被逼上梁山之后，壮大了起义军的声威，取得了一系列胜利。但由于他性格的二重性和思想的局限性，在起义事业登上巅峰之时选择了妥协、招安，最终葬送了起义事业。小说通过宋江起义的失败，客观上总结了封建时代农民起义失败的经验教训。

小说以高俅发迹作为故事的开端，意在表明“乱自上作”，高俅是封建统治集团的代表人物。作者还写了大批的贪官污吏和地方恶霸，正是他们狼狈为奸，鱼肉百姓，才迫使善良而正直的人们不得不铤而走险，奋起反抗。同时，小说还对田虎、王庆、方腊等其他地区的农民起义军领袖作了一定的侧面描写，从广度和深度两方面深刻地挖掘出了封建时代的各种社会现象和问题，以及农民起义的深层原因。

▲ 民间画《武松打虎》

三、艺术特色

一是白话语体成熟的标志。《水浒传》用娴熟的白话来写景、叙事、传神，能从对话中看出不同人物的性格。《水浒传》作为一部长篇小说，在民间口语的基础上，对文学语言加以提炼和净化，标志着我国古代运用白话语体创作小说已经成熟，而且对整个白话文学的发展也具有深远的意义。

二是同而不同的英雄群像。《水浒传》作为一部英雄传奇小说的典范，成功地塑造了一系列神态各异的英雄形象，《水浒传》之所以能将众多的英雄写得性格鲜明，很重要的一点是注意多层次地刻画人物性格。为了达到这一艺术效果，在具体手法上就常常可以创造类型相同的人物，描写冲突相似的情节，在比照中凸显其个性特点。同时小说在写有些人物时，能展现其性格在环境的制约下有所发展和变化，其中最明显的是林冲，这种性格描写的流动性和层次性，还体现了中国古代长篇小说在塑造人物时从注重特征化到走向个性化迈出了坚实的一步。

三是传奇性和现实性的结合。作者在将英雄理想化时，往往把他们渲染、放大到超越常态的地步，但与此同时，作者又把超凡的人物放置在现实生活的背景上，让他们在市井中周旋；在用浓墨重彩描绘高度夸张、惊心动魄的故事时，也注意在细节真实上精雕细琢，逼近生活，这样就使传奇性与现实性结合起来，增强了作品的生活气息和真实感。

四是连环钩锁百川入海的结构。《水浒传》的情节结构是以单线纵向行进的。上半部分是以人为单元，下半部分则以写事为顺序，连环结构层层递进。它形成一个整体，各部分往往又具有相对的独立性，特别是前半部分连环列传体的结构形式，固然留有组织改造原有民间故事的痕迹，但也有利于集中笔墨酣畅淋漓地描写一些主要的英雄豪杰。

《水浒传》人物绰号的审美心理

一是崇尚武力。宋代国势衰微、社会动荡，常受外族侵略，人们崇尚武力。有一门技艺，希望通过取个响亮的绰号，来彰显或夸大其本事。如“小李广”花荣、“小温侯”吕方等。

二是尊崇龙图腾。远古以来，汉民族一直崇拜龙，把龙当作图腾，史进等人用龙的图案来纹身，用龙的称谓来做绰号，正是龙崇拜心理的体现，也是一种奋发进取的标志。

三是迷信鬼神传说。民间百姓历来多信仰鬼神迷信传说，认为诸事诸物皆有灵魂，敬畏和惧怕鬼神。阮家三兄弟分别用“太岁”“二郎神”“阎罗王”三个民间事象做绰号，凶悍勇猛、个性鲜明的性格特点即刻深入人心。

任务三 《西游记》

▲《西游记》插图“孙行者”

一、简介

《西游记》是明代吴承恩所写的中国古代第一部浪漫主义章回体长篇神魔小说。

全书主要描写了孙悟空出世及大闹天宫后，遇见了唐僧、猪八戒、沙僧和白龙马，西行取经，一路上历经艰险，降妖除魔，经历了九九八十一难，终于到达西天见到如来佛祖，最终五圣成真的故事。该小说以“玄奘取经”这一历史事件为蓝本，经作者的艺术加工，深刻地描绘出明代百姓的社会生活状况。

二、思想内容

小说主要叙述的是唐僧师徒四众在西天取经的路途中，与各式各样的妖魔之间的斗争。取经在这里被当作一项了不起的事业，主人公为它经历千辛万苦，进行始终不懈的斗争，才达到了目的。

这个故事显然表现了这样的思想：要实现一个美好的理想，要完成一种伟大的事业，一定会遭遇到许许多多的困难，而且必须战胜这些困难。西天取经本身还包括四十一个小故事。绝大部分里面出现了作怪的妖精。这些妖精来历虽不同，但有一个共同的特点，即阻挠取经事业的进行。它们之中有许多其实是自然灾害的幻化，但当它们化身为妖魔，在战斗中作为邪恶势力的一方而出现，本身就获得了社会的意义。吴承恩所着力描写的是西天路上每一场具体的战斗，是孙悟空如何在与阻挠取经的邪恶势力作斗争中取得胜利。

总的来看，西天取经的故事通过幻想的情节，在很大程度上反映了中国人民克服困难、勇敢前进的精神，反映了中国人民摧毁社会上一切邪恶势力以及征服大自然的愿望和信心。

▲《西游记》插图“猪八戒”

三、艺术特色

▲ 木版画：猪八戒

《西游记》的艺术特色，可以用两个字来概括，一是幻，一是趣。

小说通过大胆丰富的艺术想象，引人入胜的故事情节，创造出一个神奇绚丽的神话世界。《西游记》的艺术想象奇特、丰富、大胆，在古今小说作品中罕有其匹的。孙悟空活动的世界近于童话的幻境，十分有趣，而且在这个世界中，有各种各样稀奇有趣的妖怪，真是千奇百怪、丰富多彩。浪漫的幻想，源于现实生活，在奇幻的描写中折射出世态人情。《西游记》的人物、情节、场面，乃至所用的法宝、武器，都极尽幻化之能事，但却都是凝聚着现实生活的体验而来，都能在奇幻中透出生活气息，折射出世态人情，让读者能够理解，乐于接受。《西游记》的艺术魅力，除了它的奇异想象，就要数它的趣味了。在中国古典小说中，《西游记》可以说是趣味性和娱乐性最强的一部作品。虽然取经路上尽是险山恶水，妖精魔怪层出不穷，充满刀光剑影，孙悟空的胜利也来之不易，但读者的阅读感受总是轻松的，充满愉悦而没有沉重感。

《西游记》的奇趣，跟人物形象的思想性格相辉映，如孙悟空豪爽、乐观的喜剧性格，滑稽谐趣却憨厚朴实的猪八戒形象。他们幽默诙谐、妙趣横生的对话使文章增色不少。人物的性格常常通过富于谐趣的对话得到生动的表现，这也是《西游记》充满奇趣的又一大特点。在人物描写上将神性、人性和自然性三者很好地结合起来，也是造成《西游记》奇趣的重要原因。所谓神性，就是指形象的幻想性；所谓人性，就是指形象的社会性；所谓自然性，就是指所具有的动物属性。《西游记》展现了一个神化了的动物世界，同时又熔铸进社会生活的内容。

《西游记》的出现，开辟了神魔长篇章回小说的新门类，西游文化已超出了作品本身和中国范畴，走向了世界。

《大唐西域记》

《大唐西域记》是由唐代玄奘口述、辩机编撰的地理史籍，成书于唐贞观年间。记载了玄奘从长安出发西行游历西域两百多个国家和城邦的所见所闻，包括许多不同民族的风俗信仰。对西域各民族的生活方式、建筑、医学、婚姻、丧葬、信仰和音乐舞蹈等多方面的记载，对《西游记》成书影响很大。

任务四 《红楼梦》

一、简介

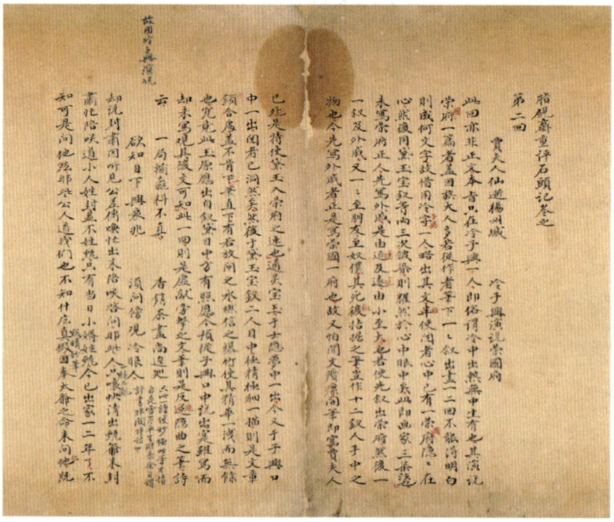

▲ 清抄本《脂砚斋重评石头记》书影

《红楼梦》，通行本共120回，一般认为前80回是清代作家曹雪芹所著，后40回作者为无名氏，整理者为程伟元、高鹗。

小说以贾、王、史、薛四大家族的兴衰为背景，以富贵公子贾宝玉为视角，以贾宝玉与林黛玉、薛宝钗的爱情婚姻悲剧为主线，描绘了一些举止见识出于须眉之上的闺阁佳人的人生百态，展现了真正的人性美和悲剧美，可以说是一部从各个角度展现女性美以及中国古代社会世态百相的史诗性著作。

二、思想内容

《红楼梦》全面而深刻地反映了封建社会盛极而衰的时代特征。它所描写的不是“洞房花烛、金榜题名”的爱情故事；而是写封建贵族青年贾宝玉、林黛玉、薛宝钗之间的恋爱和婚姻悲剧。小说的巨大社会意义在于它不是孤立地去描写这个爱情悲剧，而是以这个恋爱、婚姻悲剧为中心，写出了当时具有代表性的贾、王、史、薛四大家族的兴衰，其中又以贾府为中心，揭露了封建社会后期的种种黑暗和罪恶，及其不可克服的内在矛盾，对腐朽的封建统治阶级和行将崩溃的封建制度作了有力的批判，使读者预感到它必然要走向覆灭的命运。同时小说还通过对贵族叛逆者的歌颂，表达了新的朦胧的理想。

《红楼梦》是一部内涵丰厚的作品，《好了歌》和十二支《红楼梦曲》提示着贾宝玉所经历的三重悲剧。作者将贾宝玉和一群身份、地位不同的少女放在大观园这个既是诗化的又是真实的小说世界里，来展示她们的青春生命和美的被毁灭的悲剧。作品极为深刻之处在于，并没有把这个悲剧完全归于恶人的残暴，其中一部分悲剧是封建势力的直接摧残，如鸳鸯、晴雯、司棋这些人物的悲惨下场，但是更多的悲剧是封建伦理关系中的“通常之道德、通常之人情、通常之境遇”所造成的，是几千年积淀而凝固下来的正统文化的深层结构造成的人生悲剧。

《红楼梦》描绘了上至皇宫、下及乡村的广阔历史画面，广泛而深刻地反映了封建社会末世复杂深刻的矛盾冲突，显示了封建贵族的本质特征和必然衰败的历史命运。尤其深刻的是，在小说展示的贾府的生活图画里，显示出维持着这个贵族之家的等级、名分、长幼等关系的礼法习俗的荒谬，揭开了封建家族“温情脉脉面纱”内里的种种激烈的矛盾和斗争。

在中国文学史上，还没有一部作品能把爱情的悲剧写得像《红楼梦》那样富有激动人心的力量；也没有一部作品能像它那样把爱情悲剧的社会根源揭示得如此全面、深刻，从而对封建社会作出了最深刻有力的批判。

三、艺术特色

《红楼梦》塑造了众多活生生的人物形象，他们有正面的，有反面的，有主要的，也有次要的，各自具有自己独特的个性特征，而且其中不少形象已流行于生活之中，成为不朽的艺术典型，在中国乃至世界文学史上永远放射着奇光异彩。

《红楼梦》的情节结构，在以往传统小说的基础上，也有了新的重大突破。它改变了以往如《水浒传》《西游记》等一类长篇小说情节和人物单线发展的特点，人物事件交错发展，彼此制约，创造了一个宏大完整而又自然的艺术结构，使众多的人物活动于同一空间和时间，并且使情节的推移也具有整体性，表现出作者卓越的艺术才思。

《红楼梦》的环境描写充满了诗情画意，笔法可谓多样、特色尤为鲜明。在中国古典小说中，融合精彩的环境描写，以刻画人物丰满的形象和

▲《红楼梦》插图“林黛玉重建桃花社”

金陵十二钗

金陵十二钗，是中国古典小说《红楼梦》中最优秀的十二位女孩。金陵是一个省，也是剧情的核心发生地，“钗”指女儿，太虚幻境薄命司以十二为一组将贾府上、中、下三等女子编成正、副、又副三册。

正册金陵十二钗正册林黛玉、薛宝钗、贾元春、贾探春、史湘云、妙玉、贾迎春、贾惜春、王熙凤、贾巧姐、李纨、秦可卿；

金陵十二钗副册甄香菱、薛宝琴、尤二姐、尤三姐、邢岫烟、李纹、李绮、夏金桂、秋桐、林红玉、龄官、娇杏；

金陵十二钗又副榜：晴雯、花袭人、平儿、金鸳鸯、黄金莺、紫鹃、白玉钏、白金钏、司棋、麝月、彩云、芳官。

鲜明的个性，是作者的独创。作者对人物活动的社会环境没有像一般小说一样进行详细的描写，而是采用似乎不经意实则是别出心裁的粗笔点染，将大范围的社会典型环境的描写、特征融化到小说的细节描写中，让读者感受到大厦将倾的时代变迁和社会生活的特别氛围。

《红楼梦》语言成熟优美。其特点是简洁而纯净，准确而传神，朴素而多采，达到了炉火纯青的境界。小说中那些写景状物的语言，绘色绘声，使读者仿佛身临其境。

《红楼梦》是一部具有世界影响力的人情小说、中国封建社会的百科全书、传统文化的集大成者。其作者以“大旨谈情，实录其事”自勉，只按自己的事体情理，按迹循踪，摆脱旧套，新鲜别致，取得了非凡的艺术成就。“真事隐去，假语村焉”的特殊笔法更是令后世读者脑洞大开，揣测之说久而遂多。二十世纪以来，《红楼梦》更以其丰富深刻的思想底蕴和异常出色的艺术成就使学术界产生了以之为研究对象的专门学问——红学。

项目拓展

正定荣国府

荣国府，是1987版电视剧《红楼梦》的拍摄地，国家4A级旅游景区。1983年，得知大型电视连续剧《红楼梦》正在筹拍选景，在时任正定县县委书记习近平的推动下，正定县积极争取与拍摄方合作，聘请古建专家，建造了这座明清风格的仿古建筑。

荣国府景区管理处主任李景利介绍，对于修建荣国府，当年正定县有许多人持怀疑态度，认为搞不好可能收不回成本——隆兴寺门票才1毛钱，建造荣国府需要投资300万元，按隆兴寺的门票价格算，荣国府要收回投资需要100多年。但是，正定要发展旅游业，要想把游客留住，在正定吃、住、玩，带动第三产业的发展，就必须建立更多的旅游、娱乐场所。

果然，电视剧《红楼梦》还在拍摄过程中，作为国内第一座影视拍摄基地的荣国府就火了，当年便有130万人前来参观，旅游收入达到了1 761万元，远远超出所投入的成本，开创了旅游业“正定模式”。

从1986年7月建成开放，到2019年8月，荣国府旅游总人次达1 295万，门票收入达1.1亿元。

2017年正定县县委、县政府拨款2 500万元，对荣国府景区内设施进行改造升级，同时对周边环境进行整治，先后启动了宁荣街房屋修缮，向荣街、兴荣路两条街道的仿古包装，以及街道牌匾的恢复等多项综合改造提升工程。现在，荣国府周边门店已发展到60余家，有特色餐饮、旅游客栈、非遗产品销售等多种业态。李景利说，秉承弘扬中国优秀传统文化，和古城韵味一脉相承，正定县将继续打造这一独有的旅游文化品牌。目前，西花园里新建成了大观楼，曲艺相声、红学大讲堂等轮番登场。

任务活动

活动一：任务图解（30分）

要求：选取10个任务中任意一个，画出简洁明了的思维导图。

活动二：文化体验（70分）

主题：唐诗宋词朗诵＋唱诵。

目的：感受唐诗宋词的魅力，继承和发扬祖国灿烂的诗歌文化，同时给同学提供一个展示自己的平台。

1/5　角色构建

要求：全班按人数均分成5个小组。

项目小组	组长	成员
一组		
二组		
三组		
四组		
五组		

2/5　设计与行动

资料准备	1. 教学平台发布主题信息或优秀作品示例	
	2. 学生按组确定朗诵及唱诵篇目，提前进行准备（时间提前一周）	
活动内容、活动方式及时间安排	1. 每小组必须有朗诵和唱诵部分，时间共计 5 分钟 2. 每小组参与人员和具体形式不限	
	1. 全班共同分享每组作品，每组选取 1 名或几名成员对其作品进行朗诵及唱诵（每组 5 分钟）	
	2. 由小组进行项目评估（不超过 10 分钟）	

3/5　观察与评价

评价标准	符合要求（30 分）	语言标准（40 分）	舞台效果（15 分）	形式灵活（15 分）	总分
一组					
二组					
三组					
四组					
五组					

评价组成：教师评价 20%；学生互评 30%；学生自评 20%

4/5　反思与探究

从实施过程和评价结果两个方面，对上述活动过程进行反思（可从活动内容是否完成、活动流程是否规范、活动做得是否完美等方面考虑）。

5/5　修正与完善

根据反思与探究中寻求到的解决问题的方法，进一步修正和完善唐诗宋词的编排。

知识链接

1. 中华诗词大会. CCTV 官网.
2. 叶嘉莹. 性别与文化：女性词作美感特质之演进. 北京：商务印书馆，2019.

叁

模块三

中国传统艺术文化

中国传统艺术品种繁多，雅俗共存，动静兼具，融合了中华民族对自然、社会及其与之相关的政治、哲学、宗教、道德、审美等方面的认识，书写了中华儿女博大、坚韧、浩气式的民族精神，为人类文明史留下了瑰宝。

项目一 中国传统戏曲文化

中国戏曲文化历史悠久，是由文学、音乐、舞蹈、美术、武术、杂技以及其他表演艺术综合而成的富有东方神韵的艺术形式，它与希腊悲剧和喜剧、印度梵剧并称为世界三大古老的戏剧文化，成为中国享誉世界的艺术名片。

项目目标

◆ 知识目标

了解中国戏曲文化、书画文化、舞乐文化的有关常识、发展历史和基本特征。

◆ 能力目标

1. 通过自主学习和课堂综合活动，提高戏曲文化、书画文化、舞乐文化现象审美能力，培养戏曲、书画、舞乐等文化元素在现代社会的应用能力与创新能力；

2. 借助文化艺术活动维护大学生身心健康和提升团队协作能力；

3. 培养学生对中国戏曲的鉴赏能力。

◆ 素养目标

结合戏曲文化体验从美育角度多方面强化学生对祖国艺术文化的热爱，从优秀戏曲作品中学习优秀的中华传统文化精神。

任务一　中国传统戏曲文化的发展历史

中国戏曲是一种历史悠久的综合舞台艺术样式，经过长期的发展演变，逐步形成了以“京剧、越剧、黄梅戏、评剧、豫剧”五大戏曲剧种为核心的中华戏曲百花苑。

▲ 五大剧种

一、孕育期：先秦两汉至中唐

我国戏曲最早可以追溯到上古时代用来娱神的原始歌舞。《诗经》里的“颂”，《楚辞》里的“九歌”，就是祭神时歌舞的唱词。从春秋战国到汉代，在娱神的歌舞中逐渐演变出娱人的歌舞。从汉魏到中唐，又先后出现了以竞技为主的“角抵”（即百戏）、以问答方式表演的“参军戏”和扮演生活小故事的歌舞“踏摇娘”等，这些都是萌芽状态的戏剧。

二、形成期：唐代中晚期

中唐以后，戏剧艺术渐成体系。唐代文学艺术空前繁荣，诗歌声律和音乐舞蹈为戏曲提供了表演技巧的借鉴、戏曲唱腔的滋养，促进了戏曲艺术的完善；在教坊梨园之类的专业性机构对戏曲艺人的专门训练和长期培养中，产生并积累一大批用歌舞演故事的戏曲剧目。

三、发展期：宋金

宋代的“话本”、金代的“院本”和讲唱形式的“诸宫调”，从乐曲、结构到内容，都为元代杂剧的繁荣打下了基础。

四、成熟期：元代

在元代，不仅产生了戏曲职业艺术的专业演员和商业性的演出团体，还涌现了一大批才华横溢专门从事剧本写作的专业创作者，可谓群星璀璨，其中以“元曲四大家”——关汉卿、白朴、马致远、郑光祖等杂剧作家最为著名，传世佳作众多，如关汉卿的《窦娥冤》、马致远的《汉宫秋》等。

五、繁荣期：明清传奇

传奇，源于宋元南戏，是它成熟化与规范化的结果。南戏作为中国戏曲最早的表现形式，形成于南北宋之交的浙江温州（古称永嘉）一带的民间，时称永嘉杂剧。它是在宋杂剧的基础上，融和南方民间小曲、说唱等艺术因素形成的，已初具戏曲的基本艺术特征。剧目多表现民间故事。明中叶以后，传奇代替杂剧成为戏曲舞台上的主角。其剧本文学曲词典雅，体制庞大，名篇佳作不胜枚举，汤显祖的《牡丹亭》为其中的代表作品。传奇戏表演技巧日趋成熟，多用昆曲演唱。

▲《桃花扇》剧照

六、革新期：近代

自清代开始，戏曲舞台发生了极大的变化，主要表现为戏曲的民间化和通俗化。地方戏的兴起，戏曲舞台不再是传奇戏的天下，昆曲与高腔有了来自民间的竞争者。戏曲的表演场所也由厅堂变为了茶肆歌台。特别是进入 19 世纪 20 年代以来，京剧表演艺术渐趋成熟，风靡全国。辛亥革命前后，一批有造诣的戏曲艺术家从事戏曲艺术改良活动，著名的有汪笑侬、潘月樵等，他们为以后的戏曲改良积累了宝贵的经验。从 1919 年“五四运动”到中华人民共和国成立，许多著名艺术家对戏曲表演进行了改革。梅兰芳在“五四”前夕演出了《邓粗姑》《一缕麻》等宣传民主思想的时装新戏，周信芳、程砚秋等也创作了不少的作品。袁雪芬则高举越剧改革之大旗，主演鲁迅名著《祥林嫂》，在中国戏曲中率先形成了融合编、导、舞、音、美为一体的综合艺术机制。率先开始了中国戏曲艺术大写意与大写实相结合的机制。

七、争辉期：现代

新中国成立后，涌现了一批优秀剧目，如京剧《将相和》《白蛇传》，评剧《秦香莲》，越剧《梁山伯与祝英台》，昆剧《十五贯》等，著名历史学家吴晗还撰写了历史京剧《海瑞罢官》。以后，又陆续推出一系列优秀作品，如京剧《白毛女》《红灯记》《奇袭白虎团》，越剧《西厢记》，评剧《刘巧儿》，沪剧《芦荡火种》，豫剧《朝阳沟》等。戏曲艺术发展到今天，在保持和发扬民族传统的艺术特色的同时，也逐渐适应新时代、新观众的需要。

任务二　中国戏曲的艺术特征

综合性、程式性、虚拟性，是中国戏曲的主要艺术特征。这些特征，凝聚着中国传统文化的美学思想精髓，构成了独特的戏剧观，使中国戏曲在世界戏曲文化的大舞台上闪耀着它独特的艺术光辉。

一、综合性

中国戏曲是一种高度综合的民间艺术。这种综合性表现在它融汇了各个艺术门类，把曲词、音乐、美术、舞蹈、杂技等表演的美熔铸为一，充分调动了各种艺术手段的感染力，形成和谐统一、节奏鲜明的表演艺术。其中，唱、念、做、打四大功夫的有机构成，便是戏曲艺术综合性的最集中、最突出的体现。唱，指唱腔技法，讲究“字正腔圆”；念，即念白，是朗诵技法，要求严格，所谓“千斤话白四两唱”；做，指做功，是身段和表情技法；打，指表演中的武打动作，是在中国传统武术基础上形成的舞蹈化武术技巧组合。这四种表演技法有时相互衔接，有时相互交叉，构成方式视剧情需要而定，但都统一为综合整体，体现出和谐之美，充满着音乐精神（节奏感）。综合性使中国戏曲富有特殊的魅力。

黄梅戏

黄梅戏，又名黄梅调、采茶戏，起源于湖北黄梅，黄梅戏与京剧、越剧、评剧、豫剧并称“中国五大戏曲”，博采众长，吸取了汉剧、楚剧、京剧等众多剧种因素，唱腔淳朴流畅，明快抒情，具有鲜明的艺术特点。2006年5月20日，黄梅戏被列入第一批国家级非物质文化遗产名录。黄梅戏唱腔有三种形式：主腔、花腔、三腔。黄梅戏语言以安庆方言为基础，属北方方言的江淮官话，接近普通话。黄梅戏服装是唐宋明时期服饰的缩影。黄梅戏的优秀剧目，以《天仙配》《女驸马》《牛郎织女》《夫妻观灯》《打猪草》等最具代表性。

▲ 水袖图片

二、程式性

程式是戏曲反映生活的一种表现形式，是对生活动作规范化、舞蹈化表演形式的重复使用。程式直接或间接来源于生活，但它又是按照一定的规范对生活进行提炼、概括、美化而形成的。戏曲表演中的关门、推窗、上马、登舟、上楼等，皆有固定的格式。除了表演程式外，戏曲在剧本形式、角色行当、音乐唱腔、化妆服装等各个方面，都具有一定的程式。优秀的艺术家能够突破程式的某些局限，创造出自己具有个性化的规范艺术。当他们运用程式来创造具体角色的时候，总是要根据自己对生活、对角色的理解，对程式进行选择、组织、集中，在前人创造的传统形象基础上，经过“再创造”的工作，不断地根据自己的新的体会来充实它、丰富它，从而使形象获得新的色彩。长期形成的经典的技术如甩发、圆场、扫边、鹞子翻身等程式往往成为戏曲艺术美的典范。

戏台

戏台即戏剧舞台，是指为戏剧演出而建的专门场所。从最早出现的“露台”到金代三面观的戏台，至元代，戏台分前后场已经非常普遍，这是戏曲完全成熟的重要标志。它的出现与变化，也从一个侧面反映了戏曲艺术的兴起和演变。

中国古代戏台基本为木结构建筑，从高度讲大致可分为单层、双层两种类型。单层指戏台建在一个台基上，台基一般高度为1米左右；双层指戏台建在通道之上，通道多为山门，高约2米左右。从开口角度讲，可分为一面观、三面观两种，亦有介于二者之间者。

三、虚拟性

戏曲舞台艺术不是单纯模仿生活，而是对生活原形进行选择、提炼、夸张和美化，把观众直接带入艺术的殿堂。虚拟就是戏曲反映生活的基本手法。它是指以演员的表演，用一种变形的方式来比拟现实环境或对象，借以表现生活。中国戏曲的虚拟性首先表现为对舞台时间和空间处理的灵活性方面，所谓“三五步行遍天下，六七人百万雄兵”，“顷刻间千秋事业，方丈地万里江山”，“眨眼间数年光阴，寸柱香千秋万代”，这就突破了西方歌剧的“三一律”与“第四堵墙”的局限。其次是在具体的舞台气氛调度和演员对某些生活动作的模拟方面，诸如刮风下雨、船行马步、穿针引线等，更集中、更鲜明地体现出戏曲虚拟性特色。

戏曲脸谱也是一种虚拟方式。中国戏曲的虚拟性，既是戏曲舞台简陋、舞美技术落后的局限性带来的结果，也是追求神似、以形写神的民族传统美学思想积淀的产物。这是一种美的创造。它极大地解放了作家、舞台艺术家的创造力和观众的艺术想象力，从而使戏曲的审美价值获得了极大的提高。

任务三　中国戏曲的文化阐释

一、戏曲行当

扮演剧中人物分角色行当，是中国戏曲特有的表演体制。戏曲表演行当的类型主要有：

（一）生

扮演男性人物，划分老生、小生、武生等分支。

1. 老生。因多挂髯口（胡须），又名须生。扮演中年或老年男子，多为性格正直刚毅的正面人物，重唱功，用真声，念韵白；动作造型庄重、端方。

2. 小生。与老生相对应，小生扮演青年男性，不戴胡须。多用真声演唱，也有以假声为主、真假声结合。

3. 武生。扮演擅长武艺的青壮年男子，其中分长靠武生、短打武生两类。长靠武生：装扮上“扎”靠，戴盔，穿厚底靴子而得名，扮演大将，表演要求功架优美、稳重、沉着，具有大将风度和英雄气魄。短打武生：常用短兵器，表演以动作轻捷矫健、跌扑翻打的勇猛炽烈见长。

▲ 小生图像

（二）旦

女角色之统称。根据所扮演人物年龄、性格、身份的不同，大致划分如下：

1. 正旦。旦行中主角。主要扮演娴静庄重的青年女性或中年妇女。重唱功，多用韵白。因常穿青素褶子，故又名“青衣”。

2. 花旦。多扮演性格明快或活泼放荡的青年女性。表演常带喜剧色彩，重做功和念白。

3. 武。又称刀马旦，多扎靠，骑马，持长兵器，表演重身段、工架、念白。

4. 老旦。扮演老年妇女。唱念用本嗓，唱腔虽与老生相近，但具有女性婉转迂回的韵味。

▲ 正旦图像

(三) 净

俗称花脸，以面部化妆运用各种色彩和图案勾勒脸谱为突出标志，扮演性格、气质、相貌上有特异之点的男性角色。可分为：

1. 大花脸。也叫正净、大面。扮演剧中地位较高，举止稳重的人物，多为朝廷重臣，故造型上以气度恢宏取胜。表演上重唱功，唱念及做派要求雄浑、凝重。

▲ 大花脸图像

2. 二花脸。又称副净、架子花脸、二面。大都扮演勇猛豪爽的正面人物。以做功为主，重身段工架，唱念中有时夹用炸音，以点染特定人物的威势和性格上的刚烈。一些勾白脸的奸臣，也属二花脸范围。

3. 武净。叫摔打花脸、武净。以跌扑摔打为主，不重唱、念。

(四) 丑

▲ 丑角图像

戏曲表演行当主要类型之一，喜剧角色。由于面部化妆用白粉在鼻梁眼窝间勾画小块脸谱，又叫小花脸。扮演人物种类繁多，有的心地善良，幽默滑稽；有的奸诈刁恶，悭吝卑鄙。丑的表演一般不重唱工而以念白的口齿清楚、清脆流利为主。大致可分为文丑和武丑两大支系，表演上各有特点。

文丑包括人物类型极广，除武夫外各种丑角均由文丑扮演。武丑俗称开口跳。扮演机警幽默、武艺高超的人物，念白口齿伶俐，吐字清晰真切，语调清脆，动作轻巧敏捷，矫健有力，擅长翻跳扑跌等武功。

二、戏曲音乐

戏曲音乐是戏曲艺术中表现人物思想感情、刻画人物性格、烘托舞台气氛的重要艺术手段之一，也是区别剧种的重要标志。它包括声乐和器乐两大部分。

(一) 声乐

主要是唱腔和念白，它是戏曲音乐的主体。

唱腔是戏曲演唱艺术，在演唱上注重字与声、声与情之间的关系。清晰准确地表达字音与词义，是唱功的第一要求，由此产生了一系列的演唱方法与技巧。演唱一般包括发声、吐字、用气、装饰唱法等，其目的在于表达戏剧中人物的思想感情。唱出曲情，以情动人，才是演唱艺术最高的审美标准。

念白是戏曲中人物的内心独白和对话，除了通过唱腔的形式唱出之外，就是念白。各种念白形式，如京剧的韵白、京白、方言白，就是语言与音乐的不同程度的结合。

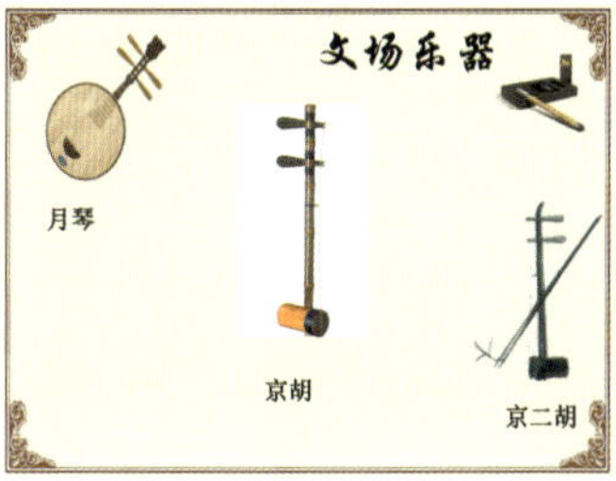

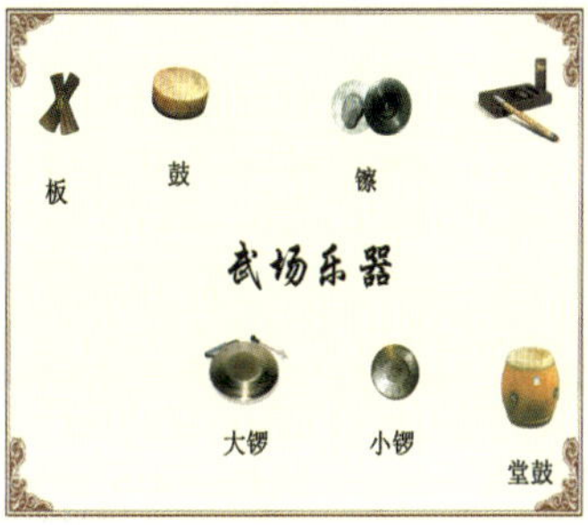

（二）器乐

器乐部分包括不同乐器组合的管弦乐（俗称“文场”）和打击乐（俗称“武场”）。器乐用于声腔的伴奏和开场、过场音乐，配合舞蹈、武打、表演，烘托渲染舞台气氛。

戏曲乐队由两部分组成，弦管乐部分称文场，打击乐部分称武场。文场的作用主要是为演唱伴奏，并演奏为配合表演而用的曲牌（属场景音乐）。武场的主要任务是用打击乐器打出锣鼓点，配合演员的身段动作、念白、演唱、舞蹈、开打，使其起止明确，节奏有序。

音乐的主奏乐器有：昆剧的曲笛，秦腔、豫剧、河北梆子等梆子戏的板胡，京剧、汉剧等皮黄戏的胡琴，以及山东吕剧的坠子琴等。主奏乐器的不同音色和演奏方法，常常是形成这一剧种特有风格色彩的重要标志。

三、戏曲脸谱

脸谱化妆，主要是用于“净”“丑”行当的各种人物，以夸张强烈的色彩和变幻无穷的线条来改变演员的本来面目，与“素面”的“生”“旦”化妆形成对比，“净”“丑”角色的勾脸是因人设谱，一人一谱，尽管它是由程式化的各种谱式组成，但却是一种性格妆，直接表现人物个性，有多少“净”“丑”角色，就有多少谱样，不相雷同。

谱色有相对固定的象征意义和特殊寓意，表现人物的基本性格特征。

红脸：表示忠勇耿直、有血性的勇烈人物。如关羽、赵匡胤、姜维等。

粉红脸：表示年迈气衰、德高望重的忠勇老将。如廉颇、袁绍等。

紫脸：表示刚毅威武、稳重沉着的人物，如常遇春、樊哙等。

黄脸：表示武将骁勇善战、残暴。如典韦、宇文成都等。

蓝脸：表示刚直勇猛、桀骜不驯的人物。如窦尔墩、夏侯惇等。

绿脸：表示侠骨义肠、性格暴躁的人物。如程咬金、青面虎等。

黑脸：表示忠耿正直、铁面无私，或粗率莽撞的人物。如包拯、张飞、夏侯渊等。

白脸：又分水白脸和油白脸。水白脸表示阴险奸诈、善用心计。如曹操、赵高、严嵩等。白脸多用于反面人物。

瓦灰色脸：表示老年枭雄。

京剧四大名旦

京剧四大名旦是指梅兰芳、程砚秋、尚小云、荀慧生，他们是中国京剧旦角行当中四大艺术流派的创始人。梅兰芳（1894—1961），北京人，出生于京剧世家，在京剧唱腔、念白、舞蹈音乐、服装道具上均进行了大胆的艺术创新，后被称为梅派大师。代表作品《贵妃醉酒》《玉堂春》等。程砚秋（1904—1958），满族，北京人。曾拜师于梅兰芳。艺术上勇于革新创造，讲究音韵，根据自己的嗓音特点，创造出一种幽咽婉转、断续多变的唱腔，其独特的艺术风格，世称“程派”。擅演悲剧，代表作品《锁麟囊》《英台抗婚》《三娘教子》等戏。1957年由周恩来总理介绍加入中国共产党。尚小云（1900—1976），擅演正旦和刀马旦，嗓音宽亮，唱腔以刚劲著称，世称“尚派”。代表作有《昭君出塞》《梁红玉》《祭江》《祭塔》等，塑造了一批巾帼英雄和侠女烈妇。荀慧生（1900—1968），演花旦、刀马旦。他功底深厚，融梆子戏旦角和京剧花旦的表演之长，形成独特的艺术风格，世称“荀派”。代表作品《红娘》《金玉奴》《钗头凤》等剧。

项目拓展

常香玉捐献飞机

我国女艺术家常香玉为了支援朝鲜战场上的志愿军将士，耗时半年时间，辗转20多个省和地区，全国巡演，组织民众筹集款项，加上她卖掉的家产，最终筹集到15.2亿元旧币（折合当时人民币15万元，折合现在的人民币约价值4 000万元），从苏联订购了一架“米格-15”战斗机送往朝鲜前线，有力地支持了抗战。

常香玉的爱国情怀受到全国上下的推崇，抗美援朝战争胜利后，中央军委决定，将这架“米格-15”战机改名为“常香玉号”，以表彰她的爱国壮举。

2004年6月1日，常香玉在郑州辞世，7月7日国务院追授常香玉大师“人民艺术家”荣誉称号。2009年9月14日，她被评为100位新中国成立以来感动中国人物之一。

项目二 中国传统书画文化

中国书画文化历史悠久，名家辈出，流派众多，传世佳作蜚声中外，书法被称为纸上的舞蹈、无声的音乐；传统绘画具有鲜明的民族风格和丰富多样的绘画技巧，风格充满东方情趣和审美，形成了中国人独特的绘画语言体系，

项目目标

◆ 知识目标

了解中国传统书画文化的发展历史和基本特征。

◆ 能力目标

通过自主学习和课堂综合活动，提高学生对书画文化的审美能力，培养书画文化元素在现代社会的应用能力与创新能力。

◆ 素养目标

结合书画文化体验从美育角度多方面强化学生对祖国经典书画文化的热爱，对祖国书画的热爱，从优秀书画作品中学习优秀的中华传统文化精神。

任务一 中国传统书法的五种书体

文化驿站

中国书法

中国书法历史悠久，书体沿革流变，书法艺术异彩纷呈。从甲骨文、金文演变为大篆、小篆、隶书，至东汉、魏、晋的草书、楷书、行书诸体，书法一直散发着独特的艺术魅力。中国书法从字体类型上主要分为篆、隶、楷、行、草。

一、篆书

篆书是大篆、小篆的统称。起源于周末，流行于战国时的秦国一带，至秦始皇时，达到鼎盛，汉代开始衰退。大篆指金文、籀文、六国文字，它们保存着古代象形文字的明显特点，其代表作是《石鼓文》。小篆也称“秦篆”，是秦国的通用文字，是大篆的简化字体，其特点是形体均匀齐整、字体较籀文容易书写。其代表作是《琅琊台石刻》《泰山刻石》。

▲ 篆书《泰山刻石》局部

二、隶书

隶书也称汉隶，汉字中常见的一种庄重的字体，书写效果略微宽扁，横画长而直画短，呈长方形状，讲究“蚕头雁尾”“一波三折”。隶书起源于秦朝，由程邈整理而成，在东汉时期达到顶峰，对后世书法有不可小觑的影响，书法界有“汉隶唐楷”之称。

▲ 隶书《张迁碑》(局部)

三、楷书

楷书也叫正楷、真书、正书。从程邈创立的隶书逐渐演变而来，更趋简化，横平竖直。楷书有楷模的意思，始于东汉，流行于魏晋，成熟于唐。唐代的主要代表人物有欧阳询、颜真卿、柳公权等，他们的代表作分别是《九成宫醴泉铭》《多宝塔碑》《玄秘塔碑》。

▲ 柳公权《玄秘塔碑》(局部)

四、行书

行书是在隶书的基础上发展起来的，介于楷书、草书之间的一种字体，是为了弥补楷书的书写速度太慢和草书的难以辨认而产生的。“行”是“行走”的意思，因此它不像草书那样潦草，也不像楷书那样端正。实质上它是楷书的草化或草书的楷化。楷法多于草法的叫“行楷”，草法多于楷法的叫“行草”。

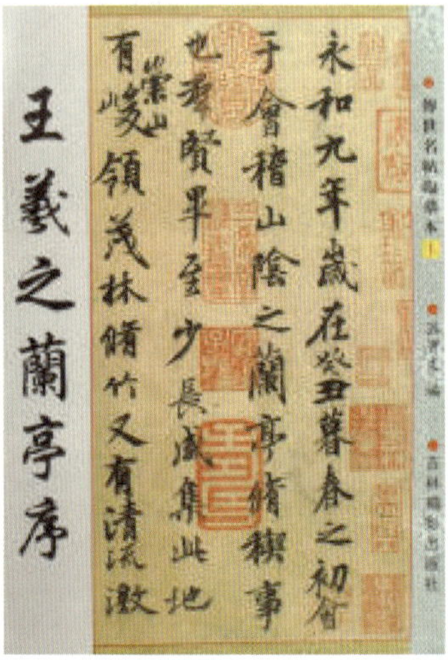

▲ “天下第一行书”《兰亭集序》（局部）

五、草书

草书是汉字的一种字体，特点是结构简省、笔画连绵。形成于汉代，是为了书写简便在隶书基础上演变出来的。每一种正体字都有它的草体，篆书的草体叫草篆，隶书的叫草隶，草篆和草隶在书法史上地位不高，而正楷的草体却占有很高的地位。正楷的草体叫草楷或今草，介于行书与草书之间的可称为行草，草书之上还有狂草。狂草书家，以唐朝张旭、怀素最为著名，有“颠张狂素”之称。

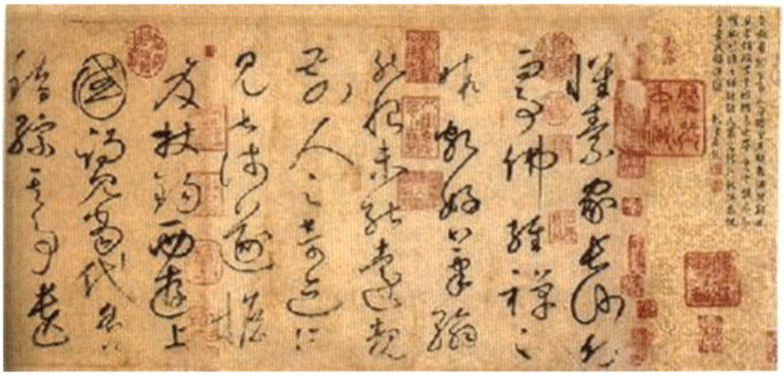

▲ 怀素的《自叙帖》（局部）

中国书法名家

秦代李斯是著名的篆书家。东晋王羲之备精诸体，尤擅草书、行书，代表作有《兰亭序》《丧乱贴》等，号为“书圣”，其子王献之博采众家之长、兼善诸体之美，被尊为“亚圣”。唐代欧阳询、颜真卿、柳公权，分别创立了楷书中的欧体、颜体、柳体；怀素、张旭则擅长草书。北宋的苏轼、黄庭坚、米芾、蔡襄四大书法家，都以行书名世。元代赵孟頫创立赵体；明代书法家文征明、董其昌的艺术成就最高；清代郑板桥工书画，书法自成一格，创立了板桥体。

任务二　中国传统书法的文化特征

中国书法艺术与中国文化相表里，与中华民族精神成一体。中国文化的精神是天人合一、贵和尚中。这种强调整体和谐的思想，肯定事物是多样性的统一，主张以广阔的胸襟、海纳百川的气概，兼容并包，使社会达到“太和”的理想境界。书法的理想境界也是和谐，但这种和谐不是简单的线条均衡分割，状如算子的等量排列，而是通过参差错落、救差补缺、调轻配重、浓淡相间等艺术手段的运用，达到的一种总体平衡，即“中”“和”意义上的平衡。笔画间的映带之势，顾盼之姿，在注重个体存在的同时，兼顾补充其他的功用。如《兰亭序》的章法整体雅致匀衡，也是通过对每一纵行的左偏右移不断调整、造险救险而实现的。黄庭坚《黄州寒食诗卷跋》的章法也是这方面的成功范例。可见，一点一画，互相牵制，互为生发，彼此衬托；一字一行，小大参错，牝牡相衔，彼此渲染，中国文化“和为贵”的价值观，通过书法艺术的中和之美得到了完美体现。

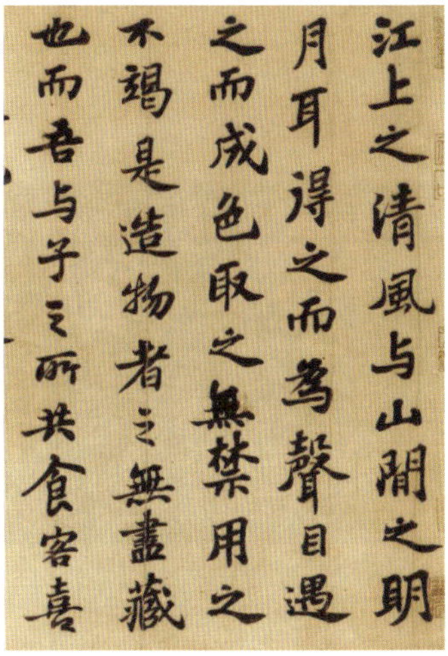

▲ 苏轼《前赤壁赋》(局部)

一、以简驭繁

书法艺术的形式，最为简单不过——只有汉字、只有黑白的组合，至多加上纸色和装裱形式的变化以及红色印章的搭配。但是，这最简单的形式中，却包含着无限变化、无限丰富的形态。作为一幅完整作品组成部分的印章和装裱艺术的形式也是丰富多样的。

二、以静寓动

中国书法是一种诉诸视觉的艺术形式，它的作品，最终体现为凝定在纸上的形态，无论是悬挂墙上还是置诸案头，都是一种静态的欣赏。好的书法作品却总是给欣赏者以动感。任何艺术品都是创作过程的物化，仔细寻绎，都有可能从其最终形式中找到运动过程的痕迹。然而，汉字书写过程的运动性质却是独特的：它具有明确的指向性、不可重复性和不可逆性。点划书写的起、行、收的各个环节和字形书写的笔顺、章法安排的前后顺序，都有基本的规范，其运动方向是任何一个接受过汉字书写基础训练的书写者都了然的。其运动过程往往还不许重复、不可逆转，因此指向性相当明确。这一特点，与音乐、舞蹈十分接近。

▲ 那桐题“清华园”匾

三、纵横有象

▲ 北京琉璃厂郭沫若题“荣宝斋”匾

汉字起始时字形是以象形为基础建立起来的，人们对书法艺术极重要的一种诉求：以形写象。希望在抽象的点划、结构乃至章法中，表现出或欣赏到自然美。

在古文字阶段，尤其是小篆以前，汉字随体诘诎，自然物象的形式以一种相对直观的方式存留于汉字的表象。这种特点，易于使人们在阅读时产生对自然万象美的联想，从而有可能越过文字字义而直接进入对形式美的欣赏、玩味，并反过来生发出在书写中表现自然美的要求。

四、书为心画

艺术是人的创造。书法与其他一切艺术一样，必然反映创作主体的心智、性情、修养乃至技术能力等方面的特征。早在汉代后期书法的艺术性质初步被社会所承认的时候，赵壹就已经指出这一点：“凡人各殊气血、异筋骨。心有疏密，手有巧拙。书之好丑，在心与手。”传为锺繇所作的《笔法》说得更加简洁：“笔迹者，界也；流美者，人也。”

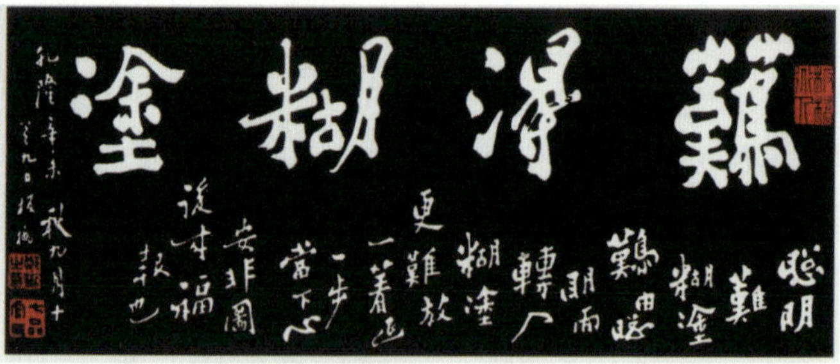

▲ 郑板桥作品《难得糊涂》

任务三 中国传统绘画的发展历史

中国绘画艺术历史悠久，源远流长，经过数千年的不断丰富、革新和发展，各个时代和民族的画家和匠师，创造了具有鲜明民族风格和丰富多彩的形式手法，形成了独具中国意味的绘画语言体系，在东方以至世界艺术中都具有重要的地位与影响。

中国绘画的历史最早可追溯到原始社会新石器时代的彩陶纹饰和岩画，原始绘画技巧虽幼稚，但已掌握了初步的造型能力，对动物、植物等动静形态亦能抓住主要特征，用以表达先民的信仰、愿望以及对于生活的美化装饰。

先秦绘画已在一些古籍中有了记载，如周代宫、明堂、庙祠中的历史人物，战国漆器、青铜器纹饰，楚国出土帛画等，都已达到较高的水平。

文化驿站

中国国画

秦汉王朝是中国早期历史建立的中央集权制大国，疆域辽阔，国势强盛，丝绸之路沟通着中外艺术交流，绘画艺术空前发展与繁荣。尤其是汉代盛行厚葬之风，其墓室壁画及随葬帛画，生动塑造了现实、历史、神话人物形象，具有动态性、情节性，在反映现实生活方面取得了重大成就。其画风往往气魄宏大，笔势流动，既有粗犷豪放，又有细密瑰丽，内容丰富博杂，形式多姿多彩。

魏晋南北朝时期战争频仍，民生疾苦，但是绘画仍取得了较大的发展，苦难给佛教提供了传播的土壤，佛教美术勃然兴起。如新疆克孜尔石窟、甘肃麦积山石窟、敦煌莫高窟都保存了大量的该时期壁画，艺术造诣极高。由于上层社会对绘事的爱好和参与，除了工匠，还涌现出一批有文化教养的上流社会知名画家，如顾恺之等。这一时期玄学流行，文人崇尚飘逸通脱，画史画论等著作开始出现，山水画、花鸟画开始萌芽，这个时期的绘画注重精神状态的刻画及气质的表现，以文学为题材的绘画日趋流行。

隋唐时国家统一，社会相对稳定，经济比较繁荣，对外交流活跃，给绘画艺术注入了新的机运，在人物画方面虽然佛教壁画中西域画风仍在流行，但吴道子、周昉等人具有鲜明中原画风的作品占了绝对优势，民族风格日益成熟，展子虔、李思训、王维、张璪等人的山水画、花鸟画已工整富丽，取得了较高的成就。

▲ 唐阎立本《步辇图》

五代两宋之后，中国绘画艺术进一步成熟完备，出现了一个鼎盛时期，朝廷设置画院，扩充机构编制，延揽人才，并授以职衔，宫廷绘画盛极一时，文人学士亦

▲ 北宋张择端《清明上河图》

把绘画视作雅事并提出了鲜明的审美标准，故画家辈出，佳作纷呈，而且在理论上和创作上亦形成了一套独特的体系，其内容、形式、技法都出现了丰富多彩、多头发展的繁荣局面。

绘画发展至元、明、清，文人画获得了突出的发展。在题材上，山水画、花鸟画占据了绝对的地位。文人画强调抒发主观情绪，“不求形似”“无求于世”，不趋附大众审美要求，借绘画以示高雅，表现闲情逸趣，倡导“师造化”“法心源”，强调人品画品的统一，并且注重将笔墨情趣与诗、书、印有机融为一体，形成了独特的绘画样式，涌现了众多的杰出画家、画派，以及难以数计的优秀作品。

中国著名画家

1. 顾恺之：东晋杰出画家、绘画理论家、诗人。被时人称为“画绝、才绝和痴绝”，顾恺之与曹不兴、陆探微、张僧繇合称“六朝四大家”。顾恺之作画，意在传神，为中国传统绘画的发展奠定了基础。

2. 吴道子：出生在阳翟（今河南禹州），唐朝著名画家，唐玄宗的宫廷画师，被尊为“画圣”有“吴带当风”的美誉。

3. 张择端：北宋绘画大师。宣和年间擅画宫室、舟车、市肆、桥梁、街道、城郭。存世作品有《清明上河图》，是我国古代的艺术瑰宝。

任务四　中国传统绘画的文化特征

中国画有多种分类标准，按题材主要分为山水画、人物画和花鸟画三类，按表现方法分为工笔、写意、白描、水墨等，按照画幅形式又有横向的长卷、纵向的条幅、楹联、小的册页、画在扇子上的折扇、团扇等，还有宫廷画、文人画等种类。

按题材分类较为普遍广泛，中国山水画是中国人情思中最为厚重的沉淀。游山玩水的大陆文化意识，以山为德、水为性的内在修为意识，咫尺天涯的视错觉意识，一直成为山水画演绎的中轴主线。从山水画中，我们可以集中体味中国画的意境、格调、气韵和色调。可以说，山水画便是民族的底蕴、古典的底气、民之图像、人之性情。

▲（明）仇英《吹箫引凤图》

人物画是以人物形象为主体的绘画之通称。大体分为道释画、仕女画、肖像画、风俗画、历史故事画等。人物画力求人物个性刻画得逼真传神、气韵生动、形神兼备。其传神之法，常把对人物性格的表现，寓于环境、气氛、身段和动态的渲染之中。

花鸟画，是以花、鸟、虫等为描绘对象的画。花鸟画中的画法中有“工笔”“写意”“兼工带写”三种。工笔花鸟画即用浓、淡墨勾勒对象，再深浅分层次着色；写意花鸟画即用简练概括的手法绘写对象；于工笔和写意之间的就称为兼工带写，形态逼真。

中国传统绘画总体审美有如下共性：

以形写神、形神兼备。这是中国画创作的一个重要原则。中国画讲究气韵生动、追求意境。如果作品有形无神，画得再像也不符合中国画的神韵。写形是为了传神，最终目的是“达意”，形可在“似与不似之间”。

以线、墨为主，讲究笔法。这是对笔墨内涵的要求。“骨法”又作“骨力”，指书写点画中蕴蓄的笔力。它是构成点画与形体的支柱，也是表现神情的依凭。画家以挺劲的笔法将自己的感情倾注到形象中，使其更具有生命力。在造型过程中，画家的感情就一直和笔力融在一起。笔所到之处，留下的尽是画家感情活动的痕迹。

色彩上以墨为主，强调“墨分五色”“尚纯而戒驳”。中国画虽也讲究随类赋彩，但最重要的是画面整体效果。为了整体的需要，对象的色彩可以做大的变动，无论是平涂的重色，还是晕染的轻色，都“尚化而戒驳”。墨是中国画必不可少的基本色。墨分为焦墨、浓墨、重墨、淡墨、清墨五种。每一种墨色若运用得巧妙、适当，则会呈现丰富的变化。

构图讲究气势，不受透视规律束缚。画家取景时，要步步移、面面观；要善于利用纸的空白，做到疏中有物、密而不闷。“画意”是画家精神感受的传达。构思“画意”是创作的开始。它是理性与非理性的统一。“画意”在构思之后并不是不可变化，而是可根据需要在作画过程中不断调整。画家边作画边改变自己的“画意”，在逐步完善绘画中寻找创作的乐趣。因此，作品的“画意”产生于作画前，完善于创作中。

诗书画印有机结合，是中国画区别于其他画种的一个特征。传统的形成，取决于一个民族独特的历史经历和生活习惯以及特殊的审美观念。它是在历代画家的不懈努力下演变而成的。而这种传统反过来又成为民族精神的一个重要方面。越是民族的东西，才越是世界的。

中国印章文化

中国印、书法、绘画、诗歌，并称中国四大传统艺术。印章是中国传统文化的代表符号之一，印章源于原始社会后期，战国以后印章广泛流行，一直延续发展到今天，体现着中华民族独特的审美经验。印章文字首选篆书，其次隶书、楷书，印章雕刻讲究刀法，印章用材在古代多用铜、银、金、玉、琉璃、石材，此外也有牙、角、木、水晶等材质，集中展现了中华文化的博大精深和绚丽多彩。

项目拓展

《富春山居图》的坎坷经历

《富春山居图》是元代画家黄公望于1350年创作的纸本水墨画，中国十大传世名画之一。该画是黄公望为师弟郑樗（无用师）所绘，几经易手，并因“焚画殉葬”而身首两段。前半卷：剩山图，现收藏于浙江省博物馆；后半卷：无用师卷，现藏台北故宫博物院。以浙江富春江为背景，画面用墨淡雅，山和水的布置疏密得当，墨色浓淡干湿并用，极富于变化。富春山居图被誉为“画中之兰亭”，属国宝级文物。

黄公望年轻时做过地方小官，先是任书吏，后来，大约是45岁左右时，在一个叫做张闾的官僚手下做过椽吏，后因张闾犯了官司，黄公望遭诬陷，蒙冤入狱。出狱后，不再问政事，遂放浪形骸，游走于江湖。由于长期浪迹山川，开始对江河山川发生了兴趣。为了领略山川的情韵，他居常熟虞山时，经常观察虞山朝暮变幻的奇丽景色，得之于心，运之于笔。他的一些山水画素材，就来自这些山林胜处。在他居富春江时，身上总是带着皮囊，内置画具，每见山中胜景，必取具展纸，摹写下来。

《富春山居图》从构思、动笔到绘制完成大约用了七年时间。为了画好这幅画，他终日不辞辛劳，奔波于富春江两岸，观察烟云变幻之奇，领略江山钓滩之胜，并身带纸笔，遇到好景，随时写生，富春江边的许多山村都留下他的足迹。深入的观察，真切的体验，丰富的素材，使《富春山居图》的创作有了扎实的生活基础，加上他晚年那炉火纯青的笔墨技法，因此落笔从容。

自1746年无用师卷深藏宫廷，剩山图流寓民间，致使《富春山居图》首尾离散。1949年后，名画一在杭州，一在台北。

项目三 中国传统舞乐文化

中国舞乐文化有七千年历史，其间不断融合周边其他民族舞乐艺术的精华，体现了中华传统思想文化的中和思想以及天人合一精神，展现东方舞乐的空灵优雅、刚柔并济。

项目目标

◆ 知识目标

了解中国传统舞乐文化的文化常识、发展历史和审美特征。

◆ 能力目标

1. 通过自主学习和课堂综合活动，提高舞乐文化现象的审美能力，培养舞乐文化元素在现代社会的应用能力与创新能力；

2. 借助舞乐艺术活动维护大学生身心健康和提升团队协作能力。

◆ 素养目标

结合舞乐文化体验从美育角度多方面强化学生对祖国舞乐文化的热爱，从优秀舞乐作品中学习优秀的中华传统文化精神。

任务一 中国传统音乐的发展历史

一、上古音乐

大约从五万年前到五六千年前的新石器时期，我们的祖先就创造了简单的乐器和乐舞。最初的音乐是人类劳动生活的再现，是从劳动中直接产生的。原始时期的音乐总是常常和诗歌、舞蹈结合在一起的。

二、先秦音乐

周代在礼乐制度上建立了我国第一个宫廷雅乐体系。所谓雅乐，是指我国古代社会祭祀天地、神灵、祖先等典礼中所演奏的音乐，在周代广泛用于郊社、宗庙、宫廷仪礼、乡射和军事大典等各个方面的仪式。其节拍缓慢、齐奏为主，多呈现典雅庄严的气氛。

春秋战国时期流行“郑卫之音”，即郑、卫两国的民歌。此民歌中有不少男女逗趣的内容，流露出大胆炽热、奔放浪漫的感情，对雅乐产生了很大的冲击。

这段时期，乐器方面也有很大发展，弦乐器有琴、瑟、筝、筑之分，吹乐器有管、笛、竽、笙之别，形制多种多样；编钟、编磬也日益完整。乐器演奏水平也有很大进展，出现了乐器的独奏家，如善鼓琴的伯牙、善击筑的高渐离等。

古琴曲《高山流水》

《高山流水》古琴曲，属于中国十大古曲之一。相传先秦的琴师伯牙在荒山野地弹琴，樵夫钟子期领会其琴声表达，描绘为“峨峨兮若高山”和“洋洋兮若江河”。伯牙惊喜感叹：“善哉，子之心而与吾心同。”后钟子期死，伯牙痛失知音，摔琴绝弦，终生不弹，故有高山流水之曲。后人们常以高山流水的典故指知音难觅。

▲ 编钟

三、秦汉音乐

汉代主要的歌曲形式是相和歌。它从最初的“一人唱，三人和”的清唱，渐次发展为有丝、竹乐器伴奏的“相和大曲”，并且具“艳—趋—乱”的曲体结构。

汉代在西北边疆兴起了鼓吹乐。它以不同编制的吹管乐器和打击乐器构成多种鼓吹形式，如横吹、骑吹、黄门鼓吹等。它们或在马上演奏，或在行进中演奏，用于军乐礼仪、宫廷宴饮以及民间娱乐。

四、魏晋南北朝音乐

这段时期，歌舞戏正式出现，可以说有了戏曲的萌芽。许多乐器有了完备的形制，演奏技巧趋于成熟。此时，西域音乐文化传入我国。

当时，一大批文人琴家相继出现，如嵇康、阮籍等，《广陵散》、《猗兰操》、《酒狂》等一批著名曲目问世。南北朝末年还盛行一种有故事情节，有角色和化妆表演，载歌载舞，同时兼有伴唱和管弦伴奏的歌舞戏。这已经是一种小型的雏形戏曲。

五、隋唐音乐

唐代宫廷宴享的音乐，称作“燕乐”。风靡一时的唐代歌舞大曲是燕乐中独树一帜的奇葩。它继承了相和大曲的传统，融会了九部乐中各族音乐的精华，形成了“散序—中序或拍序—破或舞遍”的结构形式。

唐代音乐文化的繁荣还表现为有一系列音乐教育的机构，如教坊、梨园、大乐署、鼓吹署以及专门教习幼童的梨园别教园。这些机构以严密的考绩，造就着一批批才华出众的音乐家。

六、辽宋金元音乐

这段时期音乐文化的发展以市民音乐的勃兴为重要标志，较隋唐音乐得到更为深入的发展。在“瓦舍”“勾栏”中人们可以听到叫声、嘌唱、小唱、唱赚等艺术歌曲的演唱；也可以看到说唱类音乐种类崖词、陶真、鼓子词、诸宫调，以及杂剧、院本的表演。

宋代词调音乐获得了空前的发展。这种长短句的歌唱文学体裁可以分为引、慢、近、拍、令等词牌形式。在填词的手法上已经有了“摊破”“减字”“偷声”等。

七、明清音乐

明清时期，音乐的主要形式是戏曲音乐，传统音乐中的民歌、说唱、戏曲、歌舞音乐、器乐五大类均已形成自身特有的体系。器乐、音乐理论也有很大发展。此外，明清说唱艺术十分繁荣，成为后来曲艺的渊源。说唱，顾名思义包括说类和唱类。以说为主的曲艺形式如评书、相声、快板、快书等；以唱为主的曲艺形式如弹词、鼓曲、琴书等。

任务二 中国传统音乐的文化特征

中国传统音乐不仅历史悠久，而且内容丰富色彩，民族文化特征鲜明，主要体现在以下三个方面。

一、中和思想

中和思想是中国传统音乐审美的核心，是中国传统文化精神的凝聚。儒家推崇中和之美，音乐典雅，节奏舒缓、轻悠，曲调“乐而不淫，哀而不伤”。孔子曾说“兴于诗、立于礼、成于乐”，认为好的音乐能够教化人心，塑造符合儒家道德规范的“仁人”品性，起到“移风易俗”、促进社会和谐的作用。传统音乐对中华民族的思维习惯、审美意识的形成和发展有不可低估的作用。

▲ 伯牙钟子期高山流水

二、虚实相生

虚实相生是中国传统音乐的基本特征。中国传统音乐融合了中华道家文化思想的精华，注重通过有限的自然形态来传达无限的生命意蕴，在虚实相生、有无统一、形神兼备、情景交融的基础上追求象外之象、景外之景和言外之意，强调隽永的韵味在于大音希声，大象无声，以无为本，审美上要求人们从有限的形象进入到无限的意蕴，体会到天地有大美而不言，突出的就是自然，中国传统音乐主题经常会有以自然意象为主的音乐主题，比如山、水、渔、樵，名曲《高山流水》《渔舟唱晚》《夕阳箫鼓》《春江花月夜》等作品形象地诠释了自然美。

文化驿站

中国传统舞蹈

三、单音性体系

单音性体系特征是中国传统音乐的民族特色。中国传统音乐不论是雅乐体系还是燕乐体系，都是建立在单音体系之上的，中国传统音乐重人格修养而不重表演、重情感而轻技巧的特点，使得传统音乐相对西洋音乐不重视对音乐本体规律的研究，造成中国音乐不可避免地带有非独立性和发展不充分的特征。

西洋音乐具有复音体系，和其美学思想中的“摹仿自然”息息相关。更追求音色厚重，表现力强，追求戏剧冲突。中国传统音乐单音特色简练，音色含蓄淡泊，不渲染强烈的戏剧冲突，在艺术表现中注重借景抒情，追求平淡天真、幽静深远、空灵传神的意境。

“五音不全”的由来

五音指的是：宫（1）、商（2）、角（3）、徵（5）、羽（6），它是中国民族五声调式。五音不全指的就是这五个基本音唱不准，一般也就是指没有音高概念的人。唱歌时有人唱得不搭调，常常走音。五音不全的原因是先天性的，走调或跑调可以纠正，五音不全很难完全纠正过来。五音不全的原因是声带周围的肌肉发育不完整导致有些音高不准，另一种病因是耳朵辨音的能力差而导致发音不准。

任务三　中国传统舞蹈的历史

中国古代舞蹈作为我国传统艺术中的一个重要类别，在漫长的历史进程中，它经历了若干阶段的发展、演变，逐渐形成具有中国独特形态和神韵的东方舞蹈艺术。

一、上古舞蹈

中国原始舞蹈。其主要形式是有关狩猎、劳动的舞蹈。在内蒙古阴山地区新石器时代的岩画上，刻画着狩猎舞的形象。这种舞蹈的产生，与狩猎密切相关。这些远古氏族的乐舞，充满着青春与力量的斗争生活，也反映了原始宗教的祈求幻想和巫术礼仪。

二、先秦舞蹈

周代礼乐集古舞之大成。周王室整理了前代遗存的乐舞，包括黄帝的乐舞《云门》、唐尧的乐舞《大咸》、虞舜的乐舞《大韶》、夏禹的乐舞《大夏》、商汤的乐舞《大濩》及周武王的乐舞《大武》，总称为六代舞，用于祭祀。而且设立了庞大的乐舞机构“大司乐”，贵族子弟要受严格的六艺（礼、乐、射、御、书、数）教育。到了春秋战国时期，巫舞及民俗祭祀舞蹈开始盛行。

三、秦汉舞蹈

秦汉时代，民间俗舞有显著的发展。秦代已有了乐府，秦二世曾在甘泉宫“作角抵俳优之观”。汉代初年，高祖刘邦喜好民间的楚声、楚舞，并把俗乐舞用于宫廷祭祀。汉代乐舞是一个广收并蓄、融合众技的时代，舞蹈受杂技、幻术、角抵、俳优的影响向高难度发展，丰富了传情达意的手段，扩大了舞蹈的表现能力，如《盘鼓舞》《东海黄公》等。

四、魏晋南北朝舞蹈

▲ 北京舞蹈学院学生表演魏晋时期的民间歌舞《踏歌》

这一时期，各民族乐舞文化进一步交流。西晋丧乱，关中人士纷纷避难凉州，带去了汉魏传统乐舞。氐族吕光和匈奴族沮渠蒙逊把平西域获得的《龟兹乐》与传于凉州的中原旧乐相合，产生了新型乐舞《西凉乐》，甘肃敦煌是西凉国都，敦煌石窟壁画记录了《西凉乐舞》的韵律神采。

五、隋唐舞蹈

▲“中华文化万里行”2018 首届全球传统文化春节联欢晚会《霓裳羽衣曲》

唐代以规模宏大的“三大舞”——《破阵乐》《庆善乐》《上元乐》为代表，有的气势雄伟，有的安徐娴雅，有的充满幻想色彩。真正代表唐代舞蹈艺术风格的，是小型娱乐性舞蹈健舞和软舞。健舞中以《剑器》《胡腾》等为代表；软舞中以《绿腰》《春莺啭》《乌夜啼》等为代表。代表唐代乐舞艺术高峰的是歌舞大曲。唐代大曲是集纵向的继承和横向的借鉴二者之大成，其节奏复杂、曲调丰富、结构严密，具有大型歌舞的高级形式。《霓裳羽衣舞》被誉为唐代舞蹈之冠。

> **霓裳羽衣舞**
>
> 《霓裳羽衣舞》又称《霓裳羽衣曲》，是一种唐代的宫廷乐舞。为唐玄宗所作之曲，融歌、舞、器乐演奏为一体，是唐代歌舞的集大成之作。曾经中国古代四大美女之一的杨贵妃就因擅长此舞蹈，而受到唐玄宗的宠爱。
>
> 《霓裳羽衣舞》描写唐玄宗向往神仙而去月宫见到仙女的神话，其舞、其乐、其服饰都着力描绘虚无缥缈的仙境和舞姿婆娑的仙女形象，给人以身临其境的艺术感受。全曲36段，表现了中国道教的神仙故事。

六、宋代舞蹈

宋代舞蹈主要有三个方面：宫廷队舞、民间队舞和百戏中的舞蹈。宋代在唐代队舞的基础上发展为小儿队舞和女弟子队舞。宋代的民间舞蹈十分兴盛，每逢新年、元宵灯节、清明节、天宁节（皇帝的生日），民间舞队非常活跃。百戏中的舞蹈，在军旅中常有演出。

另外，宋代宫廷队舞和大曲中加进了戏剧因素，推动了剧情的发展，增加了舞蹈的故事性。

七、元代舞蹈

舞蹈在元杂剧中具有了插入性的作用，而元杂剧中的武功技巧，却包含着许多舞蹈因素，如各种器械舞、对打、翻跟斗等。元杂剧中其他做工，逐渐演变为程式化的舞蹈动作，用以表现人物情态。

八、明清舞蹈

这一时期的舞蹈，大致可分为三类：宫廷队舞、戏曲舞蹈和民间舞蹈。戏曲舞蹈是在中国古代舞蹈的基础上，又根据剧情和人物的需要发展而形成的。它不仅具有中国古典舞蹈的特色，并且保存了中国古代舞蹈的精萃。

明、清的戏曲舞蹈，是戏曲中的重要组成部分。可分为五类：（1）插入性的舞蹈，如《跳和合》《跳钟馗》《哑子背风》。（2）程式化的舞蹈段子，如“起霸”“趟马”“走边”。（3）程式化的舞蹈动作，如水袖、翎子、甩发、髯口、扇子、手绢、长绸等多种。（4）刀枪把子。（5）跟斗。

> **舞蹈起源的三种说法**
>
> 1. 乐舞理论：“情动于中而行于言，言之不足故嗟叹之；嗟叹之不足故咏歌之；咏歌之不足，不知手之舞之足之蹈之也。”这生动地说明了舞蹈起源于表现人的情绪与情感的表达。
> 2. 舞蹈起源于远古人类在求生存、求发展中劳动生产和战斗场景（狩猎、农耕、战斗演练）。
> 3. 舞蹈起源于图腾崇拜、巫术宗教祭祀活动。
>
> 我们认为以上舞蹈起源说都有道理，舞蹈作为人类喜爱的艺术形式，其形成应是接受了多种因素的共同影响。

任务四　中国传统舞蹈的文化特征

一、综合性形态：诗、乐、舞“三位一体”

远古时期，音乐和舞蹈是相伴而生、相辅相成、并肩发展的，乐和舞密不可分，“乐”时必有“舞”，“舞”时必奏“乐”。在《诗经》时代，随着民间诗歌的兴起，乐、舞又和诗歌紧密结合起来，形成了诗、乐、舞三位一体的文化特征和文化传统。

二、内在神韵：形神兼备，内外统一

根植于中国传统文化沃土的古典舞蹈，非常强调“形神兼备，身心互融，内外统一”的神韵。神韵是中国古典舞的灵魂。神在中而形于外，“以神领形，以形传神”的意念情感造化了身韵的真正内涵。这种“形神兼备的艺术”强调表演者“手到、眼到、步到、身到”，真正做到“心与意合、意与气合、气与力合、力与形合”。

三、表现形式：圆润流畅、刚柔相济

从舞蹈的具体表现形式上说，中国古典舞既不像西方现代舞那样动作粗砺强悍、奔放蹈厉，也不像西方芭蕾那样“开、蹦、直、立”，中国古典舞“圆润流畅”，包含着

我国民族舞蹈含蓄的韵律风格，蕴藏着中华民族几千年的传统文化精神。古典舞舞姿讲究拧倾、弯曲、交叉、旋扭的动作显著体现了曲线美；动作讲究起伏迭宕、有动有静、刚柔相济，在含蓄柔美和曲折变化中，呈现诗情画意的艺术美。

四、发展特征："娱神"又"娱人"

原始社会时期，舞蹈出于原始生活的需要，那时的舞蹈主要表现为"娱神"，表现在"图腾崇拜""祭祀祈神""生殖崇拜""狩猎仪式"等领域。到了奴隶社会，先民们不自觉地从原始时期的那种神秘崇高的生命形态中走出来，一方面，用乐舞颂扬君德，显示君主威仪，强化朝廷的统治，另一方面，以舞姿来体现古代人民的情操和理想，反映现实生活的情趣，增加了娱人和自娱的色彩。舞蹈从全民性的活动逐渐演变为一部分人的艺术活动和宗教政治活动。到了后期，舞蹈不断融合各民族舞蹈艺术的交流，在"娱神"与"娱人"的双重纵深间持续发展。

▲ 水下飞天舞蹈《洛神水赋》

项目拓展

北京冬奥会"纪念时刻"：折柳送别诉说中国式浪漫

2022 年 2 月 20 日晚间，北京 2022 冬奥会闭幕式在鸟巢举行。在文艺演出环节，折柳送别的环节令观众们感叹：这是地道的中国式浪漫！

折柳送别出现在闭幕式的“纪念时刻”。“纪念时刻”是奥运会闭幕式上的固定命题环节，2022年北京冬奥会选择了“折柳”这一极具中国特色的方式演绎。来自各行各业、不同年龄的普通人手捧柳枝，汇聚在场地中央，代表一年365天的思念。

“长亭外，古道边，芳草碧连天……”在悠扬的《送别》的音乐中，舞蹈演员化身柳枝，其他演员手捧柳枝上场。

柳树被赋予离别、思乡、悼古、清高、柔美等诸多意象，其中最经典的文学意象便是送别。由于柳字发音通“留”，柳树就成为古人寄托相思之树，折柳也成为送别的重要仪式。

在北京冬奥会闭幕式上，折柳送别用中国式浪漫表达了对所有运动员的情感，希望和平友谊的心声随着柳枝传递出去。

“折柳送别远方的客人，看得我都舍不得奥运会了。”“真的太会了吧！送别+柳枝。”“折柳寄情，手捧柳枝，带上这条柳枝，带走中国人民的友情，太美了！”网友感叹道。

资料来源：文汇报. 北京冬奥会“纪念时刻”：折柳送别诉说中国式浪漫.（2022-02-20）[2022-11-13]. 文汇网.

任务活动

活动一：任务图解（30 分）

要求：选取 11 个任务中任意一个，画出简洁明了的思维导图。

活动二：文化体验（70 分）

活动：戏曲脸谱绘制竞赛。

活动目的：让学生初步了解中国戏曲脸谱艺术的特点、谱式、色彩等方面的基础知识，了解中国脸谱艺术富有的图案美及鲜明的思想性和艺术性，培养学生对京剧脸谱艺术的欣赏能力。

1/5　角色构建

要求：全班按人数均分成 5 个小组。每组 5 ～ 6 人，组长为活动评委会成员。

项目小组	组长	成员
一组		
二组		
三组		
四组		
五组		

2/5 设计与行动

资料准备	教师提前准备绘制脸谱所需的活动用品，包括白色脸模、绘画颜料、调色盘与画笔等
	搜集戏曲角色的相关知识信息 每学习小组选取 1 个典型脸谱进行观摩学习（课前准备时间 24 小时）
活动内容、活动方式及时间安排	学习小组合作完成戏曲脸谱的现场绘制，录制微视频展示已经画好的脸谱并添加与所绘制的脸谱相关的戏曲宣传展示等才艺表演（如：唱一段戏曲，表演一个戏曲造型，讲一段脸谱的知识），每组微视频限制时间 1 ~ 3 分钟，及时上传手机教学平台（时间不超过 70 分钟）
	全体学生通过手机教学平台观看微视频，手机投票进行优秀作品排名和初选（时间不超过 15 分钟）
	教师与组长代表组成评委会对初选的作品进行复议，确定最终竞赛名次教师进行竞赛活动总结，对获奖小组进行分数和物质奖励（不超过 15 分钟）

3/5 观察与评价

评价标准	脸谱设计绘画美观（60 分）	才艺表演生动（20 分）	微视频清晰完整（10 分）	小组评选认真负责（10 分）	总分
一组					
二组					
三组					
四组					
五组					

评价组成：教师评价 30%；学生互评 50%；评委会评分 20%。

4/5 反思与探究

从实施过程和评价结果两个方面，对脸谱绘制活动准备、活动实施、活动效果进行反思评价，总结经验教训。

5/5　修正与完善

根据反思与探究中寻求到的经验教训，进一步提出修正和完善意见。

知识链接

1. 这里是北京：靠谱说京剧. 北京电视台文化栏目.
2. 一听就懂的中国艺术史. 喜马拉雅听书.
3. 意公子. 大话中国艺术史. 海口：海南出版社，2022.

肆

模块四

中国传统民俗文化

中国传统民俗文化形式多样，内容丰富，蕴涵着我国传统文化的精髓，承载着中华民族的民族精神、民族情感与思想精华。习近平总书记向来对中华传统节日和民俗文化十分重视，多次强调中华优秀传统文化的宝贵价值和独特作用，赋予时代内涵，推动中华优秀传统文化的传承、创新和发展。

项目一 中国传统节日文化

中国传统节日，是中华民族悠久历史文化的重要组成部分，形式多样、内容丰富。传统节日的形成，是一个民族或国家的历史文化长期积淀凝聚的过程。中华民族的古老传统节日，涵盖了原始信仰、祭祀文化、天文历法、易理术数等人文与自然文化内容，蕴含着深邃丰厚的文化内涵。从远古先民时期发展而来的中华传统节日，不仅清晰地记录着中华民族先民丰富而多彩的社会生活文化内容，也积淀着博大精深的历史文化内涵。

项目目标

◆ 知识目标

1. 了解中国传统节日的形成、发展、传承；
2. 领悟中国传统节日的文化精神；
3. 认知中国传统节日的价值。

◆ 能力目标

1. 引导学生正确对待传统文化和外来文化，倡导健康的过节方式；
2. 通过合作探究，使学生体验合作学习、探究学习的快乐和成就感，培养合作精神；
3. 学习并搜集有关传统节日渊源的资料，展开交流和讨论，提高学生探究能力。

◆ 素养目标

1. 加强学生对中国传统节日的认知，开阔学生视野，提高文化品位和审美趣味，积极引导学生树立正确的人生观与价值观；
2. 通过领悟中国传统节日中的文化精神和价值，不断丰富学生的精神世界，增强民族自豪感。

任务一 中国五大传统节日及其习俗

春节、端午节等传统节日，从远古流传至今，形式多样，内容丰富，与中华民族源远流长的悠久历史一脉相承，不仅构成了中华民族深厚的文化底蕴，也承载着中华民族文化渊源的基因，是一份宝贵的精神文化遗产。这种文化会自然形成民族的凝聚力，再有附加其上的审美情感、趣味，它的精神影响力是巨大的。

一、春节

春节是我国传统习俗中最隆重的节日。此节乃一岁之首。古人又称元日、元旦、元正、新春、新正等，而今人称春节，是在采用公历纪元后。

相传尧舜时期，我国就有了这个节日。殷商甲骨文的卜辞中，亦有关于春节的记载，有庆祝岁首春节的风俗。但当时的历法，是靠“观象授时”。到了公元前 104 年汉武帝太初元年，我国人民创造了《太初历》，明确规定以农历正月为岁首。从这时起，农历新年的习俗流传了 2 000 多年。直到新中国成立，改用公元以后，这个节日就改为春节。

春节习俗一方面是庆贺过去的一年，另一方面又祈祝新年快乐、五谷丰登、人畜兴旺，多与农事有关。迎龙舞龙为取悦龙神保佑，风调雨顺；舞狮源于镇慑糟蹋庄稼、残害人畜之怪兽的传说。随着社会的发展，接神、敬天等活动已逐渐淘汰，燃鞭炮、贴春联、挂年画、耍龙灯、舞狮子、拜年贺喜等习俗至今仍广为流行。

二、清明节

清明节是中国最重要的祭祀节日，按农历算在三月上半月，按阳历算则在每年四月五日或六日。此时天气转暖，风和日丽，“万物至此皆洁齐而清明”（《历书》），清明节由此得名。

关于对联的贴法

按照传统习惯，上联贴在右边，下联贴在左边。因为古人的书写习惯是右起竖写，且以右为上；况且横批也是从右向左写。如：横批是“辞旧迎新”，写成“新迎旧辞”。

现在贴春联，要根据横批的写法分为两种情况：一是横批如果是从右向左写的（如：“新迎旧辞”），那就还按照传统习惯，上联贴在右边，下联贴在左边。二是如果横批是从左向右写的（如：“辞旧迎新”），那就按照现在的阅读习惯，上联贴在左边，下联贴在右边。

文化驿站

春节习俗

▲ 春节贴对联画像

▲ 清明节扫墓祭祖画像

清明节习俗有扫墓、踏青、荡秋千、放风筝、插柳戴花等。历代文人都有不少以清明为题材入诗的。

三、端午节

端午，又称端阳、重午、重五，是我国较为古老的传统节日。“端午”本名“端五”，端是初的意思。因为人们认为“五月”是恶月，“初五”是恶日，因而避讳“五”，改为“端午”。端午节早在西周初期即有记载，并非为纪念屈原而设立的节日，但是端午节之后的一些习俗受到屈原的影响。

每逢端午，人们都要在江河湖海上举行赛龙舟，还要喝雄黄酒、挂香袋、吃粽子、插花和踏青采艾蒿、斗百草等。这些活动已成为千古不变的习俗，从古至今一直在延续着。

▲ 端午节包粽子画像

四、中秋节

中秋节，也称仲秋节、团圆节、八月节等，是我国汉族和大部分少数民族的传统节日，是仅次于春节的第二大传统节日，并流行于朝鲜、日本和越南等邻国。因为秋季的七、八、九三个月（指农历），八月居中，而八月的三十天中，又是十五居中，所以称之为中秋节。又因此夜皓月当空，民间多于此夜合家团聚，故又称团圆节。秋高气爽，明月当空，故有赏月与祭月之俗。圆月带来的团圆的联想，使中秋节更加深入人心。唐代将嫦娥奔月与中秋赏月联系起来后，更富浪漫色彩。历代诗人以中秋为题材作诗的很多。

中秋节的主要习俗有赏月、祭月、观潮、吃月饼等。

▲ 中秋节祭月画像

五、重阳节

重阳节，又称“老人节”。因为《易经》中把“九”定为阳数，九月九日，日月并阳，两九相重，故而叫重阳，也叫重九。重阳节早在战国时期就已经形成，到了唐代，重阳被正式定为民间的节日，此后历朝历代沿袭至今。重阳又称“踏秋”，与三月三日“踏春”皆是家族倾室而出，重阳这天所有亲人都要一起登高“避灾”，插茱萸、赏菊花。自魏晋重阳气氛日渐浓郁，为历代文人墨客吟咏最多的几个传统节日之一。

庆祝重阳节的活动多彩浪漫，一般包括出游赏景、登高远眺、观赏菊花、遍插茱萸、吃重阳糕、饮菊花酒等活动。

▲ 重阳节画像

中国传统节日与阴阳数字

中国传统节日的设立讲究调节生活节奏，因此时间间隔相对平衡。同时中国传统文化讲究阴阳。《易经》里1、2为木，1为阳木，2为阴木；3、4为火，3为阳火，4为阴火；5、6为土，5为阳土，6为阴土；7、8为金，7为阳金，8为阴金；9、10为水，9为阳水，10为阴水。又在数字上将1、3、5、7、9属阳，2、4、6、8、0属阴。古人认为阳数象征吉利，故节日中多取阳数。农历正月初一、三月初三、五月初五、七月初七、九月初九都是节日，相差就是两个月。

任务二 中国传统节日的文化精神

文化精神就是传统文化中具有积极意义的、体现民族蓬勃向上精神的思想和观念。中国传统节日体现出精忠爱国、天人合一、贵和尚美等文化精神，正是这些文化精神的存在，使得中国传统节日及节日中的一些习俗经过几千年的历程仍被保存、遵守着，体现出强大的文化生命力。

一、精忠爱国

精忠爱国思想在清明与端午两大节日中体现得最为明显，并且这种传统文化精神在历史进程中已经自发地上升为一种民族精神，在社会发展中起着非常重要的作用。清明扫墓的习俗来自寒食节，而寒食节相传与春秋时期介子推有关，介子推“割股”给处于困境中的公子重耳充饥，这里体现了“忠”与“义”两种文化精神。当公子重耳成为晋文公，欲封赏介子推时，介子推背着老母进了深山，这里体现了“孝”。在几千年的社会进程中，寒食节与清明节合二为一，“忠”“义”的文化精神也成为中国传统观念中士大夫精神的渊源，孕育和造就了中国历史上无数仁人志士、英雄豪杰。而以血亲为纽带将人民紧紧联系在一起的“孝”，从小处说，使一个家族具有凝聚力；从大处说，使一个民族、国家更具有凝聚力。端午节赛龙舟与纪念屈原联系在一起，屈原代表着真、善、美，是爱国和忧民的化身，对屈原的纪念体现出一种赤诚爱国的文化精神。

▲ 寒食节的来历

二、天人合一

关于天人合一的思想，最基本的含义是充分肯定“自然界和精神的统一”，关注人类行为与自然界的协调问题。春节迎新、清明踏青、端午赛船、中秋赏月、七夕观星、重阳登高都是天人合一思想的体现。天人合一思想除了人与自然协调外，更主要的是“天人合德”——天有高尚的德，人应该效法天德，向自然学习，与天合德，这是天人合一思想的最高境界和最高理想。正如《周易·文言》中说：“夫大人者与天地合其德，与日月合其明，与四时合其序，与鬼神合其吉凶，先天而天弗违，后天而奉天时。”这种认识影响着许多人的价值取向、人生态度，这与“达则兼济天下，穷则独善其身”的观点是一致的。在现实中失意时，就转向自然，或归隐山林，或躬耕田园，在其间找到乐趣，发现真义。传统节日中的一些习俗在社会发展中被淡化或消失了，唯独亲近自然的行为得以延续，也从一个侧面反映了天人合一的思想具有强大的文化生命力。

文化驿站

中秋赏月习俗

三、贵和尚美

“和”即和谐、统一，“美”即美好、团圆，贵和尚美作为中国传统文化的基本精神之一在传统节日中常有流露。春节虽然是指农历一年的第一天，但人们习惯上的过年活动在头一年进入腊月（夏历十二月）就已开始，一直到元宵节才结束。在腊月里，人们要扫尘、祭灶神；除夕要全家团圆，大家围坐在一起和面包饺子，和面的“和”与“合”谐音，饺子的“饺”与“交”谐音，“合”与“交”是团圆、相聚之意；至元宵节全家又要围在一起吃汤圆，这些都表达了人们希望生活团团圆圆、和谐美好的愿望。七夕乞巧，表达出人们希望婚姻美满的愿望。至于中秋吃月饼，更兼有生活团圆、婚姻美满之意。九九重阳，则有珍爱生命、健康长寿之意。此外，清明折柳，端午采艾叶、菖蒲，重阳遍插茱萸，这种驱恶避邪的习俗也显露出贵和尚美的思想。

▲ 元宵节画像

对联的基本知识

1. 字数相等、断句一致：字数要相同，中间有断句的地方也要同时断句。

2. 词性相对、位置相同：名词对名词、动词对动词，相对的词要在相同的位置上面，相同位置上的词平仄尽量相对。

3. 平仄相合、音调和谐：上联末尾字用仄声，下联末尾字用平声，平仄相合。如“红梅吐芳喜成连理，绿柳含笑永结同心”，这个对联，上句“理”是仄声，下句“心”是平声，用平仄区分上下联是最直接、最简单的办法。

4. 内容相关、上下衔接：上下联的含义要相同，但是不能重复，上下内容一定要衔接起来。

任务三 中国传统节日的价值

一、历史价值

中国传统节日源远流长，是中华民族历史文化长期积淀凝聚的过程，具有十分深厚的历史底蕴。考察中国传统节日的起源和发展，我们可以发现，它们早在上古时期就已因生产活动、原始崇拜而初露端倪，后又随着神话传奇故事的融入、宗教文化因素的影响，以及因一些历史人物被赋予永恒的纪念意义而渐渐确立。如我国一年一度的“七夕节”，也有人把这一天称为“乞巧节”或“女儿节”。因为牛郎织女的美丽传说和七夕节结合起来，使这个节日成为中国传统节日中最具浪漫色彩的一个节日，这个节日也是过去姑娘们最为重视的日子。在中国很多古籍中都记载了这个节日以及随之而产生于不同时代的风俗习惯。这对我们现在了解不同历史时期的文化风俗是一个很好的借鉴。

▲“七夕节”又称“乞巧节”或“女儿节”

二、文化价值

中国传统节日是中华民族优秀文化的重要载体。这是因为，中国传统节日在凝聚人心、构筑民族心理方面发挥不可替代的作用，它们亦雅亦俗，亦庄亦谑，为广大民众所喜闻乐见，成为全民参与的盛会。随着历史的演进、民众文化意识的自觉，传统节日中原始崇拜、禁忌迷信的色彩越来越淡化，逐渐变成纯粹庆贺意义上的日子。这种文化现象大致出现在隋唐时期，当时，传统节日已经普遍转化为娱乐礼仪型，成为真正意义上的佳节良辰。充满喜庆欢快的气氛，各种丰富多彩的体育、娱乐活动内容伴随着相应的节日而成为时尚，广为流传，这就极大地吸引了普通民众关注并参与传统节日的庆祝活动，从而全面拓展了传统节日的群众基础，使得它们拥有了更强大的活力与生机。

传统节日是中华民族传统文化的重要组成部分，也是其他优秀民族文化的重要载体和集中展示方式。中国传统节日在中华民族多元一体、民族大融合形成的过程中起到了重要的纽带作用。在特定群体的文化观念中，节日时间是区别于平日的“大日子”。这种区分并不是仅凭意识上的认定，而是用各种各样的郑重仪式和庆祝方式体现出来的。这些仪式活动和庆祝活动往往在较短的时日内集中展演丰富多彩的文化艺术形式，蕴涵着大量的文化信息。这些文化信息有通过口头文学、年画图案、礼俗活动、仪式庆典等传承的理想追求、伦理道德、民间信仰、审美观念等方面的精神文化，有节令饮食、节令服饰、仪式用品、工艺品等方面的物质文化，也有祭典、礼仪、表演、技艺等行为层面的文化。这些文化含量的大部分是我们的优秀民族文化，如其中的物质文化、民间艺术，强调人际和睦、欢乐吉庆、丰收富裕、健康长寿、天人合一等价值观念的精神文化。

三、经济价值

节日是文化的结点，也是经济的结点。不同的经济文明，将导致不同的节日特点。春节就与农耕经济紧密相关。从具体功能看，节日对经济的各个环节都有一定作用。

首先，在生产方面，节日所体现的作用主要有两个方面。第一，节日有利于生产的合作建设。节日的聚会有利于培养合作精神，因为聚会本身就是一种合作。第二，节日聚会也具有一种扩散生产知识的功能。大家聚在一块，谈天说地，既交流生活方面的信息，也交流生产方面的信息和经验。

其次，节日也是一种交换的“集市”。节日有一种类似农村集市贸易的功能。节日的交换功能主要表现在三个方面：一是精神产品之间的交换；二是物质产品之间的交换；三是精神产品与物质产品之间的交换。在精神产品交换方面，节日的聚会使大家都收获了一种归属感与安全感；在节日里，大家相互祝福，互祝问候，本身就是一种精神产品的交换和享受。在物质产品交换方面，过节时，大家提着礼品和地方特色产品相互拜访，既有人情方面的交换，实质也体现了一种物质交换的含义；同时，有些节日本身就是集市交易的集中时间。

最后，节日在消费方面的作用是最明显和最直接的。节日是消费的聚点。节日所提供的消费满足不仅表现在精神上，也表现在物质上。一是增加了精神方面的消费满足；二是增加了物质方面的消费满足。不论在吃，还是在穿等方面，节日期间都提供了比平时更大的消费支出。由于消费和生产是紧密相连的范畴，二者有一种互相推动的关系，所以，节日的消费也促进了生产。

四、现代价值

春节、元宵、清明、端午、中秋、重阳这些具有浓郁中华民族传统文化特征的节日，千百年来代代相传，已牢牢植根于中华民族精神与文化的土壤中。这些传统节日对现代社会的建设都有重要的价值和现实意义。

首先，能增强中华民族凝聚力，促进祖国的和平统一。每逢春节、中秋等中华民族传统节日，海内外华人华侨、中华儿女，无不欢欣鼓舞，普天同庆。这些中华民族传统佳节成为我们振奋民族精神、弘扬民族文化、发扬民族传统、增强民族凝聚力和认同感的契机。例如，每年的春节从除夕夜到正月初一凌晨，无数的家庭守在电视机前欣赏中央电视台的春节联欢晚会，遍布世界各地的华人华侨也都能通过电波感受到节日气氛，此时的民族自豪感、民族认同感无疑能得到最深刻的强化。

其次，能提升中华民族的文化素质，促进社会主义精神文明建设。中华民族各种传统节日均有深厚的文化底蕴、浓郁的民族特色和多彩的风俗习惯，堪称中华民族文化的精髓，是铸造“民族魂”的重要组成部分。在当今多元文化并存的世界上，如果能剔除其中的糟粕内容，充分挖掘其中的有用成分，就能起到提升中华民族文化素质、满足人民文化需求、促进我国社会主义精神文明建设的作用。例如，中华民族传统节日都有着美丽动人的传说故事和脍炙人口的诗词歌赋，它们体现着中华民族的价值观念、思维模式、伦理道德、行为规范、审美情趣等，凝聚着历代人民对生活的美好追求和向往。如端午节缅怀屈原，龙舟竞渡，正如民谣所唱：“五月五，是端午。门插艾，香满堂。吃粽子，撒白糖。龙船下水喜洋洋。”屈原是我国伟大的诗人，1953 年被世界和平理事会列为四大文化名人之一。端午期间怀念他的高尚情操，对我们也是一种激励。

最后，能发展旅游经济，促进节日消费，改善人民生活。现在，春节、“五一”、“十一”三个旅游黄金周已经形成。其中，春节作为中华民族的传统节日，一直是节日消费的热点。现在春节期间，很多人都选择去旅游，感受节日的气氛。另外很多人也选择在酒店吃团圆饭。这也在一定程度上刺激了经济的发展。不仅如此，春节期间人们也会购买很多东西，刺激了人们的消费。总之，在节日期间人们的消费明显提高，人们生活明显改善。

项目拓展

又是一年新春时——辞雪迎春

城里人忙着筹划走亲访友、休闲旅游，农村人忙着采购年货、打扫庭院，打拼了一年的“新城市人”，也在焦急等待着驶向家乡的列车。亲情和文化的纽带将人们从不同生活空间拉拽到一起，共同奔赴这个叫作“春节”的精神家园。

文化学上讲，人离不开文化的滋养，正像人离不开空气一样。在许多人的潜意识里，春节早已成为一种“文化乡愁”，回家过年，正是一种文化的必然、情感的必需。当一家人围炉夜话、守岁祈福，再没有什么比这更能让人感受到亲情的温馨和家庭的意味。当拜年祝福伴随新年钟声纷至沓来，展现的是真挚情谊，更有致以时间和生命的特别敬意。春节是中华文化形象最迷人的呈现，团圆祥和、富贵平安、辞旧迎新、祈盼丰收等诸多主题，其实正是中国人数千年来始终不渝的生活理想。所以无论工作再忙、相距再远，都阻挡不了我们欢聚一堂、共享天伦之乐。

贴春联、挂年画、贴窗花，守岁、拜年、祭祖，发红包、穿新衣、吃饺子、舞狮舞龙……这些各具寓意的习俗，勾起我们对春节的集体记忆。对待像春节这样仪式感鲜明的节日，越是心怀依恋，越需要用行动去体现。如果不去告诉孩子，他们如何知道，“年”不仅是纵情嬉闹的时刻，还是藏在深山里的猛兽；饺子不仅是“舌尖上的诱惑”，还承载着更岁交子、大吉大利的寓意；压岁钱不是为了压住年龄，而是为了压住邪祟。生活在一定文化中的人，对其文化要有自知之明。精神所依是原乡，守住文化皈依的阵脚，我们才能为自己、为未来守护好精神的原乡。

春节是一出历经千百年打磨的经典大戏，也是一场集纳了社会风尚的时尚展演。“三十晚上看春晚”，早已是雷打不动的“新风俗”。在中央八项规定洗礼下，“发高烧”的奢侈节礼不见了，大包小包的送礼大军也偃旗息鼓。网络世界里集纳爱国、友善、敬业等“五福”的游戏，拓展了人们对“福文化”的认知。长假过后选择在正月初七“人日”去健身，近年来也备受推崇。现代气息和社会正能量的融入，让春节有了更多时代况味。新桃换旧符，老干发新枝，文化传承本就有一个新陈代谢的过程，在传统文化主干上长出时代新枝，正是春节可以历久弥新的密码。

项目二 中国传统民间习俗

中国传统民俗文化植根于中华民族文化土壤，形成于漫长的历史时期，既有农耕文明的鲜明特色，亦有渔猎和游牧文明的生动缩影。其文化形式多样，贴近百姓日常生活、劳作和游戏，是中国人不可磨灭的印记。

项目目标

◆ 知识目标

了解基本的民间习俗文化及基本特征。

◆ 能力目标

通过自主学习和课堂综合活动，提高学生对民俗文化的了解。

◆ 素养目标

结合民间民俗文化体验激发学生对祖国民俗文化的热爱，从民俗文化中学习优秀的中华传统文化精神，坚定文化自信。

任务一 中国传统生产习俗

生产民俗是在各种物质生产活动中产生和遵循的民俗。这类民俗伴随着物质生产的进行，多方面地反映着人们的民俗观念，在历史上对保证生产的顺利进行有一定的作用。我国的劳动生产民俗方面比较广泛，大体分为农业民俗、牧业民俗、渔业民俗等。

▲ 我国古代的稻作农业图像

农耕文化

农耕文化，是指由农民在长期农业生产中形成的一种风俗文化，以为农业服务和农民自身娱乐为中心。农耕文化集合了儒家文化及各类宗教文化，形成了自己独特的文化内容和特征，其主体包括语言、戏剧、民歌、风俗及各类祭祀活动等，是中国存在最为广泛的文化类型。农耕文明决定了汉族文化的特征。中国的文化是有别于欧洲游牧文化的一种文化类型，农业在其中起着决定作用。

一、农业民俗

农业民俗是伴随着中国古代农业经济生活而产生的文化现象。它具有农业生产的季节和周期性特点，是农民在长期的观察和生产实践中逐步形成的文化产物，既是生产经验的总结，又是指导生产的手段，具有明显的传承性。因此这类民俗涵盖农业生产的全过程，具体包括：

农业耕作的时序、节令习俗。这部分习俗主要以农谚的形式存活在当今生活中，对农业生产起着指导和训诫的作用。

占天象、测农事的习俗。我国自古以农业立国，因此在生产力不发达的传统社会，靠天吃饭的人们重视自然力在农业生产中的重要作用，许多谚语里还能窥见旧时这一习俗的概况。

卜农事丰歉、祈福、禳灾的习俗。人们还对臆想中的自然力怀着敬畏的感情，常常认为农业的丰歉与否与超自然力相关，所以那时候的人们除了努力耕作之外，更注重观察他们臆想中的超自然神灵。

农业禁忌、祭祀习俗。这一方面是农民不能充分认识自然界规律的反映，另一方面也是农业生产经验的积累，例如在有些地区，正月初十忌风，可以禳风除灾，惊蛰在墙角撒石灰，可以避虫蛇，等等。

祭田神、先农和灶神的习俗。

农业生产过程习俗。这类习俗包括农业生产工具的制作和使用，以及具体的生产程序等，如揠苗助长的故事就是讽刺那些不尊重农业生产规律的人。

农业娱乐习俗。这一习俗是来源劳动实践也伴随生产活动自然形成娱神娱人的具有文娱性质的民俗文化。

▲ 丰子恺《放牛图》

二、牧业民俗

牧业民俗一般出现在我国的北方牧区和其他农牧并存地区。放牧活动离不开特定的环境、气候及饲料资源等自然条件，故牧业习俗尤其重视协调这些因素和人的关系。

这些习俗提示着游牧生产的时序、节令条件。

牧业禁忌、祭祀习俗既体现了牧民对超自然力的敬畏，同时也具有产生经济效益的实际功能。例如浙江人养牛，冬月严密关闭畜栏，铺上槁草，以免牲畜受冻。在晴和天气还要牵出耕牛晒太阳。

畜牧生产过程的习俗，这是牧民长期在生产过程中的经验、智慧的积累，例如自古就有“寸草铡三刀，没料也上膘”的谚语。

三、渔业民俗

渔业民俗是渔业文化的主要内容。在我国不仅有 18 000 多公里长的海岸线，还有众多的岛屿、河流、湖泊，居住在这些地域的居民与渔业民俗有着密不可分的联系，因此渔业民俗也是我国生产民俗中的重要部分。具体包括：

渔业海上占验习俗。渔业生产伴随着鱼汛的季节和周期的规律进行，因此渔业民俗既要适应鱼汛起落的特点，又要受渔区江河湖海气候变化的制约，因此，这部分民俗主要表现为“占天”(看风雨)、“占云”(看阴晴)、“占风”(看潮汛)、“占日”(看晴风)、“占雾”(看雾雷)、“占电”(看飓期)、“占潮”(看水势)上。

渔业禁忌习俗，渔业的禁忌习俗较多，涉及语言和行动两个方面，船上的人家忌讳说“fān”“dǒu”“gài”等词，即使不得不说也要使用隐语。在行动上，他们忌讳打翻东西，掉落筷子，他们忌讳晒在沙滩上的渔网被人跨过等。

▲ 古代捕鱼图

任务二 人生仪礼习俗

人生仪礼是指在一生中几个重要环节上所经过的具有一定仪式的行为过程，主要包括诞生礼、成年礼、寿诞礼等。

一、生育习俗

生育习俗包括两个部分，一个是“育”，一个是“生”。

“育”是指妇女从受孕到生产的过程，这段时间，妇女被看作是一个非常的社会成员，她在社会中要遵守各种各样的禁忌和礼仪。较常见的孕妇禁忌有：不许吃公鸡、螃蟹、兔肉等不利于孕妇和胎儿的食品，不许到婚礼的场合接见新娘。怀孕期间，特别是临近生产的时候，娘家会赠送婴儿用品给女儿，叫作“催生担”。

“生”的民俗一方面是指在分娩的时候孕妇的生育方式，如山东黄县一带多让产妇坐在盆上生，谓之“临盆”，在蒙阴等地多在床前铺上麦杆和谷草，谓之“落草”（这些为古代的民俗）；另一方面是指孩子诞生以后各种礼仪，包括生命降生仪式“洗三”，进入人群仪式“满月”，预卜前程的仪式“周岁”。

“洗三”是一般在婴儿出生之后第三天举行的庆贺仪式，也叫做“三朝”。在北方给婴儿实行“洗三”时多用艾叶、花椒等，由老年妇女为婴儿擦身，认为这样做可以去掉胎气。有的地方边洗还要边唱喜歌，预祝他长大成人之后能够读书做官，出人头地。

▲ 抓周图

“满月”：产妇在生产后的一个月内不能做事，不能出门，叫做“坐月子”，这期间婴儿不能被抱出户。到了一个月，婴儿已经适应了离开母亲的环境，所以在婴儿满月的时候就会举行庆贺仪式，许多亲友都来参加宴会，并且由舅舅主持剃掉胎发，然后抱着他走街串巷见见街坊邻居，据说这样可以使婴儿将来不怕生人。

“周岁”：除宴请宾客之外，这一天特别举行检验小孩子天赋和卜未来前途的“抓周”仪式。孩子的身边摆放着各种物品，任由孩子抓取，以判断孩子未来的志趣。关于这个仪式《红楼梦》第二回“冷子兴演说荣国府”一段中提到宝玉“抓周”的情节。

二、成年礼

成年礼是为承认年轻人具有进入社会的能力和资格而举行的人生仪礼。

在世界上许多原始民族中，成年礼是一个人由个体走向社会的一道必不可少的程序，有的过程十分隆重而且带有考验的性质，我国一些少数民族的成年礼仪还有比较明显的保留。

传统社会中，汉族人的成年礼一般是男子二十岁行冠礼，即在男子二十岁时，由主持仪式者为男子戴三次帽子，称为“三加”，分别为“缁布冠”（布做的帽子）、“皮弁”（皮做的帽子）、“爵弁”（据说是没有上綖的冕，色似雀头赤而微黑，用于祭祀），象征冠者从此有了治人的权利、服兵役的义务和参加祭祀活动的资格。传统冠礼中还有“命字”，即由嘉宾为冠者取新的字号，冠者从此有了新的名字。

女子在十五岁时要行笄礼，但是规模比冠礼要小得多。主要是由女性家长为行笄礼者改变发式，表示从此结束少女时代，可以嫁人。

这种传统意义的成年礼在现在民间，大多已与婚礼或幼子养育习俗相结合。

三、寿诞习俗

寿诞，俗称生日，做生日规模大小、隆重程度，视家境和岁数而定。富裕人家，每年都做。通过宴请，相互祝贺，扩大社交。贫穷人家，最多寿面一碗，鸡蛋两个。

一般风俗，12 岁、20 岁、30 岁、36 岁、60 岁、70 岁、80 岁、88 岁要做生日。

封建社会，重男轻女，男孩年满 12 岁，是男孩的属相年，也称“本命年”。是日，要让男孩穿红背心、红裤衩，

年龄称谓

襁褓：未满周岁的婴儿

孩提：2～3岁的儿童

垂髫：幼年儿童（又叫“总角”）

豆蔻：女子十三岁

及笄：女子十五岁

加冠：男子二十岁（又“弱冠”）

而立之年：三十岁

不惑之年：四十岁

知命之年：五十岁（又“知天命”、“半百”）

花甲之年：六十岁

古稀之年：七十岁

耄耋之年：八、九十岁

期颐之年：一百岁

扎红腰带，俗称“扎红”，并设家宴，招待邻里亲朋，共同庆贺。宾客赠礼物或银钱为男孩乞福求财，驱邪避灾。民间认为，岁数每遇“本命年”都是个难关，尤其是第一关的12岁生日，一定要做。通过“扎红”来逢凶化吉，消灾避祸。

民间认为人生有三大难关，即19岁、36岁、66岁。又有“做九不做十”的习俗。所以20岁生日往往提前在19岁生日时做，也比较隆重。一是庆贺孩子长大成人，二是消灾避祸。是日宴请宾客，举家欢乐。

三十而立，正是成家立业的大好时光。民间有“三十不做，四十不发”之说，所以都做30岁生日。尤其是岳父母要给年满30岁的女婿做生日，称“女婿寿”。是日，岳父母要携带黄鱼、猪肉、米酒、面条、衣服及桂圆、枣子、橘子等礼品前往婿家祝寿。鱼象征“有余”，米酒象征“粮足”，面条象征“长寿”，衣服象征“有依靠”，枣子象征未育的会“早生贵子”，橘子象征“吉利”，等等。女婿收下礼品后，要以长寿面及果品、糕饼之类回敬岳父母，祝岳父母长寿。这种寿仪不摆寿堂，但要设寿宴款待岳父母和其他来贺的宾客。

36岁，不仅是“本命年”，而且是“暗九”的岁数，即其数为九的倍数。民间认为九为数之极，也称老阳。阳极必变，物极必反。即九数代表着将由盈而亏、由盛转衰的意思，所以把36岁称为人生的一大关，36岁的生日也是以祝贺和喜庆来逢凶化吉，益寿延年。

▲ 清代皇帝生日寿宴图

60岁以下庆贺诞辰叫做生日，60岁生日开始做寿，80岁为大寿，88岁为“米寿”（米字上下拆开为八十八）。民间做寿，一般在家里，张灯结彩。在正厅上设寿堂，点寿烛，宴请宾客，燃放鞭炮。来贺者送寿礼，以寿幛、寿联、寿酒、寿烛、寿桃、寿面为多。寿帐寿联都用以书写祝福的话，寿面代表绵长，象征着人的寿命的长短。

任务三　传统民间游艺民俗

游艺民俗是一种以消遣休闲、调剂身心为主要目的，而又有一定模式的民俗活动。它是人类在具备起码的物质生存条件基础上，为满足精神的需求而进行的文化创造。从简单易行、随意性较强的游戏，到竞技精巧、有严格规则的竞技；从因时因地、自由灵便的戏耍，到配合各种特殊需要的综合表演，都属于游艺民俗的范围。

一、民间游戏

民间游戏，是民间娱乐的重要组成部分，是指流传于民间，以嬉戏、消遣为主的娱乐活动，俗称“玩耍”。民间游戏的随意性较强，它以不追求体能难度和决胜欲望与竞技娱乐相区别，以不注重心理与感官的新奇刺激与杂艺娱乐相区别，它主要流行于少年儿童之中和节日里成人娱乐节目之中。

民间游戏主要包括室内生活游戏、庭院活动游戏、智能游戏、助兴游戏等。

室内生活游戏，是指儿童在室内模仿成人家庭社会生活过程的游戏，俗称“过家家”，即儿童扮演家庭角色，模仿居家过日子、操持家务、社交往来等生活现象，即兴表演，相互编排。这类游戏以儿童自发进行的为多，大多为四五岁的儿童，表现了儿童积极向长辈学习生活的游戏方式。

庭院活动游戏指儿童少年时期的户外活动，如捉迷藏、丢手帕、老鹰抓小鸡等集体追逐性的嬉戏活动，或弹球、踢毽子、抽陀螺、抓石子等游戏性质的竞技娱乐活动。季节不同还有跑风车、堆雪人等游戏。

智能游戏主要是以培育少年儿童智力发展为目的的游戏。一种是培养“智”的，另一种是培养“能”的。关于培养“智”的游戏，往往与猜谜语的口头文艺活动结合起来，通常有猜手指、猜掌中物、藏物找物等游戏。在民间还有许多数学计算性的测验游戏，如葫芦罐分油、大小马驮百瓦等。关于培育“能”的游戏最常见的是口头语言表达能力的游戏，如说绕口令、诵识数歌谣等。学业性游戏是培育“能”的游戏的另一

文化驿站

斗草

▲ 儿童斗草图（清）金廷标绘

类重要形式，多见的有折纸、剪纸等民间美术工艺作业游戏。折纸鹤在古代已有流行，民间多有以折车、船、桌、椅、衣、帽等为戏的。剪纸游戏有窗花等图案，可培养工艺审美能力。在农村还有许多竹编、草编游戏，如用马莲叶编动物、用草编草帽等。

助兴游戏多用于节日聚会和饮宴，如行酒令、猜拳、击鼓传花等。

二、民间竞技

▲ 古代摔跤图

民间竞技，是一种以竞赛体力、技巧、技艺为内容的娱乐活动。

争强斗胜是民间竞技的根本特性，其源头可以上溯到远古先民的采集狩猎生活，以及部落攻占技艺的演习。民间竞技从性质表现和形态划分，分为力量型、技巧型、技艺型三类。

▲ 豫园把戏图（民国）吴友如绘

力量型竞技是指以赛力为主的对抗性活动，有以个体为主的竞技如掰手腕、举重、摔跤等，有集体性竞技如赛龙舟、拔河等；技巧型竞技是以竞赛技巧为主要内容的娱乐项目，如踢毽子、打陀螺、单一跳绳等和综合技巧，如赛马等；技艺型竞技是以比赛技艺为主的娱乐活动，以各种民间棋类为代表。

民间竞技是活动范围最广，参加人数众多的群众生活文化，它是我国民俗文化中光彩夺目的一项内容。

三、综合表演民俗

综合表演民俗，即民间杂艺，就其主要特征而言，是流传于民间以杂耍性表演为主的娱乐活动，它包括民间艺人的杂手艺、动物表演及诸种斗戏。

中国民间杂艺起源甚早，古代称为“百艺”“把戏”，秦汉时期已具雏形，隋唐时期有较大发展，各项杂艺基本具备。至宋、元、明、清诸代，随着城市商品经济的发展，市区人口显著增加，民间杂艺适应观赏者的需要，日趋复杂，有勾栏、瓦肆等固定表演场所，京师有杂耍馆。晚清还出现了行业性质的组织。杂艺表演活动，通常活跃在人口集中的市区、乡镇，它常为节日游艺的主要内容。

项目拓展

“鬼手王”王保合

“台上一分钟，台下十年功。”将“名气招牌”视为“收入来源”的民间艺人，尤为看重临场发挥和表现，不能有少许闪失。这种对表演者近乎严苛的要求，也造就了其背后多少寒暑的辛勤付出。

“冬练三九，夏练三伏。”王保合从六岁开始学艺，每日雷打不动、风雨无阻，对于他来说，童年没有无忧无虑玩耍的记忆，更多的是每日按部就班的苦功。

“宝剑锋从磨砺出，梅花香自苦寒来。”也正是王保合“咬定青山”般的坚持，为其之后的平步青云、声名大振铺平了道路。

“明年再有新生者，十丈龙孙绕凤池。”生于杂艺世家的王保合家传深厚，祖父、父亲都是杂艺高人，在江湖中独树一帜，到了王保合这辈，更是期望其能再接再厉，“青出于蓝而胜于蓝”，故对于王保合的教育也是颇为严格。

为了将祖传绝技“三仙归洞”和“软骨功”学到手，王保合也是无休不止、日夜不停地钻研，终究练就了一身过硬本领，开始独当一面，踏上江湖演艺之路。

“金鳞岂是池中物，一遇风云便化龙。”二十世纪九十年代初期，已经年过不惑的王保合像往常一样在吴桥向省慰问团表演“三仙归洞”。

自身觉得平平无奇的表演却是技惊四座，也入了考察团领导的法眼。考察团将王保合正式吸引为“国家队”的一员，给了王保合施展一身才华绝技的平台，让其踏上了大红大紫的演艺之路。

“十年寒窗无人问，一举成名天下知。”对于大器晚成的王保合，此时早已吃穿不愁、衣食无忧，心中殷殷期盼的是这份技艺的传承以及杂技今后的发展。这份职业需要持之以恒的付出，才能学有所成，才能作为立身之本，行于天地之间。

任务活动

活动一：任务图解（30分）

要求：选取8个任务中的任意一个，画出简洁明了的思维导图。

活动二：文化体验（70分）

活动目的：“点赞我的国”主题剪纸。

1.“点赞我的国”主题剪纸活动，以弘扬爱国主义，展现新时代风貌，传承民间剪纸艺术为宗旨，让传统民间艺术与社会主义新时代思想精神在大学校园进行融合与创新。

2.培养当代大学生艺术设计和团队合作能力，同时给民间艺术爱好者提供一个鉴赏交流平台。

1/5 角色构建

要求：全班按人数均分成5个小组。

项目小组	组长	成员
一组		
二组		
三组		
四组		
五组		

2/5　设计与行动

<table>
<tr><td>资料准备</td><td>1. 教师提前准备剪纸活动的道具：每组一套剪纸工具盒、剪纸用白色底板纸、各色彩纸 100 张
2. 教学平台发布剪纸主题信息或优秀作品示例
3. 学生按组搜集相关资料，提前进行剪纸作品的艺术构思（时间提前 3 天）</td></tr>
<tr><td rowspan="3">活动内容、活动方式及时间安排</td><td>1. 在教师指导下，每组设计完成主题剪纸活动
2. 将学生作品集体悬挂于教室展览，作为爱国主义教育的素材，拍照保存于教学资源平台供同学学习欣赏（时间不超过 50 分钟）</td></tr>
<tr><td>全班共同分享每组作品，每组选取 1 名成员对其作品进行案例分析（每组不超过 5 分钟）</td></tr>
<tr><td>由小组进行项目评估（不超过 10 分钟）</td></tr>
</table>

3/5　观察与评价

评价标准	信息完整（15 分）	设计美观（15 分）	设计新颖（15 分）	讲解清晰（25 分）	总分
一组					
二组					
三组					
四组					
五组					

评价组成： 教师评价 30%；学生互评 50%；学生自评 20%。

4/5　反思与探究

从实施过程和评价结果两个方面，对剪纸活动的设计和制作等进行反思。

5/5　修正与完善

根据反思与探究中寻求到的解决问题的方法，进一步修正和完善活动编排。

知识链接

1. 我有传家宝：老北京剪纸. 央视网.
2. 央视看点：过节啦. 央视网.
3. 赵宗福，梁家胜. 一本书读懂民俗常识. 北京：中华书局，2015.

伍

模块五

中国传统生活文化

日常生活文化是中华民族的生存文化，它是中华民族在创造精神文化和物质文化的过程中所进行的社会群体消费活动。它由衣食住行等各种日常化的生活形式表现出来，但在本质上仍是一种文化传承活动。我们要坚持古为今用，厚植文化自信推动中国优秀传统文化创造性转化、创新性发展，让传统文化更好地融入现代生活。

项目一 中国传统饮食文化

在中医营养学说、文化艺术成就、饮食审美风尚、民族性格特征等诸多因素的影响下，中国传统文化创造出了彪炳史册的中国烹饪技艺，形成了博大精深的中国饮食文化。

项目目标

◆ 知识目标

1. 了解我国食文化的主要习俗和特点；
2. 了解我国茶文化的基本特征及作用；
3. 了解酒类和酒礼。

◆ 能力目标

能够从文化的角度观察、品味和解读饮食，具备分析问题能力和审美能力。

◆ 素养目标

感受中国传统饮食文化的审美意蕴，培养学生的审美意识，培育中华民族精神，提升文化自信心。

任务一　中国食文化

一、中国食文化主要习俗

中国是具有五千年历史的文明古国，饮食文化与烹调技艺是其文明史的一部分，是中国灿烂文化的结晶。中国疆域辽阔，气候多样，热带、亚热带、温带、亚寒带兼而有之；地形多样，江河湖海，山川平原，无一不备，这样就为中国的饮食与烹调提供了不同种类、不同品质的鱼肉禽蛋、山珍海味、瓜果蔬菜等丰富的动植物原料、调料。

（一）植物食料

中国人的传统饮食习俗是以植物食料为主。主食是五谷，辅食是蔬菜，外加少量肉食。形成这一习俗的主要原因是中原地区以农业生产为主要的经济生产方式。新石器时代我国就确立了黄河流域的仰韶文化以粟为主和长江流域的河姆渡文化以稻为主的农耕经济。

▲ 兰州拉面

（二）热食熟食

以热食、熟食为主，也是中国人饮食习俗的一大特点。这和中国文明开化较早和烹调技术的发达有关。中国古人认为："水居者腥，肉玃者臊，草食者膻。"热食、熟食可以"灭腥去臊除膻"。

（三）聚食制

在饮食方式上，中国人也有自己的特点，这就是聚食制。聚食制的起源很早，从发掘出的古代遗址中，可以看见古代炊间和聚食的地方是统一的，炊间在住宅的中央，上有天窗出烟，下有篝火，在火上做炊，就食者围火聚食。这种聚食古俗，一直延续至今。聚食制的长期流传，是中国重视血缘亲属关系和家族家庭观念在饮食方式上的反映。

（四）筷子

在食具方面，中国人饮食习俗的一大特点是使用筷子，这是与西餐刀叉进食制的主要区别。筷子，古代叫箸，在中国有悠久的历史。《礼记》中曾说："饭黍毋以箸"，可见至少在殷商时代，已经使用筷子进食。筷子一般以竹制成，一双在手，运用自如，既简单经济，又很方便。筷子成双成对地出现，结合了古代的阴阳学论。夹菜时，主动的那根筷子为阳，另一根为阴。在中国文化中阴阳是生命活力的根本，因此在阴阳筷子的互动下，达至阴阳两极的平衡。

二、中国食文化特点

（一）风味多样

由于我国幅员辽阔，地大物博，各地气候、物产、风俗习惯都存在着差异，长期以来，在饮食上也就形成了许多风味。我国一直就有"南米北面"的说法，口味上有"南甜北咸，东辣西酸"之分，主要是巴蜀、齐鲁、淮扬、粤闽四大风味。

（二）四季有别

按季节而吃，是中国烹饪又一大特征。自古以来，我国一直按季节变化来调味、配菜，冬天味醇浓厚，夏天清淡凉爽；冬天多炖焖煨，夏天多凉拌冷冻。

（三）讲究美感

中国的烹饪不仅技术精湛，而且有讲究菜肴美感的传统，注意食物的色、香、味、形、器的协调一致。对菜肴美感的表现是多方面的，无论是一个红萝卜，还是一个白菜心，都可以雕出各种造型，独树一帜，达到色、香、味、形、美的和谐统一，给人以精神和物质高度统一的特殊享受。

（四）注重情趣

我国烹饪很早就注重品味情趣，不仅对饭菜点心的色、香、味有严格的要求，而且对它们的命名、品味的方式、进餐时的节奏、娱乐的穿插等都有一定的要求。中国菜肴的名称可以说出神入化、雅俗共赏。菜肴名称既有根据主、辅、调料及烹调方法的写实命名，也有根据历史掌故、神话传说、名人食趣、菜肴形象来命名的，如“全家福”“将军过桥”“狮子头”“叫化鸡”“龙凤呈祥”“鸿门宴”“东坡肉”等。

（五）食医结合

我国的烹饪技术与医疗保健有密切的联系，在几千年前有“医食同源”和“药膳同功”的说法，利用食物原料的药用价值，做成各种美味佳肴，达到对某些疾病防治的目的。

《舌尖上的中国》经典语录

一位作家这样描述中国人淳朴的生命观：他们在埋头种地和低头吃饭时，总不会忘记抬头看一看天。

从手到口，从口到心，中国人延续着对世界和人生特有的感知方式。只要点起炉火，端起碗筷，每个平凡的人，都在某个瞬间，参与创造了舌尖上的非凡史诗。

东方和西方，江南和塞北，人的迁徙促成了食物的相逢，食物的离合见证了人的聚散。

广厦千间，夜眠仅需六尺；家财万贯，日食不过三餐！

不管是否情愿，生活总在催促我们迈步向前。人们整装，启程，跋涉，落脚，停在哪里，哪里就会燃起灶火。

路途之上，行色匆匆的已经不只是人，食物也在传播流转、聚散之间，衍化出不同的形态和风味。

人类组织家庭，原因之一，就是为了更合理地生产和分配食物。正是这些人间烟火，让家庭组织更加紧密。

三、中国菜肴

中国菜肴的特点是选料严格，刀工精细，讲究拼配，调味多变，注意火候，要求烹制出来的菜肴色、香、味、形俱佳。但是，中国菜是由多种地方菜、少数民族菜、宫廷菜、官府菜、寺院菜和各地名特小吃组成的。它们的具体烹调技术和菜点风味又各具特色，正是这些多姿多彩的地方菜，构成了风味独特的中国菜。

地方菜是相对于宫廷菜、官府菜和寺院菜而言，这是中国菜的主体，地方菜大都以地区和省份划分。我国的传统菜系，目前一般有三种划分方法：

第一，依方位区分为四大菜系。即东部的江浙菜系，旧称淮阳派，以上海菜为代表；西部的川湘菜系，以四川菜为代表；南部的粤菜，以广东菜为代表；北部的京菜，旧称济南派，以北京菜为代表。

第二，八大菜系。即苏菜、浙菜、川菜、湘菜、鲁菜、闽菜、徽菜、粤菜。

第三，十大菜系。即八大菜系加上鄂菜和沪菜。我国的传统菜系，是从各地人民的特殊口味和各具特色的烹制程序中发展而成的特定类型。

我国民间菜肴不下两千种，一方面不少菜系融合了不同地区、不同民族的菜肴特色，如北京菜系，是北方满、蒙、回、汉菜肴发展而成的菜系。另一方面，一个主要菜系又往往派生出几个分支，如粤菜系有广州、潮州、东江等几种地方菜。这是菜系多种说法的原因。从我国传统菜系形成和传承的历史中，可以看出这些不同类型的菜系受到多种条件的影响。

原料取用的地方特色。不同的自然地理和气候条件形成了各地独特的菜肴原料。如蒙古草原以牧羊为业，故有“手把羊肉”的特色菜肴；江南以农耕为业，多水，有蛇和田鸡，故有“龙虎斗”之名菜。

生产、生活的需要和口味的爱好。如“南甜北咸，东辣西酸”，这是群体的口味认同。“南甜”当与多产蔗、靠海、多盐分有关；北方干旱、盐分少，喜吃咸。

各地调制方法的不同要求，包括配料、刀工、火候、调味、烹调技术。可从各菜系的色、香、味、形中看出调制方法的重要性。如广东菜讲究鲜嫩，下料善于变化；山东菜讲究清脆，下料多用糖醋汁；而江苏菜重酥滑，下料重比例。相比之下，烹调方法对于菜系的形成和传承发挥了更大作用。如福建菜的炻（炻，介于陶、瓷之间的器物）、醉、扣、糟，北京菜的涮、爆等。

总之，中国饮食文化是一种广视野、深层次、多角度、高品位的悠久区域文化，是中华各族人民在生产和生活实践中，在食源开发、食具研制、食品调理、营养保健和饮食审美等方面创造、积累并影响周边国家和世界的物质财富及精神财富。

任务二 茶文化

文化驿站

中国茶文化

茶文化包括茶叶品评技法、艺术操作手段的鉴赏、品茗美好环境的领略等整个品茶过程的美好意境。经过数千年的发展，我国已形成了六大茶系：绿茶、红茶、乌龙茶、白茶、花茶和紧压茶。各茶类中又包括许多品种。其中绿茶生产历史最久，产量最高，种植面积及影响最大。

一、中国茶文化的基本特征

（一）历史性

茶文化的形成和发展历史非常悠久。原始社会后期，茶叶成为货物交换的物品。战国时期，茶叶种植已有一定规模。魏晋南北朝，已有饮茶之风。隋朝，全民普遍饮茶。唐朝，茶业昌盛，“人家不可一日无茶”，出现茶馆、茶宴、茶会，提倡客来敬茶。宋朝，流行斗茶、贡茶和赐茶。清朝，曲艺进入茶馆，茶叶对外贸易发展。茶文化是伴随商品经济的出现和城市文化的形成而孕育诞生的。历史上的茶文化注重文化意识形态，以雅为主，着重于表现诗词书画、品茗歌舞。茶文化在形成和发展中，融合了儒、释、道的思想成为优秀传统文化的组成部分和独具特色的一种文化模式。

（二）民族性

茶与民族文化生活相结合，形成各具民族特色的茶礼、茶艺、饮茶习俗及喜庆婚礼。以民族茶饮方式为基础，经艺术加工和锤炼而形成的各民族茶艺，更富有生活性和文化性，表现出饮茶的多样性和丰富多彩的生活情趣。

（三）地区性

我国地区广阔，茶类花色繁多，饮茶习俗各异，加之各地历史、文化、生活及经济差异，形成各具地方特色的茶文化。例如，南方人喜欢绿茶，北方人崇尚花茶，闽粤台欣赏乌龙茶。

（四）时代性

物质文明和精神文明建设的发展，给茶文化注入了新的内涵和活力，在这一新时期，茶文化内涵及表现形式正在不断扩大、延伸、创新和发展。新时期茶文化融进现代科学技术、现代新闻媒体和市场经济精髓，使茶文化价值功能更加显著，对现代化社会的作用进一步增强。茶的价值是茶文化核心的意识进一步确立，国际交往日益频繁。新时期茶文化传播方式形式，呈大型化、现代化、社会化和国际化趋势。其内涵迅速膨胀，影响扩大，为世人瞩目。

▲ 西湖龙井

▲ 3200 多年树龄的锦绣茶王树

锦绣茶王树

锦绣茶王树，位于云南省凤庆县香竹箐，是世界上发现的最粗大古茶树，它的胸围——树干直径足有 1.84 米，8 个人才勉强围得起来，茶树树高 10.6 米，腰围 5.82 米，树龄高达 3200 年以上。这棵树成为中国茶叶界，乃至世界茶界的“一哥”，是世界上树龄最大的古茶树，是凤庆栽培型古茶树的代表。其“年龄”甚至比商纣王还年长近 100 岁，比春秋时代的孔子年长近 700 岁，比秦始皇年长近 1000 岁……在这棵茶树王的身边，还有她的“子孙”1400 多棵，茶海绿波，生机盎然。

（五）国际性

古老的中国传统茶文化同各国的历史、文化、经济及人文相结合，演变成英国茶文化、日本茶文化、韩国茶文化、俄罗斯茶文化及摩洛哥茶文化等。在英国，饮茶成为生活的一部分，是英国人表现绅士风度的一种礼仪，也是英国皇室生活中必不可少的程序和重大社会活动中必需的议程。日本茶道源于中国。日本茶道具有浓郁的日本民族风情，并形成独特的茶道体系、流派和礼仪。韩国将每年 5 月 24 日定为全国茶日。中国茶文化是各国茶文化的摇篮。

二、茶文化在当今社会中的作用

（一）有助于推动精神文明建设

中国茶文化的核心是茶道，茶道的基本精神是以德为中心，重视人的群体价值，倡导无私奉献，反对见利忘义和唯利是图；主张义重于利，注重协调人与人之间的相互关系，提倡对人尊敬，重视修身养德。茶文化和茶道德的传播，有利于人的心态平衡，解决现代人的精神困惑，提高人的文化素质。

（二）有利于提高人们的生活质量

茶文化具有知识性、趣味性和康乐性，品尝名茶、茶具、茶点，观看茶俗茶艺，都可得到一种轻松、愉快和美的享受。

（三）有利于缓解现代人的精神压力

在激烈的社会竞争、市场竞争下，紧张的工作、频繁的应酬、复杂的人际关系，以及各类依附在人们身上的压力越来越重。参与茶文化，可以使精神和身心放松一番，换句话说，茶文化是应对人生挑战的益友。

（四）促进开放，推进国际文化交流

国际茶文化的频繁交流，使茶文化跨越国界，广交天下，

成为人类文明的共同精神财富。如上海市闸北区通过举办国际茶文化节，扩大了闸北区对内对外的知名度。

三、中国饮茶方法的演变

茶、咖啡、可可被誉为世界三大非酒精类饮料。中国是茶的故乡，是茶文化的发源地。在数千年的饮茶历史中，饮茶方法是经过多次改良和变革的，我国饮茶方法先后经过烹茶、点茶和泡茶三个阶段。

（一）烹茶

"神农尝百草，日遇七十二毒，得茶而解之"，说明当时是生吃鲜茶叶，处于药食同源的最原始吃茶法。"树小如栀子，冬生叶，可煮羹饮"，说明茶可以做羹饮。

茶叶从食用到饮用，是社会发展的必然选择。烹茶，又叫煮茶，也称煎茶。陆羽《茶经·三之造》中的"晴，采之，蒸之，捣之，拍之，焙之，穿之，封之，茶之干矣"记载了蒸茶做饼的全过程。唐朝时期流行的烹茶方法是烤炙饼茶后将其碾碎为粉末状，过筛放到水中煮，水不能全沸，要在鱼目似的水泡微微露出时加入茶末，此一沸也；二沸时出现沫饽，捞出沫饽待用，继续烧水煮沸；三沸，倒入捞出的沫饽即可。

（二）点茶

宋代盛行点茶法。先将饼茶烤成焦黄色后将其研碎成细末，过筛，将过筛后的茶末放入茶盏，注入少量水，搅匀，再注入水，用茶筅反复击打产生汤花，以便于茶盏边不留水痕，保持茶叶原味。点茶法，自宋代传入日本。

（三）泡茶

在元代以前的文献中，加工制作的茶叶几乎都是饼茶，只有少量散茶。元代不盛行饮茶，后明太祖将饼茶进贡改为散茶进贡，自此，直接抓一撮茶叶放入茶壶用开水沏茶，这将中国的茶饮推向一个崭新的阶段。

▲ 泡饮法

任务三　酒文化

文化驿站

中国酒文化

酒文化包括酒的制法、品法、作用、历史等酒文化现象。既有酒自身的物质特征，也有品酒所形成的精神内涵，是制酒、饮酒活动过程中形成的特定文化形态。酒文化已经渗透到人类社会生活中的各个领域，对文学艺术、医疗卫生、工农业生产、政治经济各方面都有着巨大影响和作用。

一、酒类

现代人按生产工艺将酒划分为自然发酵酒（果酒）、榨制酒（黄酒）、蒸馏酒（白酒）三大类；按品饮文化将酒分为果酒、黄酒、白酒、葡萄酒、啤酒五类。

（一）果酒

果酒是以各种富含糖分的水果，如葡萄、梨、桔、荔枝、甘蔗、山楂、杨梅等为原料，采用发酵酿制法制成的各种低度饮料酒。果酒的历史在人类酿酒史中最为悠久，史籍中就记录着“猿猴酿酒”的传说，但那只是依靠自然发酵形成的果酒；而我国人工发酵酿制果酒的历史则要晚得多，一般认为是在汉代葡萄从西域传入后才出现的。

（二）葡萄酒

汉武帝通西域后，葡萄开始在内地种植，东汉时已有葡萄酿制之酒，唐宋时期葡萄酿酒在我国已比较通行，此外还出现了椰子酒、黄柑酒、桔酒、枣酒、梨酒、石榴酒和蜜酒等品种，但其发展都未能像黄酒、白酒和配制酒那样在世界酿酒史上独树一帜、形成传统的风格。直到清末西方葡萄酒传入后，我国果酒类规模化生产才开始。

▲ 古诗《凉州词》“葡萄美酒夜光杯”

（三）黄酒

黄酒是中华民族的特产，是我国最古老的传统酒，其起源与我国谷物酿酒的起源相始终，父系氏族公社时期开始使用谷物作为酿酒的原料。黄酒是以糯米和黍米等谷物为原料，经过蒸煮、糖化和发酵、压榨而成的低度原汁酒，酒精含量一般在 12% ～ 18%。因多数品种均呈黄色或黄中微红色，故名黄酒。自古以来最为著名的黄酒即“绍兴黄酒”。黄酒储存时间越长，其味越感醇厚芳香甘甜，故有“老酒”之称。“李白斗酒诗百篇”所饮之酒，就是黄酒之类。

（四）白酒

作为世界六大蒸馏酒之一的中国白酒（其他五种是白兰地、威士忌、朗姆酒、伏特加和金酒），其制造工艺远比世界各国的蒸馏酒复杂，原料也是各种各样，各有风格。中国五种香型（酱香型、浓香型、清香型、米香型、兼香型）的酒各有特色，香气馥郁。经过蒸馏工艺后，白酒的度数大大提高了，可以燃烧，故也称为烧酒。直至 20 世纪中叶，烧酒、白酒均是蒸馏酒的称谓。清代烧酒业发展得很快，贵州茅台酒、山西汾酒、江苏洋河大曲、四川泸州老窖、安徽古井贡酒……皆于酒林中各树一帜，名闻遐迩。

（五）啤酒

啤酒是以大麦和啤酒花为原料制成的一种有泡沫和特殊香味、味道微苦、含酒精量较低的酒。虽然我国在 20 世纪初才开始出现啤酒厂，但史书记载我国早在 3200 年前就有一种用麦芽和谷芽作谷物酿酒的糖化剂酿成的称为“醴”的酒，类似现在的啤酒。

药酒、补酒大多是在酒中加入中草药浸泡，不但色味俱佳，而且有祛病、健身的功效，实为酒中之佳品。

二、酒礼

酒礼源于祭神的习俗，主要体现为祭祀之酒礼和宴饮之酒礼。

（一）祭祀之酒礼

正如《左传》所说，国之大事，在祀与戎也。祭祀的内容主要涉及山河日月、天地鬼神、列祖列宗，例如“天子、诸侯宗庙之祭，春曰礿，夏曰禘，秋曰尝，冬曰烝”（《礼记·王制》），又如“天神称祀，地祇称祭，宗庙称享”（《周礼》），祭祀名称虽然繁多，但是却有一个共同点，就是祭祀必须要有酒。

根据《周礼》记载，大宗伯是掌管国家祭祀大典的官员，有一批官员作为大宗伯的助手。其中酒正是专门负责供应酒的官员，隶属于天官。祭祀时要献酒三次，称为三献。一边献酒一边祈祷（祈祷时要有声音），第一次献泛齐，第二次献醴齐，第三次献盎齐。祭祀之礼的最后一个程序是“一尊还酹江月”（苏轼《念奴娇·赤壁怀古》）的酹酒。祭祀一般都需要以酒酹地，酹酒时恭敬地举起杯盏，默念祷告之词，然后将酒左中右倾倒三次，再将剩余的酒洒成一个半圆形，形成三点一长钩的“心”字形，表示心献之礼。

▲ 古代饮酒讲究德与礼

（二）宴饮之酒礼

《礼记·王制》记载了酒礼的内容，先秦时期，尤其是周朝就设有“乡饮酒礼”。《礼记》规定，乡校学子学满三年之后，由乡大夫主持设宴送行，这主要是为了考核学子们的德行技艺，然后向国家推荐贤能之士。

▲ 女儿红酒保存方法

三、酒俗

中国古代是个礼治社会，以礼治天下。强调的是礼仪、等级，尊卑、长幼之序，天地至尊，祖先至长。经过数千年的筛选，酒礼已融入年节、时令之中，并起到了锦上添花的作用。农耕民族的节日均和时令有一定联系，不论节日还是时令，大多离不开酒。丰收后有余粮才能酿酒，有酒喝也就意味着丰衣足食，国泰民安。

在春节众多的习俗中，饮酒是非常重要的。腊月二十三有“过小年”之说，要举行祭灶活动。大年三十晚上要祭祖。这两项祭祀活动中都要在供案上置酒，然后行礼致祭。祭祖后吃“年夜饭”，席间要向长者敬酒，相互间也要举杯祝酒。正月十五元宵节又称上元节、灯节。初唐之时已经有了元宵夜相聚宴饮的习俗。在这张灯结彩的节日里，不仅市面上的各家酒肆里酒客云集，买卖兴旺，黎民百姓家也多设宴以庆佳节。清明节与酒的关系也很密切。古人一般将寒食节与清明节合为一个节日，有扫墓、踏青的习俗。清明扫墓时要举行祭祀，在坟前酹酒致奠。清明节饮酒有两种原因：一是寒食节期间，不能生火吃热食，只能吃凉食，饮酒可以增加热量；二是借酒来平缓或暂时麻醉人们哀悼亲人的心情。农历五月五日是端午节，人们为了辟邪、除恶、解毒，有饮菖蒲酒、雄黄酒的习俗。农历八月十五日中秋节，在这个节日里，无论家人团聚，还是挚友相会，人们都离不开赏月饮酒。月与酒自古就有着不解之缘，多少诗人既嗜酒如命，又以月为魂。农历九月初九重阳节登高之时要饮菊花酒。

酒与民俗不可分。农事节庆、婚丧嫁娶、生宴寿席、庆功祭奠、奉迎宾客等民俗活动，酒都成为必备物品。农事节庆时的祭拜庆典若无酒，缅怀先祖、追求丰收富裕的情感就无以寄托；婚嫁之无酒，白头偕老、忠贞不贰的爱情无以明誓；丧葬之无酒，后人忠孝之心无以表述；生宴之无酒，人生礼趣无以显示；饯行洗尘苦无酒，壮士一去不复返的悲壮情怀无以倾诉。总之，无酒不成礼，无酒不成俗，离开了酒，民俗活动便无所依托。

女儿红

女儿红是糯米酒（南方黄酒）的一种，主要产于中国浙江绍兴一带。女儿红属于发酵酒中的黄酒，用糯米发酵而成，含有大量人体所需的氨基酸。江南的冬天空气潮湿寒冷，人们常饮用此酒来御寒。女儿红因具甜、酸、苦、辛、鲜、涩6味于一体的丰满酒体，加上有高出其他酒的营养价值，形成了澄、香、醇、柔、绵、爽兼备的综合风格。

早在宋代，绍兴就是有名的酒产地，绍兴人家里生了女儿，等到孩子满月时，就会选酒数坛，泥封坛口，埋于地下或藏于地窖内，待到女儿出嫁时取出招待亲朋客人，由此得名“女儿红”。

项目拓展

苏轼和他的美食诗佳话

苏轼在北宋熙宁二年（1069年）因“乌台诗案”被贬黄州，其间研究出了“东坡肉”这一名菜并写小词一首抒怀：“净洗铛，少著水，柴头罨烟焰不起。待他自熟莫催他，火候足时他自美。黄州好猪肉，价贱如泥土。贵者不肯吃，贫者不解煮。早晨起来打两碗，饱得自家君莫管。”在黄州生活了四年后，苏轼又被贬到汝州。一次他携友冬日郊游，恰逢斜风细雨，瑟瑟清寒，与好友共食自带的食物，也不过是清茶、野菜，但乐观的苏轼还是洋洋自得地写下《浣溪沙》：

细雨斜风作晓寒，淡烟疏柳媚晴滩。入淮清洛渐漫漫。

雪沫乳花浮午盏，蓼茸蒿笋试春盘。人间有味是清欢。

苏轼晚年再被贬到惠州，岭南物资的匮乏仍不改其旷达之心，他津津有味地吃着荔枝，还写下“日啖荔枝三百颗，不辞长作岭南人”的名句。

中华美食赋予了苏东坡漫漫贬谪长途中的温暖，增加了他于生命低谷处治愈的力量，同时诗人也给中华饮食文化增添了趣味盎然的一页。

项目二 中国传统服饰文化

服饰是一个国家的皮肤，是非文本的国民文化，也是国家、社会、时代最为鲜活生动的形象文明记录载体。服饰，即平时所说的“衣”，狭义的服饰仅指身上所穿的，而广义的服饰则指的是一切蔽体的织品，包括头衣、足衣等。服饰是人类特有的劳动成果，它既是物质文明的结晶，又具有精神文明的含意。中国传统服饰文化折射出中国人的精神特质和价值追求，具有很强的审美张力。

项目目标

◆ 知识目标

1. 了解我国服饰文化的特征与文化精神；
2. 了解我国服饰文化的历史、形式。

◆ 能力目标

能够从文化的角度观察、品味和解读古代服饰文化现象，提升对服饰的审美能力。

◆ 素养目标

感受中国传统服饰文化的审美意蕴，深入了解民族服饰文化底蕴，提升学生的文化自信，培养学生注重仪表、着装得体的生活习惯与个人素养。

任务一 我国传统服装在历代的演变

服饰作为一种文化形态，贯穿于于中国古代各个历史时期。从服装的演变中可以看出历史的变迁、经济的发展和文化审美意识的演变。无论是商的“威严庄重”，周的“秩序井然”，战国的“清新”，汉的“凝重”，还是六朝的“清瘦”，唐的“丰满华丽”，宋的“理性美”，元的“粗壮豪放”，明的“敦厚繁丽”，清的“纤巧”，无不体现出中国古人的审美倾向和思想内涵。

一、夏、商、周时期的华夏服饰

原始时代的服装形式仅存在于个别考古文献中，由于可供查阅的资料太少，还不足以对该时期的服饰做出详细的说明。夏商周时期，中原华夏族的服饰是上衣下裳，束发右衽。河南安阳出土的石雕奴隶主雕像，头戴扁帽，身穿右衽交领衣，下着裙，腰束大带，扎裹腿，穿翘尖鞋，这大体反映了商代服饰的情况。周初制礼作乐，对贵族和平民阶层的冠服制度作了详细规定，统治者以严格的等级服装显示自己的尊贵和威严。深衣和冕服始于周代，这两种服制，对后世都产生了深远的影响。

▲ 周朝冕服示例

二、春秋时期胡服的出现

春秋战国时期在服装方面最重要的变化，是深衣的广泛流行和胡服的出现。春秋战国时期的战争促进了汉族宽衣博带、长裙长袍服装的改革。赵武灵王为了军队的战斗力，冲破阻力，下令全国穿游牧民族的短衣长裤，学习骑射，终于使赵国强盛起来。这是中国历史上第一次服装改革，胡服从此盛行。伴随胡服的流行也传来了带钩，由于它比革带的扎结方式更加便捷，因而很快就流行起来。

三、传统冠服制在汉代的确立

汉代深衣仍很流行，汉代是传统冠服制的确立时期。汉代的裤是开裆的，裤，古称绔。《说文解字》：“绔，胫衣也。”《释名·释衣服》：“绔，跨也，两股各跨别也。”由此可见，当时的绔是开裆的，外罩以裳或深衣。后虽然出现满裆裤，但开裆裤仍长期存在。

▲ 汉代女服曲裾深衣

四、魏晋南北朝时期胡服的流行

魏晋南北朝时期，是我国古代服装史上又一个大转变的时期。由于大量少数民族进入中原地区，胡服成为社会上司空见惯的装束，一般平民百姓的服装，受胡服的影响最为强烈。他们将胡服中窄袖紧身、圆领、开衩等因素吸收到原有的服饰中来。汉族贵族也在胡服的基础上加以变化，将长度加长，加大袖口和裤口，改左衽为右衽。但礼服仍然是传统的汉族礼服形式。

五、隋唐时期服装的转变时期

▲ 唐朝女式大袖衫

隋唐时期，由于政治和经济的稳定和繁荣，使其能上承历史服饰之源头，下启后世服饰制度之经道，所以，这一时期成为我国古代服饰制度发展的重要历史时期。男子的常服为幞头、袍衫，穿长鞠靴。但此时的袍衫与前朝略有不同，式样为圆领、右衽、窄袖、领袖裾无缘边。此外，还有襕袍衫和缺胯袍衫等式样。这种袍衫主要是受胡服影响，并且与汉族的生活习惯和礼仪特点相结合，形成了这时期袍衫的风格。

六、宋代的服装趋于保守

宋代的服饰大体沿袭唐制，但在服装式样和名称上略有差异。宋代的缺胯袍衫式样有广袖大身和窄袖紧身两种。穿褙子和半臂的习惯极为普遍，但都不能作为礼服穿用。总的来说，宋代的服饰比较拘谨保守，色彩也不及以前鲜艳，给人以质朴、洁净、淡雅之感，这与当时的社会状况，尤其是程朱理学的影响，有密切关系。

▲ 宋代女子服装画像

七、辽、金、元时期的服饰既沿袭汉人的礼服制度，又具有本民族的特色

辽、金、元时期的服饰有一个共同的特点，既沿袭汉唐和宋代的礼服制度，又具有本民族的特色。辽金男子的服饰多为圆领、袖的缺胯袍，着长筒靴或尖头靴，下穿裤，腰间束带。元代男子的服饰有汉族的圆领、交领袍，也有本民族的质孙服，其形制与深衣类似，衣袖窄瘦，下裳较短，衣长至膝下，在腰间有无数褶裥，形如现今的百褶裙，在腰部还加有横襕。领型有右衽交领、方领和盘领。下穿小口裤，脚穿络缝靴。服色以白、蓝、赭为主。此外，元代服饰在质料上发生了较大变化，由于棉花的广泛种植，棉布成为服饰材料的主要品种。

八、明代的服装继承前代，清代服装对近代影响较大

明代的服饰大体上沿袭唐制，但宋元服装形式中的某些式样也有保留。清代的服饰对近现代服装形式影响较大，清代男子服饰可分为三种：汉族传统服装；满族民族服装；外来西洋服装。清代袍的式样，是在汉族传统基础上加以变化，并吸取满族服装特点。一般袖子比较窄瘦，礼服是箭袖，又称马蹄袖。袍身用纽扣系结。右衽大襟，圆领口。皇室的袍有前后左右四开气，而士庶男子只能在左右开气。马挂是清朝特有的服装，式样多为圆领，有对襟、大襟、琵琶襟等式样，有长袖、短袖、大袖、窄袖之分，但均为平袖口。直到清末西洋服装传入和辛亥革命后，我国的服装才起了重大变化，进入了近现代服装发展阶段。

纵观中国古代服饰的发展，我们可以看到中国古人审美意识对服装的影响，服装从最早的功能性——遮羞、蔽体，经过岁月的流逝与历史的演变，从等级制度的代言人，到后来标榜个性的象征物，走过了漫长的岁月。了解传统服饰文化，也是从一个侧面了解我国的历史，了解我国的发展，了解世界的脉搏。

旗袍的由来

旗袍，华人女性的传统服装，形成于20世纪20年代，有部分学者认为其源头可以追溯到先秦两汉时代的深衣，虽然其定义和产生的时间还存有诸多争议，但它仍然是中国悠久的服饰文化中最绚烂的现象和形式之一。

民国政府于1929年确定旗袍为国家礼服之一，旗袍在20年代之后成为最普遍的女子服装。旗袍不仅在中国流行，还遍及世界各个时尚之地。1984年，旗袍被国务院指定为女性外交人员礼服。

任务二　中国古代女子发髻的演变

中国的“发”文化，与中国人对美的追求是密切相关的。发式是中国古代女子头部的重要装饰，其造型的变化，极为富丽而多姿，历代相承，不断变化。从简至繁，又从繁复简。人们对美的不懈的追求才使得中国的“发”文化不断向前发展，成为人类“发”文化中的瑰宝。

发髻

发髻是将头发归拢在一起，于头顶、头侧或脑后盘绕成髻，是一种长发发式。

发型与冠戴能增加女子仪容的俊美，又能体现出女子的年龄与身份特点。古代女子发型变化，基本上是按梳、绾、鬟、结、盘、叠、鬟等变化而成，再饰以各种簪、钗、步摇、珠花等首饰。据古代作品及记载，概括分为结鬟式、拧旋式、盘叠式、结椎式、反绾式、双挂式六类。

一、先秦时期

据说早在炎帝时期，妇女们就已经开始美发，当时的发型有三种：披散、椎髻和发辫。头发自然披散，是我国最古老的发型之一。椎髻就是把头发弄成锥形的髻，其实这个发型才是我国真正意义上的第一个发型。发辫就是把头发编成辫子。这些发型，包括发饰等在出土的文物上都可以看到。

夏商周时期女子多梳一种环形的发髻，未婚女子一般都喜欢梳双髻，就是把头发分成两束，固定在头顶。在先秦时期人们的心目中，环状的发髻越多，这个人的身份就会越尊贵，最多的时候一个人头上能够梳九髻。

二、秦汉时期

自秦朝开始，发髻开始变得多种多样，神仙髻、回心髻成为女性发髻的主流，除此以外，还有十二环髻的前身双鬟望仙髻，以及凌云髻、望仙九鬟髻、参鸾髻等。

到了汉代，女子长发的梳理方法和现在的差不多，也是让头发顺其自然地垂下，只是在发尾处束上，再垂于脑后。这种发式在当时，尤其在宫廷中是很流行的。

总体来说，汉代的发髻样式非常丰富，有堆在头顶的，有分在两边的，还有垂散的，各式各样的发髻都有，如裸髻、瑶台髻、垂云髻、盘桓髻、同心髻、三角髻等。这些发髻有的复杂，有的简单，有的华丽，有的朴素。

三、魏晋南北朝时期

魏晋南北朝时期，妇女追崇飞仙式的高髻，喜欢高而大且危斜的形式。此时，假发技术亦有了很大进步，出现了各种式样的假髻。由质朴而趋于豪华，由自然而趋于雕琢，对当时的社会风气产生了很大的影响，当时最流行的是飞天髻、灵蛇髻和十字髻。

四、隋唐时期

初唐时期身份较高的妇女，已经一改隋代的平云式，发髻一般都缠得比较紧，高高地立在头顶上，有义髻、蝉翼、垂髻、球形双髻和扁形的斜髻等。盛唐时期，最为流行的是倭坠髻，把头发从两鬓梳向脑后，然后向上掠起，在头顶上挽成一个或两个向额前方低下来的发髻。至今日本妇女穿和服时梳的发式，还是沿用唐朝的倭坠髻。中、晚唐时期，妇女的发髻出现了多种新式样。

五、宋、辽、金、元时期

宋代妇女发式多承晚唐五代遗风，亦以高髻为尚。宋仁宗时期，曾下诏禁止以白角为冠，冠广不得过一尺，梳长不得过四寸，借以抑制奢侈之风。包髻，在于绢帛布巾的包裹技巧上，将其包成各式花形，或做成一朵浮云等物状，装饰于发髻造型之上，并饰以鲜花、珠宝等装饰物，最终形成一种简洁朴实，又不失为精美大方的新颖发式。辽代妇女的发式不如宋丰富，一般为高髻、双髻式螺髻。披发这种最原始的发型在辽代亦存在，这是契丹族原始性的一种残留。金代的妇女则多编发盘髻，髻上裹头巾或装饰花环冠子。元代的妇女多云髻高梳，盘龙髻亦为主要的发髻式样。此外，元代妇女的发型还有低鬟、垂髻等。元代的少女喜爱双髻式样。

六、明清时期

明代妇女的发饰，虽不如宋代丰富，但也有不少特色。明初基本承袭了宋元的发式，待嘉靖以后妇女的发式有了明显的变化。桃心髻是当时较时兴的发式，妇女的发髻梳理成扁圆形，再在髻顶饰以花朵。以后又演变为金银丝挽结，且将发髻梳高。髻顶亦装饰珠玉宝翠等。桃花髻的变形发式，花样繁多，如桃尖顶髻、鹅胆心髻及仿汉代的堕马髻等。

清初，妇女发式及妆饰，还各自保留本民族的特点，以后逐步发生明显的变化。发髻上的装饰物，不用金银，而多用珠翠。清朝中期，崇尚高髻，如模仿满族宫女的发式，将头发均分成两把，谓“叉子头”，在脑后垂下的一绺发尾，修剪成两个尖角，称“燕尾”。此后，又流行平头，谓之“平三套”或“苏州撅”。此髻老少皆宜，一改高髻风俗。头发装饰亦有特色，“冠子”即是一例，老年妇女多好之。还有“一字头”豪华奢侈，高如牌楼，皇室偏爱的大拉翅即是其中最著名的一支。

任务三　中国传统服饰的文化内涵

服饰是构成一个民族的外部特征，故而不同民族的服饰所反映的文化特征也各有差异。中国传统服饰文化历经数千年的光辉发展历程，其内涵是极其丰富多彩的。但从宏观上而言，最有代表性的是其所呈现出的“和谐统一性”文化、“标示突出性”文化和“丰富多样性”文化三大内涵。

一、和谐统一文化是中国传统服饰文化的精髓

纵观中国几千年的服饰发展史，和谐协调与规矩统一是其文化的真谛。自中国服饰诞生以来，一直在遵循着物理取暖与审美表现、标识显示与象征表达、个性突出与喜庆吉祥的统一，最大限度地达到服饰与自然、服饰与社会、服饰与人的和谐、协调。情景交融、意象统一的美是中国传统服饰文化最珍贵的品质。

▲ 北京奥运会开幕式彰显中国服饰的和谐统一

二、标示突出文化是中国传统服饰文化的最基本的元素

这一元素主要表现在人们在长期的生产实践和社会实践中所产生对服饰意念表达中的等级尊卑标示、行业职业标示、行为道德标示以及年龄结构性别的标示上。从原始部落头领与狩猎功臣服饰的标示到封建帝王的官服标示，从文官武官的标示到现代军装、职业装的标示，从官府制度中常服的礼制到今天的便服、晚礼服等，都彰显了其标示突出的文化内涵。标识显示不单单是一种“制度”（法制）的要求，更将其作为一种社会道德的规范。这种将服饰标识功能的意念推到了一种登峰造极地步的文化，也大大推进了中国传统服饰文化的发展。可以断言，如果没有数千年阶级社会冠服制度的保障，“衣冠王国”的殊荣是不可能获得的。

▲ 秦汉时期帝王的服饰示例

传统服装的基本形制

传统服装有两种基本形制，即上衣下裳制和衣裳连属制。上衣下裳制，相传起于传说中的黄帝时代。衣裳连属制，古称深衣，始创于周代。深衣同当代的连衣裙结构类似，上衣下裳在腰处缝合为一体，领、袖、裾用其他面料或刺绣缘边。深衣这一形制，影响了后世服饰，汉代命妇女以它为礼服，古代的袍衫也都采用这种衣裳连属的形式，甚至现今的连衣裙也是深衣制的沿革。

三、丰富多样性文化是中国传统服饰文化的明显特征

从纵向上看，中国历代服饰文化均有较大的差异。以近三千年中国服饰“制度形态”演变的轨迹而言，周礼和汉服不同，唐制与清制差别也比较大，基本上每个朝代都有自己的服饰制度，都有其特定的礼仪要求。从横向上看，由于中国地大域广，民族众多，其对服饰款式的追求、对服饰色彩的忌讳、对服饰材料应用的技术水平，以及对服饰不同时间、不同地点和不同场所的意象表达，都有很大的差异，有时还反映出极大的对立。这种多样性既反映了中国传统服饰文化的丰富多彩，又反映了与其他国家的不同特征。

▲ 中国传统服饰文化的多样性特征

项目拓展

中山装

中山装由于孙中山的提倡，也由于它的简便、实用，自辛亥革命起便和西服一起开始流行。1912 年民国政府通令将中山装定为礼服，并修改中山装造型，赋予其新的含义。立翻领（最早是立领），对襟，前襟五粒扣，四个贴袋，袖口三粒扣。后片不破缝。这些形制其实是有讲究的，根据《易经》周代礼仪等内容寓以意义。

其一，衣服前襟四个兜各代表礼、义、廉、耻。

其二，门襟五粒纽扣代表立法、司法、行政、考试权，检察权，这就是五权分立。

其三，左右袖口的三个纽扣则分别表示三民主义（民族、民权、民生）和共和的理念（平等、自由、博爱）。

其四，后背不破缝，表示国家和平统一之大义。

其五，衣领定为翻领封闭式，显示严谨治国的理念。

20 世纪 50 年代以后，中山装成为从国家领导人到普通老百姓的正式服装。20 世纪 80 年代以后，中山装在民间逐渐被人们遗忘，但国家领导人在出席重大活动时，依旧习惯穿着中山装。

项目三 中国传统建筑文化

建筑是凝固的音乐，见证着历史的变迁，凝结着人民的智慧，更是各族人民传统文化观念的体现。中国建筑艺术是世界建筑史上延续时间最长、分布地域最广的造型与空间艺术，无论是传统的城市规划还是园林建设等，在世界建筑史上都处于领先地位。中国建筑与欧洲建筑、伊斯兰建筑并称为世界三大建筑体系。各地气候、人文和地质等条件各不相同，从而形成了中国各具特色的建筑风格。民居形式更为丰富多彩，如南方的干栏式建筑、西北的窑洞建筑、游牧民族的毡包建筑、北方的四合院建筑等。

项目目标

◆ 知识目标

了解中国古建筑的历史文脉和基本特征。

◆ 能力目标

学习并搜集有关传统民居图片，并就中国优秀传统文化思想在古建筑中的体现展开交流和讨论，提高学生探究能力。

◆ 素养目标

领悟古建筑中的中国智慧，激发学生对我国古建筑的热爱之情，培养正确的审美观念，增强民族自豪感，坚定文化自信。

任务一 中国古建筑的演变史

中国古建筑经过几千年的不断形成、发展、成熟、演变的过程，成为世界上独具风格的一门建筑科学，它是世界建筑艺术宝库中的一颗璀璨明珠。

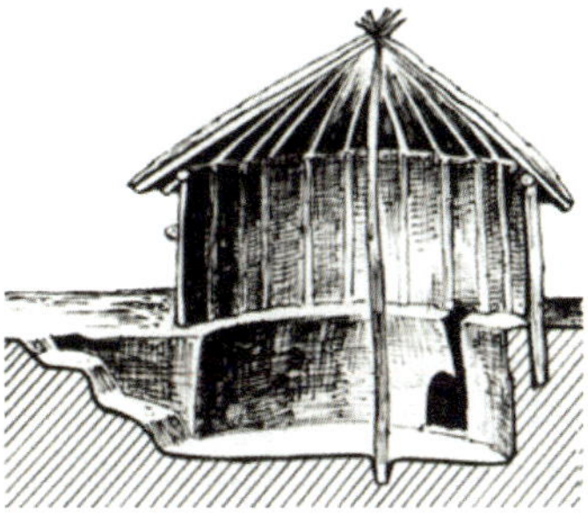

▲ 半地穴式的原始建筑

一、中国古建筑体系的形成时期——原始社会至汉代

在原始社会早期，原始人群曾利用自然形成的崖洞作为居住处所，或构木为巢。

到了原始社会晚期，在北方，黄河中游的氏族部落就在以黄土层为壁体的土穴上利用泥土、杂草和木架建造简单的穴居，并逐步形成了地面上的建筑，进而形成原始聚落。南方出现了干栏式木构建筑。进入阶级社会以后，在商代已经有了较成熟的夯土技术，建造了规模相当大的宫室和陵墓。西周及春秋时期，统治阶级营造很多以宫市为中心的城市。原来简单的木构架，经商周以来的不断改进，已成为中国建筑的主要结构方式。瓦的出现与使用，解决了屋顶防水问题，是中国古建筑的一个重要进步。战国时期，城市规模扩大，高台榭建筑更为发达，并出现了砖和彩画。秦汉时期，木构架结构技术已日渐完善，其主要结构方法抬梁式和穿斗式已发展成熟，高台榭建筑仍然盛行，多层建筑逐步增加。石料的使用逐步增多，东汉时出现了全部石造的建筑物，如石祠、石阙和石墓。秦汉时期还修建了规模空前的宫殿、陵墓、万里长城、驰道和水利工程。

石窟

石窟原是印度的一种佛教建筑形式。佛教提倡遁世隐修，因此僧侣们选择崇山峻岭的幽僻之地开凿石窟，以便修行之用。

中国的石窟起初是仿印度石窟开凿的，多建在中国北方的黄河流域。龙门石窟、莫高窟、云冈石窟并称中国三大石窟，后与麦积山石窟称四大石窟，而龙门石窟数量之多不仅位居中国各大石窟之首，更被联合国教科文组织评为“中国石刻艺术的最高峰”。

二、中国古建筑体系的发展时期——魏晋南北朝

在建筑材料方面，砖瓦的产量和质量有所提高，金属材料被用作装饰。在技术方面，大量木塔的建造显示了木结构技术的提高；砖结构被大规模地应用到地面建筑，河南登封嵩岳寺塔的建造标志着石结构技术的巨大进步；石工的雕凿技术也达到了很高的水平，出现了许多石窟和精美的雕塑与壁画。

三、中国古建筑体系的成熟时期——隋唐

▲ 北魏石窟寺

隋朝建造了规划严整的大兴城，开凿了南北大运河，修建了世界上最早的敞肩大石桥——安济桥。唐朝的城市布局和建筑风格规模宏大，气魄雄浑。长安城在隋大兴城的基础上继续经营，成为当时世界上最大的城市。在建筑材料方面，砖的应用逐步增多，砖墓、砖塔的数量增加；琉璃的烧制比南北朝更进一步，使用范围也更为广泛。在建筑技术方面，也取得很大进展，木构架的做法已经相当正确地运用了材料性能，出现了以“材”为木构架设计的标准，从而使构件的比例形式逐步趋向定型化，并出现了专门掌握绳墨绘制图样和施工的都料匠。建筑与雕刻装饰进一步融化、提高，创造出了统一和谐的风格。唐朝的住宅根据主人不同的等级，其门厅的大小、间数、架数以及装饰、色彩等都有严格的规定，体现了中国封建社会严格的等级制度。这一时期遗存下来的殿堂、陵墓、石窟、塔、桥及城市宫殿的遗址，无论布局或造型都具有较高的艺术和技术水平，雕塑和壁画尤为精美，是中国封建社会前期建筑的高峰。我国现存最早的木结构建筑的实物仅有唐代的五台山南禅寺和佛光寺部分建筑。其建筑特点是，单体建筑的屋顶坡度平缓，出檐深远，斗拱比例较大，柱子较粗壮，多用板门和直棂窗，风格庄重朴实。

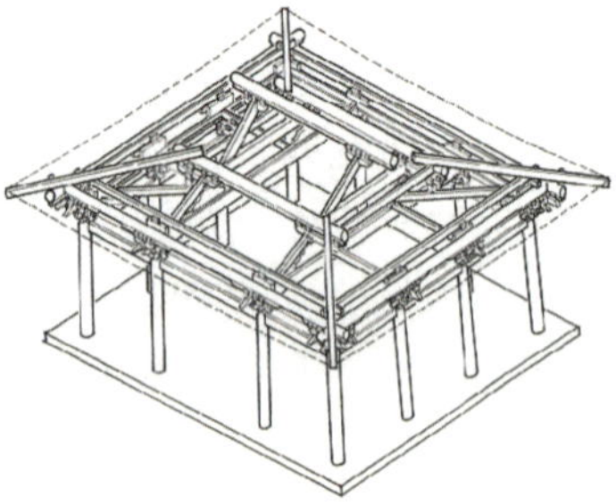

▲ 南禅寺大殿架构透视图

四、中国古建筑体系的大转变时期——宋代

宋朝建筑的规模一般比唐朝小，但比唐朝建筑更为秀丽、绚烂而富于变化，出现了各种复杂形式的殿阁楼台。建筑装饰绚丽而多彩，流行仿木构建筑形式的砖石塔和墓葬，创造了很多华丽精美的作品。建筑构件的标准化在唐代的基础上不断发展，各工种的操作方法和工料的估算都有了较严格的规定，并且出现了总结这些经验的建筑文献《营造法式》。《营造法式》是北宋政府为了管理宫室、坛庙、官署、府第等建筑工程，于北宋崇宁二年（1103 年）颁行的，是各种建筑的设计、结构、用料和施工的“规范”。现存宋代的建筑有山西太原晋祠圣母

殿、福建泉州清净寺、河北正定隆兴寺和浙江宁波保国寺等。其建筑特征是，屋顶的坡度增大，出檐不如前代深远，重要建筑门窗多采用菱花隔扇，建筑风格渐趋柔和。

五、中国古建筑体系的又一发展时期——元代

元大都按照汉族传统都城的布局建造，是自唐长安城以来又一个规模巨大、规划完整的都城。元代城市进一步发展了各行各业的作坊、店铺和戏台、酒楼等娱乐性建筑。大都建造了很多藏传佛教寺院和塔，藏传佛教的建筑艺术逐步影响到全国各地。中亚各族的工匠也为工艺美术带来了许多外来因素，使汉族工匠在宋、金传统上创造的宫殿、寺、塔和雕塑等表现出若干新的趋势。现存元代的建筑有山西芮城永乐宫、洪洞广胜寺等。使用辽代所创的“减柱法”已成为大小建筑的共同特点，梁架结构也有了新的创造，许多大构件多用自然弯材稍加砍削而成，形成当时建筑结构的主要特征。

六、中国古建筑体系的最后一个高峰时期——明清

明朝由于制砖手工业的发展，砖的生产大量增长，明代大部分城墙和一部分规模巨大的长城都用砖包砌，地方建筑也大量使用砖瓦。琉璃瓦的生产，无论数量或质量都超过过去任何朝代。官式建筑已经高度标准化、定型化。清朝于 1723 年颁布了《工部工程做法则例》，统一了官式建筑的模数和用料标准，简化了构造方法。民间建筑的类型与数量增多，质量也有所提高。各民族的建筑也有了发展，地方特色更加显著。皇家和私人的园林在传统基础上有了很大的发展，在明末出现了一部总结造园经验的著作——《园冶》，并留下了许多优秀作品。北京故宫和沈阳故宫是明清宫殿建筑群的实例，与前代相比变化较大：明清建筑出檐较浅，斗拱比例缩小，“减柱法”除小型建筑外，重要建筑中已不再采用。

任务二 中国古建筑的总体特征

一、以木构架为主的结构方式

文化驿站

中国古建筑

建筑风格主要由其建筑结构决定。中国古代建筑为梁柱式结构，以木材为主，由立柱、梁、椽等主要构件组成，各个构件之间以榫卯相结合，构成富有弹性的框架。这种结构的优点是承重与围护分工明确，屋顶重量由木构架承担，外墙起遮挡阳光、隔热防寒的作用，内墙分割室内空间。特别是斗拱的结构形式，有利于防震、抗震。斗拱的位置在柱子与梁和其他构件的交结处，不仅有加大加长结点的接触面、增强抗震能力，而且还有装饰作用。

▲ 斗拱

二、对称平面布局

古代建筑多以“间”为单位构成单座建筑，再以间组成庭院，进而再组成各种形式的组群。就整体而言，重大建筑大都采用均衡对称的方式，主体建筑建造在中轴线上，围绕主体建筑，以庭院为单元沿纵轴线与横轴线进行设计，借助建筑群体的有机结合和烘托，使主体建筑显得格外宏伟壮丽。民居则大多采用“因天时，就地利”的灵活布局方式。

▲ 北京故宫

三、彩绘雕饰丰富多彩

中国古代建筑以优美柔和的轮廓和变化多样的形式而引人注目，其丰富多彩的彩绘和雕饰更是令人赞赏。彩绘具有保护、装饰、象征和标志等作用，可以防风化剥蚀、防潮、防虫蛀等。彩画多出现于内外檐的梁构、斗拱及室内天花板等，构图构件形状密切结合，绘制精巧，色彩丰富，而在一些华丽雄伟的建筑物屋顶上，也装饰着人物、飞禽、走兽和各种形式的图案花纹。雕饰是中国古代建筑艺术的重要组成部分，包括墙壁上的砖雕、台基石栏的石雕等建筑饰物。北京故宫保和殿台基上的一块陛石，雕刻着精美的龙凤花纹，重达200吨。雕饰内容丰富，主要有人物、飞禽、走兽、花鸟、鱼虫等，体现出传统建筑的艺术性。

▲ 故宫太和殿垂脊上的小兽

四、与环境协调统一

中国古代建筑注意天地合一，人与自然环境的协调统一。建筑是人们饮食起居、工作活动的场所，故而应与周围大自然的环境相融合达到协调。中国古代建筑师在规划设计和施工时，对周围的山川形势、地理特点、气候条件、林木植被等都认真进行调查研究，使建筑布局、形式、色调等与周围的环境相适应。同时也注意一个建筑与另一个建筑之间、一个建筑组群与另一个建筑组群之间的配合协调。

五、等级观念的影响深刻而广泛

以等级而言，中国古代建筑从屋顶的颜色（黄色琉璃瓦为帝王专用），屋脊上的装饰物（品级越高脊兽越多），基座的高度（帝王25尺，平民1尺），房屋的开间、进深（帝王9间、5进深）等都有严格的区分。

脊兽按照建筑等级的高低而有数量的不同，最多的是故宫太和殿上的装饰，共有10个，这在中国宫殿建筑史上是独一无二的，显示了至高无上的地位。

北京天坛中的数字与宇宙观

对宇宙的思考与探求一直是古人的重要思想内容之一，“月令图式”将时间、空间二者统一起来，成为中国古人思想观念中的一种宇宙模型。北京天坛祈年殿是典型的代表。祈年殿一共有28根楠木大柱，其中被称为“龙井柱”的柱子有4根，象征着春、夏、秋、冬这四个季节；中层有12根“金柱”，数字12代表一年中有12个月；最外层的12根柱子寓意一天有12个时辰；中层和外层一共有24根柱子，与一年之中的24个节气相对应。龙井柱和这24根柱子总数量为28根，这28根楠木大柱代表我国传统文化中的28星宿，与顶柱8根童柱相加后总数为36，代表36天罡。

任务三 中国传统民居的地域特色

中国各地的居住建筑，又称民居。居住建筑是最基本的建筑类型，出现最早，分布最广，数量最多。由于中国幅员辽阔，各地区的自然环境和人文情况不同，各地民居也显现出多样化的面貌。

一、北京四合院

中国汉族地区传统民居的主流是规整式住宅，以采取中轴对称方式布局的北京四合院为典型代表。北京四合院分前后两院，居中的正房体制最为尊崇，是举行家庭礼仪、接见尊贵宾客的地方，各幢房屋朝向院内，以游廊相连接。北京四合院虽是中国封建社会宗法观念和家庭制度在居住建筑上的具体表现，但庭院方阔，尺度合宜，花木井然，是十分理想的生活空间。华北、东北地区的民居大多是这种宽敞的庭院。

▲ 北京四合院

二、堂屋和土楼

▲ 南方的徽州民居

中国南方的住宅较紧凑，多楼房，其典型的住宅是以小面积长方形天井为中心的堂屋。这种住宅外观方正如印，且朴素简洁，在南方各省分布很广。在闽南、粤北和桂北的客家人常居住大型集团住宅，其平面有圆有方，由中心部位的单层建筑厅堂和周围的四五层楼房组成。这种建筑的防御性很强，以福建永定客家土楼为代表。在中国的传统住宅中，永定的客家土楼独具特色，有方形、圆形、八角形和椭圆形等形状的土楼 8 000 余座，规模大，造型美，既科学实用又有特色，构成了一个奇妙的民居世界。

三、少数民族居住建筑

中国少数民族地区的居住建筑也很多样，如维吾尔族住宅多为平顶，土墙，一至三层，外面围有院落；藏族典型民居“碉房”则用石块砌筑外墙，内部为木结构平顶；蒙古族通常居住于可移动的蒙古包内。西南各少数民族常依山傍水建造木结构干栏式楼房，如傣族的竹楼，苗族、土家族的吊脚楼。吊脚楼通常建造在斜坡上，没有地基，以柱子支撑建筑，楼分两层或三层，最上层很矮，只放粮食不住人，楼下堆放杂物或圈养牲畜。

▲ 苗族吊脚楼

四、北方窑洞

黄河中上游地区窑洞式住宅较多，在陕西、甘肃、河南、山西等黄土地区，当地居民在天然土壁内开凿横洞，并常将数洞相连，在洞内加砌砖石，建造窑洞。窑洞防火，防噪声，冬暖夏凉，节省土地，经济省工，将自然图景和生活图景有机结合，是因地制宜的完美建筑形式，渗透着人们对黄土地的热爱和眷恋。

中国传统民居的风格和实用价值常和当时或当地的自然特点、人文风俗联系起来，并且，各地各时各族的民居均具有自己的特点，组成了风格明显的体系。另外，通过

▲ 陕北窑洞

古城民居

古城民居的典型代表是被列入《世界遗产名录》的山西平遥古城、云南丽江古城。平遥古城是现存最为完整的明清古县城，是中国汉民族中原地区古县城的典型代表。迄今为止，这座城市的城墙、街道、民居、店铺、庙宇等建筑，仍然基本完好，其建筑格局与风貌特色大体未动。平遥是研究中国政治、经济、文化、军事、建筑、艺术等方面历史发展的活标本。始建于南宋的丽江古城是融合纳西民族传统建筑及外来建筑特色的唯一城镇。丽江古城未受中原城市建筑礼制的影响，城中道路网不规则，没有森严的城墙。黑龙潭是古城的主要水源，潭水分为条条细流入墙绕户，形成水网，古城内随处可见河渠流水淙淙，河畔垂柳拂水。

总体布局的变化，建筑空间的灵活组合，建筑造型的意匠和细部构造等的艺术处理，中国传统民居表现出强烈的民族特点和浓厚的地方特色，显示了丰富多彩的艺术面貌。

项目拓展

梁思成林徽因：让东大建筑学系从无到有

梁思成（1901—1972），祖籍广东新会，生于日本东京。林徽因（1904—1955），祖籍福建闽侯，生于浙江杭州。

东北大学始建于1923年4月26日，在“九一八”事变前曾会集了章士钊、梁漱溟、黄侃、冯祖荀等国内的学科领军人物任教。这其中，最具有传奇色彩的莫过于梁思成、林徽因夫妇了。两人在国外求学归来后，第一份工作就是在东北大学任教，“白手起家”打造了国内第一个建筑学系，并为其未来在建筑学方面的成就打下了良好的基础。

1928年，梁思成正式到东北大学任教。东北大学工学院院长高惜冰告诉梁思成，建筑学系已招收了一个班的学生，但没有专业教师，也不知该开些什么课，一切都等梁思成安排。1929年3月，林徽因也来到东北大学任教。

一开始，建筑学系的所有教学任务都由梁思成、林徽因夫妇承担。梁思成主讲中西建筑与设计，并增设专业英语课；林徽因主讲美术与建筑设计。梁思成结合母校宾夕法尼亚大学的模式开展教学，还增设了中国宫室史、营造则例、东洋美术史等课程。

1929年起，梁思成邀请了陈植、童寯和蔡方荫等人来到东北大学建筑学系任教，建筑学系顿时人才济济。他们还成立了“梁陈童蔡营造事务所”，设计了吉林大学教学楼（又称“石头楼”，今为吉林省吉林市东北电力大学校舍）、吉海铁路总站站房（今为吉林西站站房）等作品。

可惜的是，1930 年冬天，林徽因因肺病复发，返回北平休养。1931 年，梁思成也离开沈阳回到北平，结束了在东北大学的执教生涯。

不久后，“九一八”事变爆发，东北大学师生背井离乡，正在发展中的建筑学系仅存在 3 年就不得不告一段落。即便如此，东北大学建筑学系仍培养了刘致平、郭毓麟、刘鸿典等后来在中国建筑学界颇有成就的学者，为中国的建筑学留下了不可磨灭的贡献。

任务活动

活动一：任务图解（30 分）

要求：选取 9 个任务中的任意一个，画出简洁明了的思维导图。

活动二：【文化体验】(70 分)

活动名称：传统建筑文化体验活动：鲁班锁拆装——手速团队竞赛。

备注：鲁班锁又名孔明锁，是用中国榫卯工艺组装设计的传统智力玩具，与中国传统建筑中广泛应用的榫卯工艺原理一致，因难度有不同等级，故而老少皆宜。通过鲁班锁拆装——手速团队竞赛，让学生体会传统建筑构造智慧和培养团队合作能力，娱情启智。

1/5　角色构建

要求：全班按人数均分成 5 个小组。

项目小组	组长	成员
一组		
二组		
三组		
四组		
五组		

2/5　设计与行动

资料准备	教师提前准备鲁班锁拆装比赛用品： 1. 拆装难度 3 星、4 星、5 星的鲁班锁各 2 组（每组同款鲁班锁 5～6 个） 2. 计时器 5～6 个 3. 手机平台发布鲁班锁实物图片给全班同学 4. 每组根据鲁班锁图片，提前准备，搜集拆装视频，熟悉拆装过程（提前 3 天）
活动内容、活动方式及时间安排	课堂比赛鲁班锁拆装手速： 1. 根据拆装难度不同，设计 3 组比赛，每组比赛根据选手名次的先后打分（如：第一名 5 分，第二名 4 分，以此类推），3 组比赛后进行积分累计，最后总分领先的小组获胜 2. 每组选派三名同学为选手参赛，拆装一次为一个计时周期，手速快，完成时间越快，排名越靠前，限时内不能完成计 0 分（活动整体时间不超过 30 分钟） 3. 计算团队成绩，公布竞赛名次，教师对获胜小组进行分数或奖品奖励（5 分钟） 4. 全班所有同学随机选择一款鲁班锁进行拆装体验，个人填写活动报告（每人 10 分钟） 5. 组长协助教师整理竞赛道具（5 分钟）

3/5　观察与评价

评价标准	3 星难度		4 星难度		5 星难度		团队总分	团队名次
	名次	分数	名次	分数	名次	分数		
一组								
二组								
三组								
四组								
五组								

评价组成：按竞赛规则累积积分，以小组团队为单位评选名次。

4/5　反思与探究

从实施过程和评价结果两个方面，对鲁班锁拆装活动进行反思。

5/5 修正与完善

根据反思与探究中寻求到的解决问题的方法，进一步修正和完善活动的编排。

知识链接

1. 诗画江南：园林. 央视网.
2. 中国古建筑：匠心独运. 央视网.
3. 孙机. 中国古代物质文化. 北京：中华书局，2014.

陆

模块六

中国传统科技文化

美国学者坦普尔在其著作《中国的天才》一书的序言中写道：所谓“现代科学”实际上一半以上来自古代中国。中国首先发明了先进农业、造船、采油、天文、音乐、十进位、纸币、雨伞、滚轴、手推车、载人飞行、多级火箭、火药、水雷、毒气、降落伞、热气球、象棋、纸张、印刷、指南针、蒸汽机原理等。坦普尔高度评价了中国古代的科技成就。

时代在前行，我们应以今天的科学道理去揭示和阐述，以马克思主义继承与发展的理念来正确学习中国传统科技文化。

项目一 四大发明

中国曾经历过技术遥遥领先于世界的辉煌时期。中国发明的造纸术、指南针、火药及印刷术，对中国古代的政治、经济、文化的发展产生了巨大的推动作用，且这些发明经由各种途径传至西方，对世界文明发展史也产生了很大的影响。

项目目标

◆ 知识目标

1. 了解四大发明的发明与传播过程；
2. 理解四大发明的意义与影响。

◆ 能力目标

1. 通过自主学习，提高历史信息提取归纳能力；
2. 通过任务活动，提高学生的创新与协作能力。

◆ 素养目标

通过感受四大发明，激发学生探求科学技术的欲望，增强学生热爱祖国的情感，厚植工匠精神，树立为实现中华民族伟大复兴而贡献自己力量的决心。

任务一　造纸术

一、造纸术的发明历史

造纸术，是中国四大发明之一，发明于西汉时期、改进于东汉时期。

远古以来，中国劳动人民就已经懂得养蚕、缫丝。秦汉之际以次茧作丝绵的手工业十分普及。这种处理次茧的方法称为漂絮法，操作时的基本要点包括反复捶打，以捣碎蚕衣。这一技术后来发展成为造纸中的打浆。此外，中国古代常用石灰水或草木灰水为丝麻脱胶，这种技术也给造纸中为植物纤维脱胶以启示。纸张就是借助这些技术发展起来的。

文化驿站

造纸术

在造纸术发明的初期，造纸原料主要是树皮和破布。当时的破布主要是麻纤维，品种主要是苎麻和大麻。据说，我国的棉是在东汉初期由印度传入，后期用于纺织。当时所用的树皮主要是檀木和构皮（即楮皮）。最迟在公元前 2 世纪时的西汉初年，纸已在中国问世。最初的纸是用麻皮纤维或麻类织物制造成的，由于造纸术尚处于初期阶段，工艺简陋，所造出的纸张质地粗糙，夹带着较多未松散开的纤维束，表面不平滑，还不适宜于书写，一般只用于包装。

直到东汉和帝时期，经过了蔡伦的改进，形成了一套较为定型的造纸工艺流程，其过程大致可归纳为四个步骤：

第一是原料的分离，就是用沤浸或蒸煮的方法让原料在碱液中脱胶，并分散成纤维状；

第二是打浆，就是用切割和捶捣的方法切断纤维，并使纤维帚化，而成为纸浆；

第三是抄造，即把纸浆渗水制成浆液，然后用捞纸器（篾席）捞浆，使纸浆在捞纸器上交织成薄片状的湿纸；

第四是干燥，即把湿纸晒干或晾干，揭下就成为纸张。

汉代以后，虽然工艺不断完善和成熟，但这四个步骤基

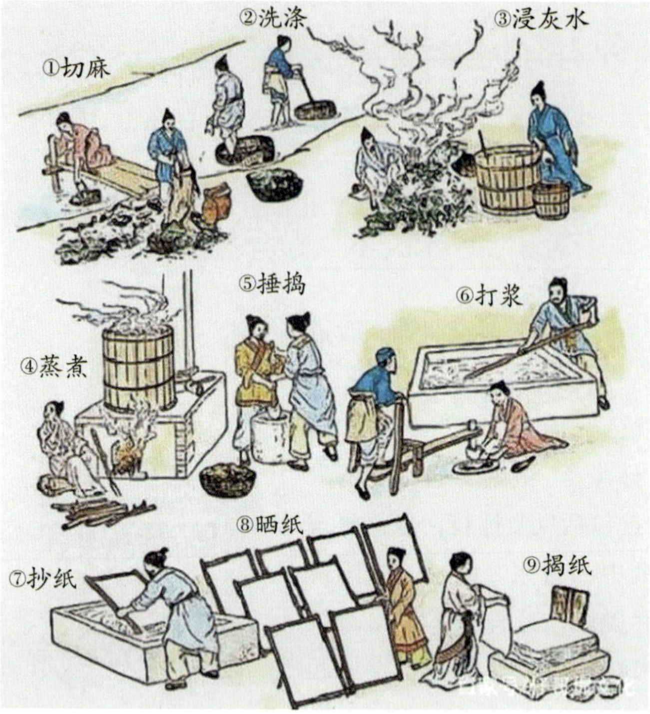

▲ 汉代造纸工艺流程图

本上没有变化，即使在现代，在湿法造纸生产中，其生产工艺与中国古代造纸法仍没有根本区别。造纸技术的发展主要体现在原料方面，魏晋南北朝时已经开始利用桑皮、藤皮造纸。到了隋朝、五代时期，竹、檀皮、麦秆、稻秆等也都已作为造纸原料，先后被利用，从而为造纸业的发展提供了丰富而充足的原料来源。

经过宋、元、明、清数百年岁月，到清代中期，我国手工造纸已相当发达，质量先进，品种繁多，成为中华民族数千年文化发展传播的物质条件。

二、造纸术的意义与影响

▲ 蔡伦改进造纸术

造纸术，尤其是东汉蔡伦改进的造纸术（又称“蔡侯纸”），是书写材料的一次革命。这种纸便于携带，取材广泛不拘泥，推动了中国、阿拉伯、欧洲乃至整个世界的文化发展。

有了文字之后，最重要的是要有一个很好的载体。古代埃及人利用尼罗河的纸草来记述历史；在古代的欧洲，人们还长时间地利用动物的皮，比如羊皮来书写文字；而中国，在造纸术发明以前，甲骨、竹简和绢帛是用来书写、记载的材料。但是甲骨、竹简都比较笨重，绢帛虽然轻便，但是成本非常昂贵，也不适于书写。到了汉代，由于西汉的经济、文化迅速发展，甲骨和竹简已经不能满足发展的需求了，从而促使了书写工具的改进——纸被发明出来了。造纸是一项重要的化学工艺，纸的发明是中国在人类文化的传播和发展上所做出的一项十分宝贵的贡献，是中国史上的一项重大的成就，对中国历史也产生了重要的影响。

三、造纸术的传播

造纸术首先传入与我国毗邻的朝鲜和越南，随后传到了日本。在蔡伦改进造纸术后不久，朝鲜和越南就有了纸张。朝鲜半岛各国先后都学会了造纸的技术。大约公元4世纪末，百济在中国人的帮助下学会了造纸，不久高丽、新罗也掌握了造纸技术。

此后，高丽造纸的技术不断提高，到了唐宋时，高丽的皮纸反向中国出口。西晋时，越南人也掌握了造纸技术。公元610年，朝鲜和尚昙征渡海到日本，把造纸术献给日本摄政王圣德太子，圣德太子下令推广全国，后来日本人民称昙征为纸神。

中国的造纸技术也传播到了中亚的一些国家，并通过贸易传播到达了印度。751年，造纸术传入阿拉伯。阿拉伯最早的造纸工场，是由中国人帮助建造起来的，造纸技术也是由中国工人亲自传授的。10世纪造纸技术传到了叙利亚的大马士革、开罗、埃及与摩洛哥。欧洲人是通过阿拉伯人了解造纸技术的。

世界100名人排行榜，我们有？

美国作家麦克·哈特的《影响人类历史进程的100名人排行榜》一书，以人物传记的方式深刻地描述了世界上100位人物的事业和贡献。其中，中国人有8位：

孔子（前551—前479），中国古代思想家、教育家，儒家学派创始人，其思想对中国和世界都有深远的影响。书中排名第4。

蔡伦（？—121），中国造纸术的重大改进者（造纸术在更早已经出现）。8世纪传入阿拉伯，12世纪传入欧洲。书中排名第6。

秦始皇（前259—前210），伟大的中国皇帝，他开创了中国政治和文化统一的格式。书中排名第18。

毛泽东（1893—1976），领导中国共产党夺取政权并建立新中国。书中排名第20。

成吉思汗（1162—1227），伟大的蒙古征服者，建立远跨欧亚的大帝国。书中排名第21。

老子（约前570年—？），中国古代思想家，孔子之前对人类思想最有影响力的中国哲学家。书中排名第75。

杨坚（541—604），隋朝开国皇帝，结束南北朝，统一中国，建立三省六部制、科举制。书中排名第85。

孟子（前372—前289），孔子重要的继承人，被称为“亚圣”。他的学说相信人性基本善良，基调是理想主义、乐观主义。书中排名第92。

任务二 指南针

一、指南针的发明历史

指南针的发展大致经历了以下四个阶段。

（一）司南阶段

▲ 司南

指南针前身是“司南”，起源于战国时期。能工巧匠把磁石打磨凿雕成一个勺形，放在青铜制成的光滑如镜的底盘上并保持平衡，再铸上方向性的刻纹。这个磁勺在底盘上停止转动时，勺柄指的方向就是正南，勺口指的方向就是正北，这就是我国祖先发明的世界上最早的指示方向的仪器——司南。

（二）罗盘阶段

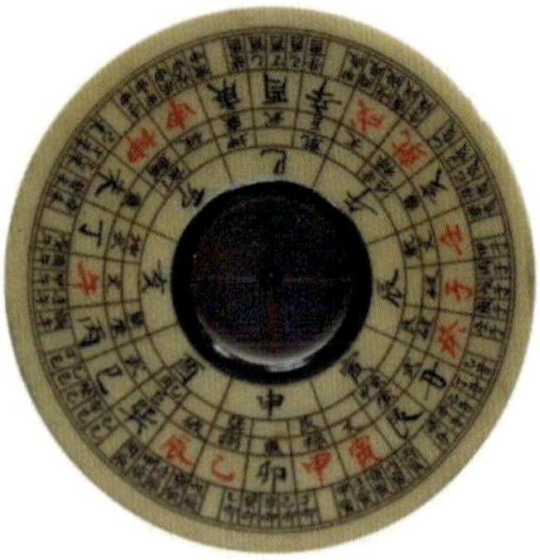
▲ 风水罗盘

后来古人又在司南的基础上制作了古代罗盘。罗盘，又叫罗经仪，是用于风水探测的工具。罗盘主要由位于盘中央的磁针和一系列同心圆圈组成，每一个圆圈都代表着中国古人对于宇宙大系统中某一个层次信息的理解。

中国古人认为，人的气场受宇宙的气场控制，人与宇宙和谐就是吉，人与宇宙不和谐就是凶。于是，他们凭着经验把宇宙中各个层次的信息，如天上的星宿、地上以五行为代表的万事万物、天干地支等，全部放在罗盘上。风水师则通过磁针的转动，寻找最适合特定人或特定事的方位或时间。尽管风水学中没有提到“磁场”的概念，但是罗盘上各圈层之间所讲究的方向、方位、间隔的配合，却暗含了“磁场”的规律。

这时的罗盘已很像现在使用的指南针了，它具有指方向的磁针和显示方位的刻度盘。把罗盘装在船上，可以为人们航海指引方向。

（三）指南鱼阶段

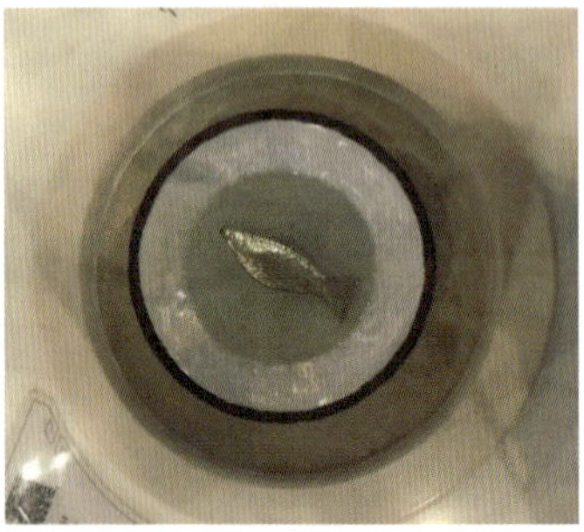
▲ 中国科技馆“指南鱼”

大约在北宋初年，由于军事和航海等需要和材料与工艺技术的发展，先后利用人造的磁铁片和磁铁针以及人工磁化方法制成了在性能和使用上比司南先进的指南鱼。这一时期的《武经总要前集》记载了指南鱼的制作及应用。

（四）指南针阶段

在指南鱼发明后不久，又发明了一种意义更重大、制法更简单、使用更方便和用途更广泛的指南针。最早是北宋的著名政治家和科学家沈括在其著作《梦溪笔谈》（公元 1086 年）中记述的，大意是利用天然磁石磨铁针，受磨的铁针就能指向南方。书中记录了四种指南方式。同时，还记述指南针并不完全指南，而是略微东，这就是磁偏角现象。

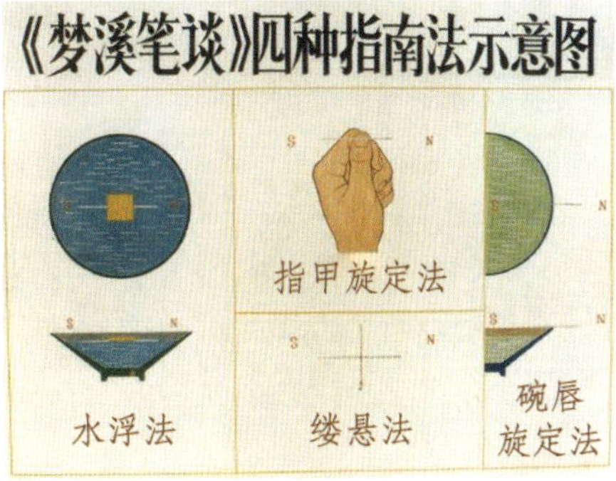

▲ 指南方式图示

《梦溪笔谈》的四种指南方式

1. 水浮法——将磁针上穿几根灯芯草浮在水面，就可以指示方向。

2. 碗唇旋定法——将磁针搁在碗口边缘，磁针可以旋转，指示方向。

3. 指甲旋定法——把磁针搁在手指甲上面，由于指甲面光滑，磁针可以旋转自如，指示方向。

4. 缕悬法——在磁针中部涂一些蜡，粘一根蚕丝，挂在没有风的地方，就可以指明方向了。

二、指南针的意义与影响

指南针是中国古代劳动人民在长期的实践中对磁石磁性认识的结果。作为中国古代四大发明之一，它的发明对人类的科学技术和文明的发展，起了无可估量的作用。在中国古代，指南针起先应用于祭祀、礼仪、军事、占卜与看风水时确定方位。

指南针在航海上的应用对地理大发现和海上贸易有极大的促进作用。古代中国人将指南针用于军事和航海的活动，也被用于堪舆术，后来还辗转传入欧洲，在欧洲的航海活动和地理大发现中，发挥了不可替代的重要作用，使人们获得了全天候航行的能力，人类第一次得到了在茫茫大海中航行的自由，开创了人类航海的新纪元。从此，开辟了许多新的航线，缩短了航程，加速了航运的发展，促进了各国人民之间的文化交流与贸易往来，把航海事业推进到了一个新的时代。

正因为指南针起的作用很大，所以人们把它列为我国古代的四大发明之一。英国近代生物化学家李约瑟指出：“指南针的应用是原始航海时代的结束，预示着计量航海时代的来临。”

文化驿站

指南针

三、指南针的传播

随着我国海外贸易日益频繁，宋代时我国商船常搭载有阿拉伯人，这些阿拉伯人在船上学会了使用指南针，从而将我国的指南针传到西亚、西方等国。

指南针发明后很快就应用于航海。世界上最早记载指南针应用于航海导航的文献，是北宋时期的地理学家朱彧所著的《萍洲可谈》，记述了我国海船在海上航行的情形，“舟师识地理，夜则观星，昼则观日，阴晦则观指南针”。至南宋，我国使用指南针导航不久就被阿拉伯海船采取，并经阿拉伯人把这一伟大发明传至欧洲。

恩格斯在《自然辩证法》中指出，磁针从阿拉伯人传至欧洲人手中在1180年左右。我国首先将指南针应用于航海比欧洲人至少早80年。

欧洲人对指南针加以改造，把磁针用钉子支在重心处，尽量使支点的摩擦力减少，让磁针自由转动。磁针有了支点，不再需要漂浮在水面之上，这种经过改造的指南针就更加适宜于航海的需要。大约在明代后期，这种指南针又传回我国。

任务三 火药

火药是在适当的外界能量作用下，自身能进行迅速而有规律的燃烧，同时生成大量高温燃气的物质。在军事上主要用作枪弹、炮弹的发射药和火箭、导弹的推进剂及其他驱动装置的能源，是弹药的重要组成部分。火药以其杀伤力和震慑力，带给人类消停战事、安全防卫的作用，成为人类文明重要发明之一。

一、火药的发明历史

火药的发明是人们长期炼丹、制药实践的结果，至今已有一千多年历史。

火药是由古代炼丹家发明的，从战国至汉初，帝王贵族们沉醉做神仙并有长生不老的幻想，驱使一些方士与道士炼“仙丹”，在炼制过程中逐渐发明了火药。隋代时，诞生了硝石、硫黄和木炭三元体系火药。

唐代炼丹家于唐高宗永淳元年（682年）首创了硫黄伏火法，用硫黄、硝石，研成粉末，再加皂角子（含碳素）。唐宪宗元和三年（808年）又创状火矾法，用硝石、硫黄及马兜铃（含碳素）一起烧炼。这两种配方，都是把三种药料混合起来，已经初步具备火药所含的成分。

唐朝末年，火药首次运用于军事。唐昭宗天佑元年（904年）杨行密的军队围攻豫章，部将郑璠"以所部发机飞火，烧龙沙门，带领壮士突火先登入城，焦灼被体"。这里所说的"飞火"，就是火炮、火箭之类。火炮是把火药制成环状，把吊线点燃后用抛石机抛掷出去；火箭则是把火药球缚于箭镞之下，将引线点燃后用弓射出。

▲ 以火药制造烟火

到了宋朝，人们将火药主要运用于制造烟火，如宋代的杂技演出和木偶戏中的烟火杂技——药发傀儡。宋代演出"抱锣""硬鬼""哑艺剧"等杂技节目，都运用刚刚兴起的火药制品"爆仗"和"吐火"等，以制造神秘气氛。宋人同时也以火药表演幻术，如喷出烟火云雾以遁人、变物等，以收神奇迷离之效。

同时，由于战争接连不断，促进了宋代在火药武器上的加速发展。

▲ 烟球

北宋政府建立了火药作坊，先后制造了火药箭、火炮等以燃烧性能为主的武器和"霹雳炮""震天雷"等爆炸性较强的武器。南宋在1259年造出了以巨竹为筒，内装火药的"突火枪"。到了元代又出现铜铸火铳，称为"铜将军"。这些都是以火药的爆炸为推动力的武器，在战争中显示了前所未有的威力。

文化驿站

火药

二、火药的意义与影响

人们发明了火药，很快发挥了它的积极作用，特别是在军事上的运用和发展，对于促进社会的进步有着深远的意义。

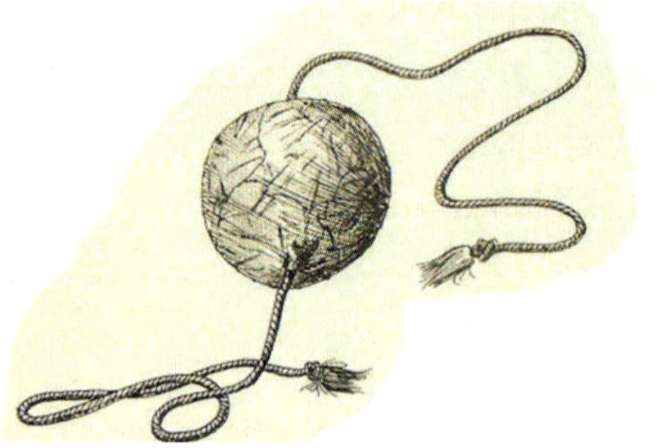
▲ 震天雷

火药应用于武器的最初形式，主要是利用火药的燃烧性能。随着火药和火药武器的发展，逐步过渡到利用火药的爆炸性能。火药燃烧时能产生大量的气体和热量，原来体积很小的固体的火药，体积突然膨胀，猛增至几千倍，这时容器就会爆炸。这就是火药的爆炸性能。利用火药燃烧和爆炸的性能可以制造各种各样的火器。北宋时期使用的那些用途不同的火药兵器都是利用黑火药燃烧爆炸的原理制造的。蒺藜火球、毒药烟球是爆炸威力比较小的火器。到了北宋末年，爆炸威力比较大的火器如“霹雳炮”“震天雷”也出现了。这类火器主要是用于攻坚或守城。

到了元明之际，这种用竹筒制造的原始管状火器改用铜或铁，铸成大炮，称为“火铳”。明代在作战火器方面，发明了多种“多发火箭”，如同时发射10支箭的“火弩流星箭”、发射32支箭的“一窝蜂”、最多可发射100支箭的“百虎齐奔箭”等。这是世界上最早的多发齐射火箭，堪称是现代多管火箭炮的鼻祖。尤其是当时水战中使用的一种叫“火龙出水”的火器，可以在距离水面三四尺（1米多）高处飞行，远达两三里（1000多米）。这是世界上最早的二级火箭。另外，世界上最早的多火药筒并联火箭“神火飞鸦”，是具有一定爆炸和燃烧性能的雏形飞弹，它与今天的大型捆绑式运载火箭的工作原理很相近。

火药和火药武器传入欧洲，不仅对作战方法本身，而且对统治和奴役的政治关系起了变革的作用。以前一直攻不破的贵族城堡的石墙抵不住市民的大炮，市民的子弹射穿了骑士的盔甲。贵族的统治跟身穿铠甲的贵族骑兵同归于尽了。随着资本主义的发展，新的精锐的火炮在欧洲的工厂中制造出来，装备着威力强大的舰队，扬帆出航，去征服新的殖民地。

中国的火药推进了世界历史的进程。恩格斯曾高度评价了中国在火药发明中的首创作用：“现在已经毫无疑义地证实了，火药是从中国经过印度传给阿拉伯人，又由阿拉伯人和火药武器一道经过西班牙传入欧洲。”火药的发明，对人类社会的文明进步，对经济和科学文化的发展，起了推动作

古代火箭

中国古代火箭有箭头、箭杆、箭羽和火药筒四大部分。火药筒外壳用竹筒或硬纸筒制作，里面填充火药，筒上端封闭，下端开口，筒侧小孔引出导火线。点火后，火药在筒中燃烧，产生大量气体，高速向后喷射，产生向前推力。其实这就是现代火箭的雏形。火药筒相当于现代火箭的推进系统。锋利的箭头具有穿透人体的杀伤力，相当于现代火箭的战斗部。尾端安装的箭羽在飞行中起稳定作用，相当于现代火箭的稳定系统。而箭杆相当于现代火箭的箭体结构。中国古代火箭外形图，首次记载于1621年茅元仪编著的《武备志》中。

用，大大推进了历史发展的进程，是欧洲文艺复兴的重要支柱之一。

三、火药的传播

早在八九世纪时，和医药、炼丹术的知识一起，硝也由中国传到阿拉伯。当时的阿拉伯人称它为“中国雪”，而波斯人称它为“中国盐”。他们仅知道用硝来治病、冶金和做玻璃。13 世纪火药是由商人经印度传入阿拉伯国家的。希腊人通过翻译阿拉伯人的书籍才知道火药。火药武器是通过战争传到阿拉伯国家。

1234 年蒙古灭金之后，将弄封等地的工匠和火器全部掠走，还把金军中的火药工匠和火器手编入了蒙古军队。次年，蒙古大军发动了第二次西征，新编入蒙军的火器部队也随军远征。在随后的几年中，装备火器的蒙古大军横扫东欧平原。

蒙古人灭亡阿拉伯帝国后，建立起了伊利汗国。这里迅速成为火药等中国科学技术知识向西方传播的重要枢纽。1260 年元世祖的军队在与叙利亚作战中被击溃，阿拉伯人缴获了火箭、毒火罐、火炮、震天雷等火药武器，从而掌握火药武器的制造和使用。后来，在阿拉伯人与欧洲一些国家的长期战争中，欧洲人逐步掌握了制造火药和火药兵器的技术。英法各国直到 14 世纪中叶，才有应用火药和火器的记载。

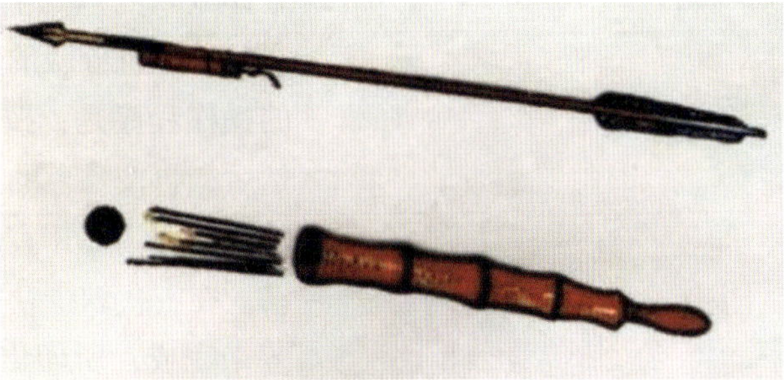

▲ 突火枪

任务四　印刷术

印刷术是中国古代劳动人民的四大发明之一。雕版印刷术发明于唐朝，并在唐朝中后期普遍使用。宋仁宗时毕昇发明了活字印刷术，比德国人约翰内斯·古腾堡的铅活字印刷术早约 400 年。

一、印刷术的发明历史

中国的印刷术，源远流长，传播广远。它是中华文化的重要组成，随中华文化的诞生萌芽，随中华文化的发展演进。

大约在公元 3 世纪的晋代，随着纸和墨的出现，印章流行起来。4 世纪时，道教徒把印章放大，以印制文字稍多的符咒，这实际上是一种以盖章的方式印刷文字的方法。

与此同时，石碑拓印也在发展，即把印章和拓印结合起来，再把印章扩大成一个版面，蘸好墨，仿照拓印的，把纸铺到版上印刷，即为雕版印刷术。考虑到雕版印刷术从发明到完善应用，从在民间流行到引起统治阶层和知识阶层的重视和记载，其间必有一段相当长的发展时期，因此，专家们认为雕版印刷术的诞生年代大约是在公元 7 世纪前期的唐朝初年。这是世界上最早的印刷术。

套版彩色印刷术是世界上最早的彩色印刷术，它是在雕版印刷术的基础上发展起来的一种复杂、高精度的印刷技术。它采用分色分版的方法，在一张纸上套印出多种颜色。其具体的操作程序是：按原稿颜色的多少，分别刻成相同规格的版，然后，再按颜色的先后次序逐块印刷。套版的规格尺寸都要求准确地固定在相宜的位置，保证在印刷过程中不能有丝毫的移动。在古代缺少精密量具和卡具的情况下，必须依靠熟练的技艺来完成，所印出的成品称为套印本。套版印刷术发明的初期，一般只能印刷朱、墨两种颜色的套印本，称为朱墨本，或叫双印。后来，技术日臻完善，继而发展成用四色、五色来套印，称为四色本、五色本等。

套版彩色印刷术诞生于我国，但到底发明于何时至今仍无明确结论。根据历史记载，北宋时期（960—1127 年）已出现了铜版印刷的青、蓝、红三色“交子”，但未发现实物。看来，套版彩色印刷技术的发明不晚于此，确切年代还有待于考古发现和研究。

今天能见到的套版彩色印刷品大多是明代万历年间的，这段时间是我国套版彩色印刷术的发展时期，很多印刷品极为精美。到了清代，四色套印、五色套印甚至更多种颜色套印的技术已经成熟，达到了一个新的水平。

在活字印刷中，活字的制作技术是关键。我国古人曾用

文化驿站

印刷术

黏土、木材、铜、锡、铅等原料，进行了许多尝试，也曾成功。毕昇所发明的胶泥活字印刷术的基本原理类似于近代的铅字的排版印刷。他用胶泥制成一粒粒活字，经火烧硬，排置于一块带框并铺有松脂、蜡和纸灰混合土的铁板内，用火加热，待混合土熔化，即用一平板将其压平。类似铁板可备多套，一版印刷，一版排字，以提高印刷的速度。活字一般都要烧制多套，常用字往往多数十个，以保证不缺字。而生、冷、僻字，则随用随烧，极为方便。毕昇不仅发明了胶泥活字，并且还用这种方法印过书。

▲ 毕昇画像

在毕昇发明活字印刷术后，中国还出现过不少其他材质的活字，有木活字、锡活字、铜活字和铅活字等，但只有木活字流传了下来。

二、印刷术的意义与影响

印刷术的发明是人类历史上一次重要的里程碑，随着它的发明和使用，整个世界都在进行着深远并且深刻的变化，对人类社会的发展产生了重要意义和影响。

印本的大量生产，使书籍留存的机会增加，减少手写本因有限的收藏而遭受绝灭的可能性。由于印本的广泛传播及读者数量的增加，使得百姓认字学习成为可能。知识可以为普通百姓所能学习和理解，打破了权威对学术的垄断，克服愚昧和迷信，使得广开民智不再是天方夜谭。

印刷使版本统一，这和手抄本不可避免产生的讹误，有明显的差异。印刷术本身不能保证文字无误，但是在印刷前的校对及印刷后的勘误表，使得后出的印本更趋完善。通过印刷工作者进行的先期编辑，使得书籍的形式日渐统一，而不是像从前手抄者的各随所好。

▲ 木活字印刷术画像

印刷术使各种语文出版物的词汇、语法、结构、拼法和标点日趋统一。小说出版广泛流通以后，通俗语言的地位得到巩固，而这些通用语言又促进各民族文学和文化的发展，最终导致明确的民族意识的建立和民族主义的产生。

印刷促进教育的普及和知识的推广，书籍价格便宜使更多人可以获得知识，提高了他们的阅读和书写能力，因而影响他们的人生观和世界观。书籍普及会使人们的识字率提高，反过来又扩大了书籍的需要量。

四书五经

四书五经，是“四书”与“五经”的合称。四书指《大学》《中庸》《论语》《孟子》。五经指《诗经》《尚书》《礼记》《周易》《春秋》。

四书五经在中国传统文化的诸多文学作品中，占据着相当重要的位置，是历代儒客学子研学的核心书经。四书五经详细记载了我国早期思想文化发展史上政治、军事、外交、文化等各个方面的史实资料以及孔孟等思想家的重要思想。

三、印刷术的传播

中国是印刷技术的发明地，很多国家的印刷技术或是由中国传入，或是由于受到中国的影响而发展起来的。

日本是在中国之后发展印刷技术的国家，8 世纪日本就可以用雕版印佛经了。朝鲜的雕版印刷技术也是由中国传入的，高丽穆宗时（998 ～ 1009 年）就开始印制经书。中国的雕版印刷技术经中亚传到波斯，大约 14 世纪由波斯传到埃及。波斯实际上成了中国印刷技术西传的中转站，14 世纪末欧洲才出现用木版雕印的纸牌、圣像和学生用的拉丁文课本。中国的木活字技术大约 14 世纪传入朝鲜、日本。朝鲜人民在木活字的基础上创制了铜活字。

中国的活字印刷技术由新疆经波斯、埃及传入欧洲。印刷技术传到欧洲，加速了欧洲社会发展的进程，它为文艺复兴的出现提供了条件。马克思把印刷术、火药、指南针的发明称为“是资产阶级发展的必要前提”。中国人发明的印刷技术为现代社会的建立提供了必要前提。

项目拓展

毕昇身上的工匠精神

北宋文化的繁荣需要大量图书印刷，而传统雕版印刷工艺既费工时又费材料，而且整版整版地雕刻，一旦有了错误很难更正。文化的发展给印刷业提出了新的课题：印刷术必须创新，提高效率。而完成这个时代课题的是一位叫毕昇的平民。关于他发明的活字印刷术，沈括在《梦溪笔谈》中有详细记述。

毕昇发明的是泥活字，也就是在胶泥上刻字，每个字一个字模，再用火把字模烧硬。刻好的字厚度是多大？“薄如钱唇”，就是跟铜钱的边缘一样。不说别的，汉字成千上万，做出一个个胶泥块，并在上面刻出一个个“薄如钱唇”的汉字来，这得需要多大功夫？

再看排版印刷。准备一个铁框，在里面排字，排满就成了一个版。再把它放在一块用松脂、蜡与纸灰的混合物覆盖的铁板上，拿到火上烘烤。松脂等稍微熔化后，再用一块平板按压在字模上。这样处理的结果，“字平如砥”，排好的字模就像磨刀石一样平。想来只有到了这个水平，才能保证印出的图书色泽深浅一致啊！没有注重细节、一丝不苟的严谨，何以至此？

至于两版交替使用，字的分类存放，常用字和冷僻字的处理，毕昇都告诉人们了。而且用过之后，再用火把药物熔化，“以手拂之，其印自落，殊不沾污”，字模干干净净，以备再用。

毕昇，这位布衣出身的伟大发明家，以他精心打造的活字印刷术，为文化的传播做出了巨大贡献。近代以来的铅活字印刷正是从他这里演化而来。

项目二 中国古代主要科学成就

天文、历法、地理、数学、医药学等中国古代科学有着辉煌灿烂的成就，是我国科技文化的重要组成部分，是我国古代人民智慧的结晶，它反映了我国科学发展的步伐和足迹，对我国和世界的科学历史进程起到了推动作用。

项目目标

◆ 知识目标

了解我国天文、历法、地理、数学、医药学方面的主要成就。

◆ 能力目标

通过自主学习和实践活动，引导学生主动探索思考，提高学生的历史信息提取、归纳能力。

◆ 素养目标

通过认知我国古代科学的巨大成就，培养学生崇尚科学的精神，坚定科学思想，厚植工匠精神，坚定文化自信。

任务一　天文历法成就

一、先秦时期

春秋时期，我国就留下了世界上公认的首次哈雷彗星的确切记录。《左传·文公·文公十四年》记载，公元前 613 年，“有星孛入于北斗”，即指哈雷彗星，这一记录比欧洲早六百多年。

我国历法在春秋时期已经形成自己固定的系统，基本上确立了 19 年 7 闰的原则，这比西方早了 160 年。到了战国时期，出现了世界上最早的天文学著作《甘石星经》，其中有丰富的天文记载，反映了那个时期人们对天文的认识。

二、两汉时期

汉武帝时，天文学家制订出中国第一部较完整的历书《太初历》，它以正月为岁首，后世历法的基本内容这时大体都已具备，对后代历法影响极大，有的沿用至今。西汉时关于太阳黑子的记录，被世界公认为是有关太阳黑子的最早记录。

东汉时，张衡从日、月、地球所处的不同位置，对月食作了最早的科学解释。张衡发明制作的地动仪，可以遥测千里以外地震发生的方向，比欧洲早 1700 多年。

三、隋唐时期

唐朝天文学家一行（唐代名僧，本名张遂）对太阳和月亮运动不均匀现象有了正确、全面的了解，他制定的《大衍历》比较准确地反映了太阳运行的规律，系统周密，表明中国古代历法体系的成熟。一行还是世界上最早用科学方法实测地球子午线长度的人。在实测中他认识到，在小范围有限的空间里得到的认识，不能任意向大范围甚至无际的空间推演，这是我国

历法

历法，是为了配合人们日常生活的需要，根据天象而制订的计算时间的方法。根据月球环绕地球运行所制订的历法称为阴历；根据太阳在不同季节的位置变化所制订的历法称为阳历。

从分类标准来说，阴历是和阳历相对应的，再加上阴阳历，只有这三种历法。世界上通行的“公历”（新历）实际上是一种阳历，而中国传统历法的“农历”（旧历）属于阴阳历。

中国农历、印度历、犹太历是阴阳合历，一年有 12 或 13 个月；伊斯兰历是太阴历，一年只有 12 个月。辛亥革命之后，中国开始采用西方的公历，俗称“新历”，与中国旧有的历法相对。

科学思想史上的一大进步。

▲ 郭守敬画像

四、宋元时期

北宋科学家沈括在天文学方面有突出贡献，他创制的把四季二十四个节气和十二个月完全统一起来的“十二气历”更加简便，有利于农事安排。

元初设立太史局编制新历法。元朝杰出天文学家郭守敬提出“历之本在于测验，而测验之器莫先仪表”的正确主张，创制了简仪和高表等近二十件天文观测仪器，主持了全国范围的天文测量。郭守敬主持编定的《授时历》是古代历法中沿用最久的，也是在天文数据、计算方法各方面发展到高峰的一种历法。《授时历》中推算的一年的周期与现行公历基本相同，问世比现行公历早 300 年。

五、明清时期

明代科学家徐光启组织“历局”工作人员编制了完备的恒星图，并采用新的测算法，更精密地预测日食和月食；他主持编译的《崇祯历书》是我国天文历法中的宝贵遗产。

明末清初历算学家王锡阐著有《晓庵新法》等十多种天文学著作，促进了我国古代历算学的发展。他所创金星凌日的计算方法，达到十分精确的程度，在当时世界上也是独一无二的。清初著名的天文学家、数学家梅文鼎是“历算第一名家”，他编撰的《古今历法通考》一书是我国第一部历学史。

任务二　地理学成就

一、先秦时期

“地理”一词，最早见于《易经》。古代的地理学主要探索与地球形状、大小有关的测量方法，或对已知的地区和国家进行描述。产生于春秋末战国初的《山经》是中国地理方面的开山之作。产生于战国中期的《禹贡》运用战国时期迅速发展的地理学知识，突破原始的幻想阶段，以征实为目的，尚实地考察，是中国古代文献中最古老和最有系统性地理观念的著作。

《禹贡》中的“九州”

《禹贡》称九州为冀、兖、青、徐、扬、荆、豫、梁、雍。

冀州，位列九州之首，包括今山西省全境、河北省西北部、河南省北部、辽宁省南部、内蒙古自治区的呼和浩特市和乌兰察布市等地区。

兖州，今河南省的东部、山东省的西部及河北省的南部。

青州，东至海，西至泰山，在今山东省的东部。

徐州，今江苏省北部和山东省的东南部。

扬州，今江苏、安徽淮水以南，兼有浙江、江西两省的土地。

荆州，今湖北省、湖南省，兼有广东、广西部分地区。

豫州，今河南省的大部，兼有山东省的西部和安徽省的北部。

梁州，今陕西南部、四川、贵州、云南一带。

雍州，今陕西省中北部、甘肃省和宁夏回族自治区一带。

二、秦汉时期

班固所著的《地理志》以西汉时期的疆域和政区为基础，分录其山川物产等内容。在地质方面，它记录有关郡国的矿产，以及管理矿产的铁官、铜官、金官、盐官所在的地方，对主要河流、湖海有较详细的记载。此书对于研究西汉的矿产资源开发情况具有重要意义。

▲ 班固画像

三、魏晋南北朝时期

西晋时期的裴秀是中国古代杰出的地图学家，它绘制了《禹贡地域图》，还提出了绘制地图的原则。

北魏时期，地理学家郦道元作《水经注》，通过为古书《水经》作注，以《水经》为纲，全面而系统地介绍了水道流经地区的自然地理和经济地理等诸多方面的内容，是一部历史、地理、文学价值都很高的综合性地理著作。

四、明清时期

▲ 徐霞客画像

明朝徐霞客的《徐霞客游记》以散文和日记体的形式，记载了徐霞客在游历中所经历和观察到的各种地理现象、自然规律、气候状况、动植物情况，乃至少数民族地区的风俗习惯、经济状况等。书中对石灰岩溶蚀地貌的观察和记述比欧洲早约两个世纪。书中还记录了一些地理发现，纠正了前代地理学著作中的一些错误。徐霞客对中国水文地理学的发展也做出了巨大的贡献。他对长江和盘江进行了详细的考察后，写下了《江源考》和《盘江考》两部著作。这两部著作在水利科学史上具有重要地位。

任务三　数学成就

《周髀算经》是中国最古老的天文学和数学著作，约成书于公元前 1 世纪，记录着商高同周公的一段对话。商高说："故折矩，以为勾广三，股修四，径隅五。"意思是：当直角三角形的两条直角边分别为 3（短边）和 4（长边）时，径隅（弦）则为 5，后人简单地把这个事实说成勾三股四弦五。由于勾股定理的内容最早见于商高的话中，所以人们就把这个定理称作"商高定理"。

我国最早记载幻方法的是春秋时代的《论语》和《书经》，而在国外，幻方最早出现在公元 2 世纪，我国早于国外 600 多年。幻方又称魔方、方阵，宋代数学家杨辉称之为纵横图。

《九章算术》成书于公元 1 世纪左右，是我国最重要、影响最深远的一部数学著作，后世不少人如刘徽、祖冲之等均为《九章算术》做过注。刘徽在为《九章算术》做注时加进了不少自己的见解，阐述了重要的数学理论，而且首创割圆术，为计算圆周率建立了严密的理论和完善的算法。所谓割圆术，就是不断倍增圆内接正多边形的边数求出圆周率的方法。

中国完整的分数运算法则出现在《九章算术》中，印度在公元7世纪才出现同样的法则，我国比印度早500多年。祖冲之出生于历法世家，他是历代为数不多能名列正史的数学家之一。祖冲之最大的数学成就是对圆周率的精确计算。祖冲之在圆周率计算方面领先西方近千年。

出于官方数学教育的需要，唐高宗下令对以前的数学著作进行整理。公元656年，李淳风受诏负责编定了《孙子算经》《海岛算经》等。

宋元时期的杰出数学家秦九韶、杨辉、李冶、朱世杰被称为“宋元数学四大家”。宋元时期的数学代表著作有《数书九章》《详解九章算法》等。

清代蒙古族的数学家明安图推出“割圆九术”，论证了三角函数幂级数展开式和圆周率的无穷级数表示式等九个公式，成功地解析了九个求圆周率的公式，写成《割圆密率捷法》一书，在清代数学界被誉为“明氏新法”，在我国数学史上占有重要地位。

中国古代数学十大发明

中国科学院自然科学史研究所编写的《中国古代重要科技发明创造》一书详细地介绍了我国古代的88项发明创造成果，展示了我国古代丰富、先进的科技成果。这88项发明创造成果中，有10项属于数学方面的发明创造，依照时间顺序，它们分别是：（1）十进位值制与算筹记数；（2）《九章算术》与盈不足术；（3）《周髀算经》与勾股定理；（4）线性方程组及解法；（5）中国珠算；（6）贾宪三角与增乘开方法；（7）《梦溪笔谈》与垛积术；（8）《测圆海镜》与天元术；（9）《数书九章》与大衍求一术；（10）《四元玉鉴》与四元术。

任务四　医药学成就

在中华文明的悠悠历史长河中，中医药作为有着数千年历史的文化瑰宝，为中华文明的繁荣发展和绵延永续发挥了不可替代的作用。习近平总书记高度重视中医药学的发展和运用，强调要“坚持中西医并重，传承发展中医药事业”。随着中医药对世界的影响逐渐加大，传统中医药正快步走向更广阔的世界。

> **扁鹊的“六不治”原则**
>
> 扁鹊看病行医有“六不治”原则：一是倚仗权势、骄横跋扈的人不治；二是贪图钱财、不顾性命的人不治；三是暴饮暴食、饮食无常的人不治；四是病深不早求医的不治；五是身体虚弱不能服药的不治；六是相信巫术不相信医道的不治。

一、先秦时期

扁鹊是战国时期最著名的医生，是中医学的鼻祖，被奉为“脉学之宗”。他精于内、外、妇、儿、五官等科，应用砭刺、针灸、按摩、汤液、热熨等法治疗疾病。他采用望、闻、问、切“四诊法”，从脉象中诊断病情。切脉是扁鹊的主要成就。“四诊法”成为中医的传统诊病法，两千多年来一直为中医所沿用。

二、两汉时期

战国时问世、西汉时编定的《黄帝内经》是我国现存较早的重要医学文献。它奠定了我国医学的理论基础。《黄帝内经》分《灵枢》《素问》两部分，是我国最早的典籍之一，是我国劳动人民长期与疾病做斗争的经验总结。它从整体观上来论述医学，呈现了“自然—生物—心理—社会”系统医学模式，即整体医学模式，积极倡导预防及非医学技术干预的养身延年术。书中介绍及论证了从生活习惯干预到心理干预、从经络原理到经络治病术、从疾病的诊断治疗以及相关人体解剖、生理病理到使用药物原则及注意事项等内容，是文献可考证的我国现存最早的、影响最大的一部医学著作，被称为医之始祖。

东汉时的《神农本草经》是中国第一部完整的药物学著作。书中记载了 365 种药物的疗效，多数真实可靠，仍是临床常用药；它提出了辨证用药的思想，所论药物适应病症达 170 多种，对用药剂量、时间等都有具体规定，这也对中药学起到了奠基作用。

东汉末年的名医华佗擅长外科手术，被人誉为“神医”，他发明的麻沸散，比西方早 1600 多年。

东汉末年的名医张仲景被称为“医圣”，其代表作《伤寒杂病论》是后世中医的重要经典。它确立的辨证论治原则是中医临床的基本原则，是中医的灵魂所在。在方剂学方面，《伤寒杂病论》也做出了巨大贡献，创造了很多剂型，记载了大量有效的方剂。

三、隋唐时期

唐朝杰出的医学家孙思邈被后人尊称为“药王”。他所著的《千金方》是综合性临床医著，全面总结了历代和当时的医药学成果，并有许多创见，被誉为中国最早的临床百科全书，在我国医药学历史上占有重要地位。

唐高宗时编《唐本草》，是世界上最早的一部由国家颁布的具有国家药典性质的药物文献。

吐蕃名医元丹贡布所编著的《四部医典》，在国内外有重要影响。

▲ 孙思邈画像

四、魏晋南北朝时期

魏晋南北朝时期，诊断学和针灸学的基础理论和实践规范化，人们在总结整理前代成就的基础上有了重大发展，其中晋代王叔和的《脉经》、魏晋间皇甫谧的《针灸甲乙经》等著作对后世产生了深远影响。

五、宋元时期

▲ 宋慈画像

宋朝法医宋慈所著《洗冤录》（又称《洗冤集录》）内容非常丰富，记述了人体解剖、检验尸体、勘查现场、鉴定死伤原因、自杀或谋杀的各种现象、各种毒物和急救、解毒方法等十分广泛的内容，是世界上第一部系统的法医学著作，比国外最早由意大利人菲德里写的法医著作要早 300 多年。

六、明清时期

明朝李时珍著《本草纲目》，其中记载了药物 1 800 多种，方剂 10 000 多个，全面总结了 16 世纪以前的中国医药学，被誉为“东方医药巨典”。李时珍重视实地考察和试验观察，注意运用比较的方法，所以他对药物的认识和总结具有较高的科学价值。《本草纲目》对药物的分类反映了由低级到高级的生物进化观。李时珍还提出“鸟产于林，故羽似叶”的观点，反映了他在动物适应环境、相关变异以及遗传特征等方面的新认识。

项目拓展

屠呦呦的创新：以科学研究挖掘中医药宝藏

屠呦呦第一次进入公众视野时是81岁。那年，她获得2011年度拉斯克临床医学奖，这是当时中国生物医学界获得的世界级最高奖项。这个奖被称为“诺贝尔奖风向标”，因为迄今获此奖的300人次中，有81位后来成为诺贝尔奖得主，屠呦呦就是第81位。

用乙醚提取青蒿素，这个看似简单的提取过程，却是拉斯克奖最看重的首创。其中包含三个“第一”：第一个把青蒿素带入了“523”项目；第一个提取出了具有100%活性的青蒿素；第一个将青蒿素运用到临床并证实它有效。拉斯克基金媒体负责人评价：“屠呦呦领导的团队将一种古老的中医治疗方法转化为今天最强有力的抗疟疾药。通过将现代技术和严密性应用于5000多年前中国传统中医师们留下的遗产，她将这座宝库带入21世纪。”

美国筛选了30多万种化合物，都没有找到理想的抗疟成分，为什么屠呦呦能开创疟疾治疗新方法呢？她认为学科交叉为后来的研究提供了最好的准备。当年，从北大医学院药学系毕业的屠呦呦分配到了中医研究院中药研究所工作，1959年至1962年，对西医有着很深造诣的她参加了卫生部的一个中医培训班，系统学习了中医药知识，还去药材公司向老药工学习中药鉴别及炮制技术，后来还参加了中药炮制研究工作，是《中药炮制经验集成》一书的主要编著者之一。她说：“中医药成分复杂，杂质多，如果在未掌握规律之前盲目提取，便无法最大限度地提取有效成分，直接的一个结果就是，在实践中反映不出应有的抗疟效果。所以，这就需要研究人员反复试验，不断改进方法，不断地发现。”

屠呦呦的成功，凸显了中医药的优势。有专家说，研发一种新药就像是大海捞针，而在5000年的中药经验指导下研发新药，则像是盆里捞针，甚至是碗里捞针，成功率往往要比完全从新老化合物中去找要高。

屠呦呦的创新让她获得了2016年度国家最高科学技术奖；2018年12月，党中央、国务院授予屠呦呦“改革先锋”称号，颁授改革先锋奖章。

青蒿素治疗疟疾是有效的，但同时，因为出现耐药性，它又在渐渐失效。屠呦呦团队面临新一轮的创新，在反复研究实验后，该团队提出了新的针对性治疗方案：一是适当延长用药时间，二是更换ACT疗法中已产生抗药性的辅助药物，对有抗药性的疟疾获得了与过去不同的明显疗效。这一成果坚定了人们的信心，也加固了青蒿素作为治疗疟疾第一线药的地位。由于性价比较高，青蒿素也是疟疾高发地区如非洲广大贫困地区人群的首选药物。

科学界认为，屠呦呦的创新成果极具示范意义。病原微生物的抗药性已成为医学领域的重点难题，屠呦呦团队的研究成果再次证明，采用多种（辅助）药物轮替的办法，是解决病原微生物耐药性的重要途径。

项目三　中国古代主要技术成就

科学技术源于生活，而生活需要各种实用技术。中华文明源远流长，其中，灿烂的科技成就是一个重要的组成部分，同时也是世界科学技术发展史上不可或缺的篇章，为人类文明发展做出了巨大贡献。除了引以为豪的“四大发明”外，我国古代的冶炼技术、造船技术、陶瓷技术等无不带有鲜明的先进而实用的烙印。然而，曾经应用广泛的古代实用技术，今天早已失传或正在消失，需要我们以现代技术手段复原和再现，需要我们从过去的科技发展历程中吸取精华，并总结其中的经验教训。

项目目标

◆ 知识目标

1. 了解冶铁、造船、陶瓷技术过程、影响等概况；
2. 理解冶铁、造船、陶瓷成就的特点。

◆ 能力目标

通过自主学习和实践活动了解中国冶铁、造船、陶瓷成就，引导学生主动探索思考，提高学生的信息提取和归纳能力。

◆ 素养目标

通过认知中国古代主要技术成就，培养学生的科技意识和精益求精、追求卓越的工匠精神，增强民族自豪感。

任务一 冶炼技术成就

一、青铜冶炼

商周到战国时期的青铜器被认为是中国古文明的象征。中国开始冶炼青铜的时期虽然晚于西方约千余年，然而后来居上，冶炼水平很快超过了西方。

从重 875 千克的司母戊方鼎、精美的曾侯乙尊盘和大型的随县编钟群，以及大量的礼器、日用器、车马器、兵器、生产工具等，可以看出当时中国的工匠已经非常熟练地掌握了综合利用浑铸、分铸、失蜡法、锡焊、铜焊的铸造技术，在冶铸工艺技术上已处于世界领先的地位。《考工记》中记载："金有六齐。六分其金而锡居一，谓之钟鼎之齐。五分其金而锡居一，谓之斧斤之齐。四分其金而锡居一，谓之戈戟之齐。三分其金而锡居一，谓之大刃之齐。五分其金而锡居二，谓之削杀矢之齐。金、锡半，谓之鉴燧之齐。"这是世界上最早的合金配比的经验性科学总结，表明当时的中国工匠已认识到合金成分与青铜的性能和用途之间的关系，并已定量地控制铜锡的配比，以得到性能各异、适于不同用途的青铜合金。

▲ 司母戊方鼎

二、铸铁冶炼

中国冶炼块铁的起始年代虽然迟至公元前 6 世纪，约比西方晚 900 年，然而冶炼铸铁的技术却比欧洲早 2000 年。中国铸铁的发明出现于公元前 5 世纪，而欧洲则迟至 15 世纪。由于铸铁的性能远高于块铁，所以真正的铁器时代是从铸铁诞生后开始的。社会发展的历史表明，铸铁的出现是社会生产力提高和社会进步的主要标志。中国从块铁到铸铁发明的过渡只用了约一个世纪的时间，而西方则花费了近三千年的漫长时间。中国古代炼铁技术发展得如此迅速是世界上绝无仅有的。英国著名科学史家贝尔纳说，这是世界炼铁史上唯一的例外。

中国另一杰出的生铁加工技术是炒钢，它是中国古代由生铁变成钢或熟铁的主要方法，大约发明于西汉后期。其法是把生铁加热成液态或半液态，并不断搅拌，使生铁中的碳份和杂质不断氧化，从而得到钢或熟铁。河南巩县铁生沟和南阳瓦房庄汉代冶铁遗址，都提供了汉代应用炒钢工艺的实物证据。东汉时成书的《太平经》中也说："有急乃后使工师击治石，求其中铁，烧冶之使成水，乃后使良工万锻之，乃成莫邪。""莫邪"是古代宝剑的名称。这段文字虽失之疏简，但不难看出，它叙述的是由矿石冶炼得到生铁，再由生铁水经过炒炼，锻打成器的工艺过程。炒钢工艺操作简便，原料易得，可以连续大规模生产，效率高，所得钢材或熟铁的质量高，对中国古代钢铁生产和社会发展都具有重要的意义。类似的技术在欧洲直至 18 世纪中叶方由英国人发明。

中国古代的炼钢技术主要是百炼钢。自从西晋刘琨写下"何意百炼钢，化为绕指柔"这一脍炙人口的诗句后，"千锤百炼""百炼成钢"便成为人们常用的成语。百炼钢肇始于西汉早期的块炼渗碳钢，其后还产生了不断增加锻打次数而定型的加工工艺。到东汉、三国时期，百炼钢工艺已相当成熟。上引《太平经》中的"万锻之，乃成莫邪"，即是其生动的写照。曹操曾令工师制作"百辟利器"，曹丕的《典论·剑铭》中说："选兹良金（指铁），命彼国工，精而炼之，至于百辟。"刘备曾令"蒲元造刀五千口，皆连环及刃口，刻七十二链"。晋崔豹《古今注》亦说："吴大皇帝有宝刀三、宝剑六：一曰'白虹'，二曰'紫电'，三曰'辟邪'，四曰'流星'，五曰'青冥'，六曰'百里'；刀：一曰'百炼'，二曰'青犊'，三曰'漏景'。"后世这一工艺一直被继承，并不断得到发展。

此外，在 1981 年经中国学者关洪野等人对 513 件出土的汉魏时期铁器研究表明，中国早在两千多年前的汉代就已经发明了球墨铸铁，远远早于欧洲国家。目前，中国学者所做的结论已经得到了国际学术界的认可。

始于魏晋南北朝时期的灌钢技术是中国冶金史上的一项独创性发明。陶弘景说："钢铁是杂炼生鍒作刀镰者"，北齐的綦毋怀文"造宿铁刀，其法烧生铁精，以重柔铤，数宿则成刚"，采用的就是灌钢技术。灌钢的工艺过程大致为：将熔化

中国古代十大名剑

中国古代十大名剑的记载，多见于古籍或上古传说，如《史记》《越绝书》《列子》《吴越春秋》。有些是真实存在，有些仅仅是传说或文学渲染的产物。常见的说法为：（1）圣道之剑——轩辕夏禹剑；（2）仁道之剑——湛卢；（3）帝道之剑——赤霄；（4）威道之剑——泰阿；（5）诚信高洁之剑——七星龙渊；（6）挚情之剑——莫邪；（7）挚情之剑——干将；（8）勇绝之剑——鱼肠；（9）尊贵无双之剑——纯均；（10）精致优雅之剑——承影。

▲ 百炼钢

的生铁与熟铁合炼，生铁中的碳份会向熟铁中扩散，并趋于均匀分布，且可去除部分杂质而成优质钢材。灌钢技术在宋以后不断被改进，减少了灌炼次数，以至一次炼成。沈括所著的《梦溪笔谈》卷三记载："世间锻铁所谓钢铁者，用柔铁屈盘之，乃以生铁陷其间，泥封炼之，锻令相入，谓之'团钢'，亦谓之'灌钢'"，并说"二三炼则生铁自熟，仍是柔铁"，正反映了灌炼次数的减少。其中把柔铁屈盘起来是为了增加生熟铁的接触面，提高灌钢的效率，并促使碳份分布更均匀；封泥则可以促进造渣，去除杂质，并起保护作用。明代灌钢技术又有进一步发展，据《天工开物》卷十四记载，已把柔铁屈盘改为薄熟铁片，进一步增加了生熟铁的接触面，加速"生熟相和，炼成则钢"的进程，泥封亦改为草泥混封。灌钢又称"抹钢""苏钢"，其工艺自清至近代仍很盛行。在坩埚炼钢法发明之前，灌钢法是最先进的一种炼钢技术。

▲ 灌钢法

任务二　造船技术成就

我国幅员辽阔，内陆江河纵横，湖泽星罗棋布，海岸线绵延围绕，得天独厚。为了征服江海，造福人类，我国古代劳动人民不断创造和发展了造船技术，并在许多方面长期领先于世界。

一、雏形期：新石器时期

早在新石器时代，我们的祖先就广泛使用了独木舟和筏，并以非凡的勇气和智慧走向海洋，为我国的航海业奠定了基础。《易经》有"刳木为舟"的说法。"刳"是"剖开、挖空"的意思，由此可知，这里所谓的"舟"就是挖空木头制成的独木舟，这是舟船发明以前出现的第一种水上运载工具。至于木排和竹排，现在一些边远地区仍在使用。独木舟和竹排、木排大概是古人看到落叶或树干在水上漂浮，从中受到启发的产物，反映了人们征服江海的最初尝试。

二、发展期：春秋战国时期

这一时期，我国的造船业有了长足的发展。《左传》提到公元前 525 年，吴国对楚国作战的水军有称为“余皇”的大船，吴王乘坐其上指挥战斗，这种舰船的功能类似于近代海军的旗舰。《左传》还提到公元前 485 年吴国曾派水军从海路进攻过齐国。当时吴国的大将伍子胥在回答吴王怎样训练水军时，列举了大翼、小翼、突冒、楼船、桥船等，并说明了它们的不同作用，可见当时船的种类已多了起来。那时越国的造船技术也很先进，有扁舟、轻舟等民用船，有戈船等军用船，有供官府使用的楼船。《越绝书》上提到越国和吴国都有“船宫”，即船坞或造船工厂。

三、第一个高潮期：秦汉时期

秦始皇在统一中国南方的战争中组织过一支能运输 50 万石粮食的大船队。据古书记载，秦始皇曾派大将率领用楼船组成的舰队攻打楚国。统一中国后，他又几次大规模巡行，乘船在内河游弋或到海上航行。

到了汉朝，以楼船为主力的水师已经十分强大。《汉书》记载，汉代名将马援曾率领过配备楼船的大小两千余艘的庞大海上船队。《太平御览》说，汉武帝时有一种称为“豫章”的大船，可载万人，船上有宫室。东汉末年刘熙所著的《释名》中也提到，汉代的大船有好几层，第一层称为“庐”，第二层称为“飞庐”，最高的一层称“爵室”。汉代造的船不但体积大，而且种类多，仅战船就有“先登”（冲锋船）、“斥侯”（侦察船）、“艨冲”（战舰）、“赤马”（快船）等。

▲ 中国古代造船场景（仿真）

1974 年，广州地区发现了一个巨大的秦汉时期的造船工场，它有 3 个东西向并列的造船台，长约 80 米。发掘情况表明，我国的造船技术在当时的确达到了相当高的水平。

四、创新期：三国两晋南北朝时期

三国时期，孙吴所据的江东，在历史上就是造船业发达的吴越之地。吴国所造的战船，最大的上下五层，可载 3 000 名战士。以造船业见长的吴国在灭亡时，被晋朝俘获的官船就有 5 000 多艘，可见其造船业之盛。到南朝时，江南地区已能建造载重 1 000 吨的大船。为了提高航行速度，南齐大科学家祖冲之“又造千里船，于新亭江试之，日行百余里”(《南齐书》卷 52)。它是装有桨轮的船舶，称为“车船”。这种船利用人力以脚踏车轮的方式推动船前进，虽然没有风帆利用自然力那样经济，但是这也是一项伟大的发明，为后来船舶动力的改进提供了新的思路，在造船史上具有重要地位。

五、第二个高潮期：隋唐两宋时期

隋朝造船业很发达，甚至建造了特大型龙舟。隋朝的大龙舟采用的是榫接结合铁钉钉连的方法。用铁钉比用木钉、竹钉连接要坚固牢靠得多。隋朝已广泛采用了这种先进方法。

到了唐宋时期，无论是船舶的数量还是质量，都体现出我国造船事业的高度发展。具体来说，这一时期造船业的特点和变化，主要表现在以下几个方面：

一是船体不断增大，结构也更加合理。船只越大，制造工艺也就越加复杂。唐朝内河船中，长二十余丈，载人六七百者已屡见不鲜。有的船上居然能开圃种花种菜，仅水手就达数百人之多，舟船之大可以想见。宋朝为出使朝鲜建造了“神舟”，它的载重量竟达 1 500 吨以上。有的大海船载重达数万石，舵长达三至五丈。唐宋时期建造的船体两侧下削，由龙骨贯穿首尾，船面和船底的比例约为 10∶1，船底呈“V”字形，也便于行驶。

二是造船数量不断增多。唐宋时期造船工场明显增加。唐朝的造船基地主要在苏（苏州）、扬（扬州）、杭（杭州）、江（九江）以及东方沿海的登州（烟台）、南方沿海的福州、泉州、广州等地。这些造船基地设有造船工场，能造各种大小河船、海船、战舰。到了宋朝，东南各省建立了大批官方和民间的造船工场。每年建造的船只越来越多，仅明州（浙江宁波）、温州两地就年造各类船只 600 艘。吉州（江西吉安）船场还曾创下年产 1 300 多艘的记录。

三是造船工艺越来越先进。唐朝舟船已采用了先进的钉接榫合的连接工艺，使船的强度大大提高。宋朝造船修船已经开始使用船坞，这比欧洲早了 500 年。宋代工匠还能根据船的性能和用途的不同要求，先制造出船的模型，进而依据画出来的船图施工。欧洲在 16 世纪才出现简单的船图。宋朝还继承并发展了南朝的车船制造工艺。车船是一种战船，船体两侧装有木叶轮，一轮称做一车，由人力踏动，船行如飞。南宋杨幺起义军使用的车船，高二三层，可载千余人，最大的有 32 车。古代船舶多是帆船，遇到顶风和逆水时行船就很艰难，车船在一定程度上解决了上述问题。车船是原始形态的轮船。

▲ 宋代楼船（仿真）

六、第三个高峰期：元明时期

元朝继承和发展了唐宋的先进造船工艺和技术，大量建造了各类船只，其数量与质量远远超过前代。元朝初期仅水师战舰就已有 17 900 艘。元军往往为一个战役就能一举建造几千艘战船。此外还有大量民船分散在全国各地。在当时，中国在航海船舶方面居于世界首位。元朝造船业的大发展，为明代建造五桅战船、六桅座船、七桅粮船、八桅马船、九桅宝船创造了十分有利的条件，迎来了我国造船业的新高潮。

明朝时期，造船的工场分布之广、规模之大、配套之全，是历史上空前的，达到了我国古代造船史上的最高水平。当时主要的造船场有南京龙江船场、淮南清江船场、山东北清河船场等，它们规模都很大。明朝造船工场有与之配套的手工业工场，加工帆篷、绳索、铁钉等零部件，还有木材、桐漆、麻类等的堆放仓库。当时造船材料的验收，以及船只的修造和交付等，都有一套严格的管理制度。正是有了这样雄厚的造船业基础，才会有明朝的郑和七次下西洋的远航壮举。总之，在经过秦汉时期和唐宋时期两个发展高峰以后，明朝的造船技术和工艺又有了很大的进步，登上了我国古代造船史的顶峰。

中国四大古船

中国四大古船是福船、广船、鸟船、沙船。

福船是对福建、浙江沿海尖底海船的统称。

广船是指产于广东的船舶，造型小巧玲珑。

鸟船是明清时期浙江、福建、广东沿海的一种小型快船。

沙船方头方尾，俗称“方艄”；甲板面宽敞，型深小，干舷低；采用大梁拱，使甲板能迅速排浪。沙船采用平板龙骨，比较弱，宽厚是同级缯船的 45%，结构强度仍比其他同级航海帆船大。它采用多水密隔舱，以提高船的抗沉性，七级风能航行无碍，所以沙船航程曾远达非洲。

任务三 陶瓷技术成就

早在原始社会的新石器时代，古人就烧制出了陶器，由于当时的社会生产力水平很低下，社会的物质文明程度不高，新石器时代的陶器具有粗糙、古朴及制作不精良的特点。

到了商代，出现了一种原始青瓷。这种瓷器胎色灰白，结构坚密，火候高，硬度大，叩起来能发出铿锵的金属声。原始青瓷介于陶器与瓷器之间，是陶器向瓷器发展的过渡品，它与一般陶器很不相同，而与瓷器有颇多一致之处，故人们多把原始青瓷视作瓷器。随着陶瓷的制作工艺进一步成熟，瓷器的制作逐渐成熟。

春秋战国时期，出现了在 1 200℃以上高温焙烧而成的青瓷，陶器上已经出现了各种优雅的纹饰和花鸟。这时的陶器也开始应用铅釉，使得陶器的表面更为光滑，也有了一定的色泽。青瓷的出现，标志着瓷器登上了历史的舞台。

西汉时期，上釉陶器工艺开始广泛流传开来。多种色彩的釉料也在汉代开始出现。

至东汉时期，青瓷的烧制进入成熟阶段。青瓷的加工精细，胎质坚硬，不吸水，表面施有一层青色玻璃质釉。这种高水平的制瓷技术，标志着中国瓷器生产已进入一个新时代。

▲ 唐三彩武神像

唐代是陶瓷从陶器跨入瓷器的时代。陶器与瓷器的分野，关键在于火烧温度能否达到 1 000℃以上。唐代瓷器烧成温度能达到 1 200℃，瓷的白度也达到了 70% 以上，接近现代高级细瓷的标准。这一成就为釉下彩和釉上彩瓷器的发展打下了基础。唐朝也是一个陶瓷繁荣发展的时代。著名的唐三彩是一种低温铅釉陶器，因经常使用黄、绿、褐三种色彩而得名，一般作为陪葬品，分为器皿、人物、动物，是我国古代陶器工艺的精品。其他著名的还有越窑（在今浙江绍兴）的青瓷、邢窑（在今河北邢台）的白瓷。

宋代是我国制瓷业极其辉煌的历史时期，各地新兴窑场不断，涌现了不少驰名中外的瓷窑。五大名窑——定、汝、官、哥、钧，就是其中的典型代表。定窑也称粉定，以烧白瓷而著称，口沿上不施釉，俗称“芒口”。汝窑专为宫廷烧制御用青瓷器，烧造工艺达到了中国陶瓷史上的极致。官窑的瓷器胎骨坚薄，釉色翠美清新，腴润如脂，纹片纵横，飘逸流畅。哥窑又称章窑，瓷器造型端庄古朴，器身釉色滋润腴厚，传世者弥足珍贵。钧窑以烧制乳浊釉瓷为主，兼烧黑瓷及白地黑花瓷，以其“入窑一色，出窑万彩”的神奇“窑变”而闻名。宋瓷在胎质、釉料和制作技术等工艺方面取得较高成就，品种丰富多彩、造型简洁优美、装饰方法多种多样。官私名窑名瓷都风格各异，有的清秀，有的浑厚，有的典雅，有的绚丽，有的淳朴，有的民间色彩浓厚，百花争艳。

▲ 景德镇制瓷工序之一——炼土

元代在景德镇设官窑，景德镇逐渐成为全国瓷器制造中心。制瓷业工艺进一步创新，出现了青花瓷和釉里红技法。青花是在白瓷上用钴料画成图案烧制而成，只用一种蓝色，但颜料的浓淡、层次呈现极其丰富多样的艺术效果；釉红是继钧窑之后出现的另一种红色表现方法，烧成不易，传世品极少。

明代窑址都趋于集中在景德镇，官窑和民窑都偏向于彩绘，宋瓷前都以单色釉为主，明代后流行彩绘，在坯身上记载款式也从此开始，年代、堂号、人名都有。成化瓷采用斗彩，先用青花料描出轮廓，釉烧之后，再加上釉上彩，填入五色，增加艳丽，极为有名。福建省德化白瓷，莹白而带透明感，生产的佛像相当有名，成为闽南的瓷业中心，代表了全国白瓷生产的最高水平。

清代前期和中期，我国制瓷工艺达到了历史高峰，造瓷技术有了更大进步，凡是明代已有的工艺和品种，大多有所提高或创新。雍正时期则以粉彩最有成就。粉彩的主要特征是色调柔和淡雅，比例精细工整，故又称“软彩”。粉彩先采用白粉铺底成立体状，再加上色彩，并染成浓淡明暗层次，清新透彻，温润平实，深具工笔花鸟之意味及浓厚的装饰性。乾隆时期综合各种工艺技法，运用在陶瓷之上。景德镇瓷胎运到宫廷，画院画工用进口珐琅彩加以彩绘，又称“瓷胎画珐琅”，极具宫廷气息，以“古月轩”作款式，称为古月轩瓷，属宫廷秘玩。

陶瓷烧成的几个阶段

瓷器的烧成主要可分为以下几个阶段：预热阶段（常温～300℃）、氧化分解阶段（300℃～950℃）、高温阶段（950℃～最高烧成温度）、高火保温阶段、冷却阶段。由于影响陶瓷烧成的因素很多，所以在操作中要根据具体情况来确定不同的烧成制度，通过窑炉的设备来控制窑内各部分气体压力呈一定分布，来保证温度制度和气氛制度。

项目拓展

取名“墨子”彰显文化自信

在量子科学实验卫星发射成功的同时，“墨子”，这个两千多年前古人的名字将与量子卫星一同遨游太空。“量子科学实验卫星取名‘墨子’，是为彰显我国文化自信。”中科院量子信息与量子科技创新研究院院长潘建伟告诉记者。

据潘建伟介绍，以墨子为代表的墨家在光学等领域有许多成就，比如《墨子》在世界上最早系统地阐释了“小孔成像”理论，以及光是沿直线传播的。“这是光学领域最重要的科学原理之一，奠定了光通信、量子通信等理论的基础。”他说，《墨子》甚至还走得更远：其关于“端”的论述指出，“端”是不占有空间的，是物体不可再分的最小单元，这在某种程度上提出了原子学说。英国学者李约瑟认为，《墨子》建立了中国古代第一个逻辑学体系，是与古希腊、古印度并列的三大古典逻辑体系。

“我国古代有非常伟大的科学家。以‘墨子’命名第一颗量子卫星，我们希望可以激发大家的文化自信，激励国人前进。”潘建伟说。

资料来源：https://finance.ifeng.com/a/20160816/14752598_0.shml.

任务活动

活动一：任务图解（30 分）

要求： 选取 10 个任务中的任意一个，画出简洁明了的思维导图。

活动二：文化体验（70 分）

主题： 制作以“讲述古代科学家的故事，学习他们的工匠精神”为主题的 PPT。

目的： 深入了解更多的科学家，学习他们身上的工匠精神，并把这种精神带入自己将来的工作中去。

1/5　角色构建

要求： 全班按人数均分成 5 个小组。

项目小组	组长	成员
一组		
二组		
三组		
四组		
五组		

2/5 设计与行动

资料准备	1. 教学平台发布“讲述古代科学家的故事，学习他们的工匠精神”主题信息或优秀作品示例
	2. 学生按组确定主题，提前构思 PPT（时间提前一周），确定自己小组的子命题
活动内容、活动方式及时间安排	1. 小组合作，搜集材料，确定主题制作 PPT
	2. 全班共同分享每组作品，每组选取 1 名成员对其作品进行展示及解说（每组 5 ～ 8 分钟）
	3. 由小组进行项目评估（不超过 10 分钟）

3/5 观察与评价

评价标准	符合要求（30 分）	内容全面（40 分）	表述清晰（15 分）	设计美观（15 分）	总分
一组					
二组					
三组					
四组					
五组					

4/5 反思与探究

从实施过程和评价结果两个方面，对上述活动进行反思。（可从活动内容是否完成、活动流程是否规范、活动是否完美等方面考虑）

5/5 修正与完善

根据反思与探究中寻求到的解决问题的方法，进一步修正和完善 PPT。

知识链接

1. 四大发明纪录片. CCTV 官网.

2. 杨金长. 中国古代科学技术史［M］. 北京：人民军医出版社，2007.

柒

模块七

中国地域文化

“多元一体”是中华民族的文化格局和特色，也是中华民族的重要优势。早在春秋战国时期，中国文化的区域格局就开始形成，经过一代又一代人的发展、传承，众多既相通又各具特性的地域文化共同书写了锦绣中华的历史画卷。

项目一 中国地域文化概述

我国幅员辽阔，人口众多，由于各个地域的自然地理、环境气候、政治经济、历史渊源、生活习惯、风俗民情等差异明显，从而形成不同的地域文化，在一定的区域内发挥着文化的功能，成为中国传统文化的一个重要分支。

项目目标

◆ 知识目标

了解中国地域文化的含义和特点，形成因素及格局。

◆ 能力目标

通过融会贯通的学习，培养学生对环境的审美情趣，激发学生爱家乡爱祖国的情怀。

◆ 素养目标

认识家乡和脚下的土地，加深对中华文化多元一体格局的了解，培养自信且包容的文化心态。

任务一　中国传统地域文化的含义与特点

有专家主张，中国地域文化专指中华大地特定区域的人们在特定历史阶段创造的具有鲜明特征的考古学文化。一些学者则将中国地域文化划分为广义和狭义，认为狭义的中国地域文化专指先秦时期中华大地不同区域范围内物质财富和精神财富的总和（本书的“中国传统地域文化”概念即采用了这一观点）；而广义的中国地域文化特指中华大地不同区域物质财富和精神财富的总和，时间上是指从古至今一切文化遗产。在此，中国传统地域文化专指先秦时期中华大地不同区域的文化，是中华大地特定区域源远流长、独具特色、传承至今仍发挥作用的文化传统。

地域文化中的“地域”是文化形成的地理背景，范围可大可小。地域文化中的“文化”可以是单要素的，也可以是多要素的。地域文化的形成是一个长期的过程，地域文化是不断发展、变化的，但在一定阶段具有相对的稳定性。例如：中国的四合院文化、阿拉伯文化、欧洲文化。总之，地域文化是指文化在一定的地域环境中与环境相融合打上了地域烙印的一种独特的文化，具有独特性。

地域文化的特点，是指某一区域中特有的、最有特色的，而不是普遍现象，集中反映在以下方面：

第一，方言。不同的方言会造成不同的文化心态，而同一方言又是同一区域人群交往的媒介，是地域文化中最富有特色的因素，成为区别不同文化区的重要标准。例如，大同乡一般只指祖籍，但小同乡更强调方言。历史上一些地域集团的形成与方言有关，如刘邦所依靠的“丰沛故人”，唐初政坛的“关陇集团”，北宋的“北人”“南人”等。

第二，饮食。这主要是指民间的日常饮食。民间饮食一般就地取材，并要求价廉物美，长期食用后形成习惯。如辣、酸、甜、咸、腌、腊、干等都与当地环境有关，重庆的毛肚火锅就满足了纤夫的特殊需要。此外还包括进食的方式。

第三，婚丧礼俗、民风民俗、节庆。维持一种风俗或礼

现代汉语七大方言

1. 北方话（简称北语）：北京话为标准语（影响力强）；2. 广东话（简称粤语）：广州话为标准语（影响力强）；3. 江浙话（简称吴语）：苏州话为标准语，今多以上海话为其代表；4. 福建话（简称闽语）：厦门话为标准语，但影响力不强；5. 湖南话（简称湘语）：长沙话为标准语，影响力不强；6. 江西话（简称赣语）：南昌话为标准语；7. 客家话（简称客语）：梅县话为标准语，在广东省的梅州、河源客语区影响力比较强，在其他地方或省份的影响力不强。

仪需要物质条件和经济实力，平时往往难以保持，但每逢婚丧喜事或节庆，就会不惜工本，即使下层贫民也会尽力而为，因而最能显示地方特色。

第四，民间信仰。中国人的宗教观念相当淡薄，而民间信仰非常强烈。民间崇拜的对象一般都与当地的利益有密切关系，因而长盛不衰。如刘猛将军是驱蝗英雄，所以在北方蝗灾区最受重视；二郎神是李冰化身，善治水，得到四川人的供奉；江西多山洪，许真君能治蛟，受江西人崇拜；江南丝桑发达，各地建有蚕神庙，崇拜蚕花娘娘；福建沿海信奉妈祖，祈求航海平安。

第五，民居。官方建筑、公共建筑、祭祀性建筑有一定的规格，可以不惜工本，但民居既要适合当地环境，又能为平民所接受，因而必定具有强烈的地方性。如西北人住窑洞，是地理条件决定的，也是因为当地缺少木材、石料。福建土楼也是适合当地特点的。外地引进的建筑，要么是富人的奢侈品，要么是一时流行。不过，若是外来建筑能适应地方特点，则也可能成为地方建筑特色。如上海的石库门，就是英国人引入的建筑风格，不过已经被上海人所接纳，并做了一些改变，成为上海的地方特色。

▲ 福建土楼

任务二　中国传统地域文化形成的因素

一、自然地理环境的不同

在交通运输不便的情况下，不同的自然环境所产生的文化上的差异就很难消失，会长期保存。我国疆域辽阔，必然包含了很多完全不同的地理环境。在不同的地理条件下，各地的物质条件不同，气候和自然条件也不同。一种文化的产生，主要还是取决于物质基础。自然条件不同还把中国天然分成了很多不同的区域，比如太行山地区，一边是绵绵的太行山，一边是大平原。历史上说山东、山西，就是根据山来分的。黄河、长江也是天然的障碍。黄河把山西与陕西隔了开来，长江天堑形成了江南、江北。各个区域的条件不同，加上交通不便，人们长期生活在具有不同物质基础的一个个区域中，逐渐形成各自的地域文化。现在的很多名词就与这些文化现象有关。总之，我国由于不同的自然地理环境提供了不同的物质基础，所以形成了不同地域的物质文明，那么在这个基础上就会产生不同的精神文明。

交通运输不便也导致了区域文化形成。交通不便的地方都有敬山神拜河神的习惯，这是因为长期被割裂在某个地方，对这个地方就产生了观念与感情甚至精神崇拜。天天看山的山区的人容易会对一些高山产生崇拜，认为神灵就住在山上。

二、移民对区域文化形成的影响

一个地方的文化说到底还是当地的人在起作用。某个地方的文化发生变化，最重要的影响因素就是移民。移民实际上也是一种文化流动。移民会把自己原来所拥有的文化带到他们定居的地方。移民还不仅仅是把文化带到所移居的地方，因为他已经定居了，归属于所移居的地方了，那么就要积极地发挥自己的作用，或者说要学习当地的文化，这样就有了文化的交流，也有了形成新文化的可能性。

历史上，如果外来的移民占主流、较强势的话，那么很可能外来的文化就取代了当地的文化。这个取代有多方面的含义：一种情况是移民多；另一种情况是移民并不一定数量多，但具有政治上、文化上和经济上的强势，结果就是强势文化取代了当地的文化；还有一种情况是土客相当，土著文化很厉害，外面迁进来的移民、客民的文化也很强，双方势均力敌，那么就会出现两种文化的碰撞，以至于最后融合，最终形成一种与原来的地区文化不同的新文化。如果上述几种情况都没有，就是一个地方人口不流动，一般来讲这种文化就会凝固，会长期延续下来。其好处是把以前的文化保存下来了，所以我们现在到一些经济落后、交通闭塞、人员几乎不流动的地方去，往往会发现那里古风犹存，一百年甚至几百年以前的文化还保留着。

中国南方和北方是怎么划分的

目前，我国地理上区分南北方的标准“秦岭－淮河”一线。

这样划分的主要依据是根据降水量、等温线等。秦岭、淮河南北由于降水量、年均气温不同，造成了气候、地理环境等差异，从而导致了人们生活习惯等人文差异。秦岭－淮河一线南北差异对比明显，所以，秦岭－淮河一线就成了中国南北方天然的地理分界线，也从地理学上定义了它的南北方分界线作用。

秦岭－淮河一线以北以旱地为主，主要种植小麦，人们以面食为主食，绝大部分地区属于暖温带。秦岭－淮河一线以南以水田为主，主要种植水稻，人们以大米为主食，绝大部分地区属于亚热带。

三、政治权力与行政区划的影响

中央集权之前，分封割据是主流。西周分封 71 个诸侯国，因为当时的交流不便利，中央无法直接管理地方。统治者的个人意志影响巨大，各个诸侯国的习惯为君王所定，如赵武灵王胡服骑射（汉族向少数民族学习）、北魏孝文帝改革（少数民族向汉民族学习）。中国历来以农立国，所以统治者一直推广农业（本业），不支持其他行业（末业）发展。新中国成立以后，国家大力推广普通话，有些方言逐渐开始消亡。

▲ 北魏孝文帝改革

四、民族分布

中华民族是一个伟大的民族，是一个勤劳勇敢、富于创造性的民族，是一个具有五千年的文明历史、对东方文化曾发挥过重大作用、对全人类的文明有过巨大贡献的民族。我国少数民族地区的一般特点是：一是地域广大，人口稀少，许多少数民族住在山区、高原、牧区和森林地区；二是物产资源丰富；三是大都位于我国的边疆，属于国防要冲。

由于历史上多次的民族迁徙屯田、移民戍边、朝代更迭等原因而引起的人口变动，使我国形成了各民族既杂居又聚居、互相交错居住的状况。有些少数民族既有一块或几块聚居区，又散居在全国各地。各少数民族在经济、政治和文化生活方面不仅相互影响，而且都和汉族有着密切的联系。

中国历来是个多民族的国家，各民族在迁移时都会带去本民族文化，但是由于地理条件的不同，因此也会有所改变。例如从东汉开始，北方与西北地区的游牧民族大批南迁。魏晋南北朝时，北方很多地方已经变成以少数民族为主，其中主要是匈奴、鲜卑、羯、氐、羌，当地的地域文化因此发生了一个重大的变化——由农变牧。少数民族的迁入使黄土高原的很多土地由耕种变成放牧，很大程度上减少了水土流失，减轻了自然灾害。由此我们可以看到：一方面，汉族文化促进着少数民族文化的发展；另一方面，少数民族文化也促进着汉族文化的发展。从西南、西北少数民族地区看，那里的一些汉人往往也会受当地文化的影响。

任务三　中国传统区域文化格局

中国传统区域文化的形成经历了特定的道路，具有不同的特点。春秋战国时期的区域文化格局形成，基本上发生在东部汉族区域的内部，到隋唐以前，共同性渐增，差异性渐减。但在隋唐以后，以少数民族文化为主的新的区域文化又加入进来，起初是与汉文化频繁发生碰撞，后逐渐变成了汉文化圈内的组成部分，走上共同性渐增，差异性渐减的轨道。

文化驿站

齐鲁

一、齐鲁文化

齐鲁之地古称“海岱”，是因为它以泰山和大海为地理标志。新石器时代，东夷在这里创造了北辛、大汶口和山东龙山等文化系列，成为齐鲁文化的源头。齐鲁文化一直具有文化的和政治的象征意义，基本代表了华夏文化传统的正宗。齐鲁之地的农业发达，又因濒临海洋和运河、黄河，商业城市比较繁荣，民间手工业如陶瓷、纺织、冶炼等也颇为发达。因此，鲁的农业，齐的工商业，加上孔子、孟子、管子、墨子、孙武等大批文化巨人，构成了齐鲁文化的鲜明个性。一般来说，齐鲁文化具有粗犷古朴、豪爽热烈的特点。

▲ 稷下学宫画像

世界最早的高等学府：稷下学宫

世界最早的高等学府，是战国时期齐国的官办高等学府、文化圣地、战国时期的国子监——稷下学宫。

稷下学宫创建于齐威王初年，有孟轲、邹衍、淳于髡、申不害、鲁仲连、慎到等1 000多“稷下先生”，“稷下学士”有“数百千人”。《晏子春秋》《管子》《司马法》《宋子》《田子》等诸多著作在此产生。

稷下学宫在战国时期的作用相当于如今的智库和社科院，为政府和相关组织提供智力支持，在当时的大环境下，就是服务于七国的政事以及诸子百家的学术争鸣。

二、燕赵文化

燕赵之地主要是指今天的河北和山西、陕西的中北部地区。燕赵地区气候相对干冷，农业以粟、豆类为主，畜牧业也占相当地位，赵的城市商业比较发达。燕赵文化虽属汉族农业文化地区，但由于燕赵处在当时的农牧分界线地区，因此燕赵文化与边外游牧文化关系密切。在十六国和北朝、辽、金、元、清等朝代，燕赵之地一直处在胡汉交融的状态；为了抵御外侵，燕赵之地的人们形成勇武好搏击的特点，具有悠久的武术传统。自金开始，历代统治者在北京建都，都市文化的特点也在很大程度上影响了燕赵文化，文化特点具有一定的“正统性”，文化娱乐等方面受宫廷和北京市民文化影响较大。

三、三晋文化

三晋之地主要包括今天的山西大部、河南的北部和中部。三晋文化可以说是“中原文化”的代称。受地理位置影响，各种文化碰撞交流于此，使这里的文化呈现一种共享性。商业的流动性和因水患、战乱和灾荒引起的人口流动，造成这里人口频迁的特点。特别是三晋之地地处平原，交通四通八达，因此区域文化的特点不如其他地区明显。

四、三秦文化

三秦之地，即今陕西地区，还包括甘肃、宁夏的东南部。秦人以法家思想治国，文化上具有鲜明的功利主义特点，加之其地理位置便于与北方和西域的文化交流，使其在农耕文化的基础上，具有包罗万象、兼容并蓄的特点，不仅留下了历史上各民族文化、各种宗教、各种艺术形式的痕迹，商业文化也很发达。后来由于文化中心逐渐向东南转移，这里的社会经济文化发展逐渐滞后，原有文化的开放性日益减弱，保留了较为传统的文化心态。

五、荆楚文化

荆楚文化的分布，包括今天湖北、湖南、安徽、江西的西北部和河南的南部，其中以湖北、湖南和安徽的部分为核心地区，淮河流域和鄱阳湖流域等作为其边缘地区。在上古的三苗文化基础上，华夏文化的主流汇合了当地蛮夷文化的支流，共同构成了荆楚文化。由于这里以丘陵和江湖为主要自然地理特征，加上民族文化源流丰富，使荆楚文化极具特色，比如文学艺术神奇浪漫、民间生活崇巫尚鬼等。

六、吴越文化

吴越文化以太湖为中心，包括今天的江苏、浙江、上海地区，影响到安徽东部和江西的东北部。这里气候温和，土地肥沃，水网密布，雨量充沛，农业极为发达。经过长时期的历史发展，中国经济和文化重心逐渐从北方转移到这里。到明清时期，沿海的地理优势充分显露出来，商业贸易迅速发展起来，城市极为繁荣。以“吴侬软语”为特征的吴语是汉语七大方言之一，构成独特的语言文化系统，强化了这里的区域文化特征。吴越文化风格细腻、恬淡、婉转、雅致、清新，与北方各区域文化形成鲜明的对比。

七、巴蜀文化

巴蜀文化以四川为中心，辐射到陕南、鄂西和云贵部分地区，由川东的巴文化和川西的蜀文化共同构成。由于这里与中原地区存在自然阻隔，有助于强化地域色彩浓厚的文化传统。巴蜀文化的风格以热烈、诙谐、高亢为特征。

八、其他区域文化

岭南文化，从较宽泛的意义上说，包括广东、海南、福建和广西的部分地区性文化（台湾、香港、澳门地区文化基本上属于这一地区的移民文化）。岭南文化带有浓厚的域外色彩，家庭组织和区域性组织较发达，具华洋混合的新文化风格。

东北地区在辽、金、元、清时期具有浓厚的游猎文化特色，在不断与汉族文化融合过程中，在辽东地区形成了农耕文

▲ 女真人的游猎文化

化与游猎文化交融的特征。

毋庸讳言，一方面，随着文明程度的提高，文化交流的日益频繁，我们已经深切地感受到因地域因素而形成的异质正在慢慢地淡化缩小；另一方面，这种因地域背景不同而形成的文化特征，恰恰是构成多元文化格局的最关键的、最基本的要素，必将越来越受到现代人的关注和重视。

项目拓展

下面是传统相声《学大鼓》的台词片段，内容反映了清末民国时期许多有地域文化特色的艺术、职业，可以尝试找同学合作表演一下，然后谈一谈你的家乡现在有哪些本地特色的产业、行业或艺术形式。

甲：曲艺形式很多，各地方有各地方的曲艺。

乙：都有什么？

甲：相声、单弦、京韵、梅花，这都是北京的曲艺形式。

乙：对，这些个曲艺都是北京人唱的多。

甲：你像河南坠子，就不是北京人演的，那是河南人唱的多。

乙：河南坠子嘛。

甲：西河大鼓，是河间府、胜芳一带人多。

乙：哎。

甲：苏滩，苏州人多。

乙：噢。

甲：滩簧……

乙：哪儿的人多？

甲：上海人多。弹词……

乙：哪儿的人多？

甲：苏州人多。小调……

乙：哪儿的人多？

甲：扬州人多。花鼓儿……

乙：哪儿的人多？

甲：凤阳人多。影戏……

乙：哪儿的人多？

甲：滦州人多。练把式的……

乙：哪儿的人多？

甲：沧州人多。耍猴儿的……

乙：哪儿的人多？

甲：吴桥人多。卖砂锅的……

乙：哪儿的人多？

甲：高唐人多，卖草帘子的……

乙：哪儿的人多？

甲：六安人多。猪肉铺……

乙：哪儿的人多？

甲：山东人多。开当铺的……

乙：哪儿的人多？

甲：山西人多。剃头的……

乙：哪儿的人多？

甲：宝坻县人多。修脚的……

乙：哪儿的人多？

甲：定兴县人多。跳舞的……

乙：哪儿的人多？

甲：哪儿人都多！

乙：啊？

甲：我知道哪儿的人多呀？哪儿的人不许跳舞哇？

乙：你也不知道啦！

项目二 中国北方地域文化

我国幅员辽阔，气候、地理、历史等多方面的因素决定了南方、北方显著的区域文化差异。北方的黄河中下游以及黄河支流渭河、汾河、洛河沿岸，产生了华夏文明史上最早的国家组织——夏、商、周，形成了最早的华夏文明核心区。燕赵文化、齐鲁文化、三晋文化、三秦文化等北方地域文化，一方面各自呈现独具特色的自身风貌，另一方面，也多具有质朴、雄浑、直爽、豪迈等较为接近的共同特征。

项目目标

◆ 知识目标

了解多姿多彩的中国北方地域文化，重点认识燕赵文化。

◆ 能力目标

通过学习、搜集家乡地域文化并做公开介绍、展示，提高自主进行专题性学习的能力，锻炼综合概括和现场讲解的能力。

◆ 素养目标

认识家乡和脚下的土地，加深对中华文化多元一体格局的了解，培养自信且包容的文化心态。

任务一　燕赵文化

燕赵文化是在燕赵大地的历史传承中自然形成的，因此它是一种客观存在。同时，它必然会体现于燕赵人民的历史与社会的生产、生活实践之中，诸如思想、观念、道德、风尚、吏治、民情等方面。具体来说，它体现于这块土地上所发生的一系列历史事件之中，体现于这块土地所滋养与熏陶出来的众多历史人物身上，同时它也贯注、迸发于这块土地上的文学、艺术以及建筑、技术之中。

一、燕赵文化概述

燕赵文化是燕文化与赵文化的合称。因为我国历史上在战国时期有齐、楚、燕、韩、赵、魏、秦七国并存的局面，而燕国与赵国都在这七个列强之中，又因为燕、赵两国毗邻，在文化特点上有很多共性，而且在历史的发展、演变中，燕、赵两国的版图大都归属于今天的河北省。所以“燕赵文化”更多的是指河北的传统文化而言的。又由于今天河北文化离不开对传统的燕赵文化的继承，所以今天人们又常常以燕赵文化代指有所继承、又有所发展的河北文化。

文化驿站

燕赵文化

从赵武灵王“胡服骑射”、赵惠文王派蔺相如出使秦国“完璧归赵”、赵国大将廉颇到宰相蔺相如府“负荆请罪”、燕昭王“卑身厚币”筑黄金台招贤纳士而使燕从贫弱至富强、燕国大将乐毅率兵伐齐大获全胜、燕太子丹遣士图秦的“荊轲刺秦”等，一种被后人视为“燕赵风骨”的燕赵文化精神就已逐步形成。东汉末年以张角为首的“黄巾起义”，隋末声势浩大的窦建德起义，唐代的刘黑闼起义，宋代的王则起义，金代燕赵军民的抗金斗争，元代的韩山童起义，明代的刘六、刘七起义，清代的义和团运动，直至抗日战争中的白洋淀抗日武装“雁翎队”，冀东南的“敌后武工队”，以及冀西山区的“地雷战”、冀中平原等地的“地道战”等，无不表现出慷慨悲歌、勇武豪壮的燕赵风骨。至于体现出此种燕赵文化精神的燕赵历史人物，那更是数不胜数。

二、燕赵风骨与河北民间艺术

▲ 河北梆子《长剑歌》剧照

（一）地方戏曲

“风萧萧兮易水寒，壮士一去兮不复还！”具有阳刚之美的昂扬、豪放、慷慨悲歌的“燕赵风骨”，几乎体现在燕赵大地所有的民间艺术之中，在极具特色的河北梆子中更得到比较突出的表现。河北梆子唱腔高亢激昂、声如裂帛、音韵铿锵。其他河北地方戏曲也都具有类似特色，如唐山皮影唱腔跌宕起伏、刚中有柔等。

（二）民间音乐

河北民歌的主要体裁有山歌、劳动号子、小调三大类。山歌主要流行于张家口、承德北部与河北西部沿太行山各地，曲式简练，节奏自由，曲调粗犷奔放、辽阔高亢；劳动号子种类较多，多与劳动生产直接相关，节奏铿锵有力，音调昂扬响亮；遍布河北各地的民间吹歌热烈欢腾、音色嘹亮、抑扬顿挫、亢烈奔放，颇具“燕赵风骨”的艺术特色，在全国影响很大，邯郸永年有“吹歌之乡”的称号。

（三）民间舞蹈

燕赵地区具有代表性的民间舞蹈有冀东地秧歌、沧州落子、井陉拉花等。冀东地秧歌形式自由灵活，动作丰富独特，道具多种多样，伴奏以唢呐为主，配以打击乐。沧州落子动作受沧州武术影响，舞蹈造型丰富，步态劲健有力，节奏感很强，道具多用鞭、板，艺术风格独特。井陉拉花在艺术特色上也颇能体现“燕赵风骨”，其动作富有韧力，从欲高先低、欲放先收和夸张的抖肩、下肢的高抬稳落、前走后退，腰臀的左右晃摆、上下颠颤等步行山路的模拟动作看，在具有北方民间舞蹈的共同特点之外，更具有燕赵民间艺术的特殊风采。

▲ 冀东地秧歌

（四）工艺美术

燕赵地区的年画、剪纸、雕塑、编织、刺绣等独具特色，其中最具代表性的当属武强年画和蔚县剪纸。武强年画构图线条粗放简练、遒劲健美，色彩对比强烈，浓艳而不凝滞，明快而富有变化，烘托出一种喜气洋洋的气氛。其题材大都与民间习俗和生活有密切关联，主题突出，表现人民群众的爱憎好恶，在古朴稚拙中充满浓厚、鲜活的民间生活情趣。以窗花为主的蔚县剪纸，色彩渲染鲜艳浓重，刀法以阴刻为主、阳刻为辅，具有很强的乡土村野淳朴风格。

▲ 武强年画

三、燕赵风骨与燕赵古代建筑

燕赵大地的建筑以雄浑壮伟为主要特点。

（一）长城与帝王陵寝建筑

最能体现燕赵古代建筑雄浑壮伟特色的是长城。河北境内明长城约 1 200 千米长，蜿蜒于崇山峻岭与深壑大川之间，构筑复杂、气势磅礴，是明长城之精华，其中被誉为“天下第一关”的长城重要关隘山海关与地势险要、建造精美的金山岭长城尤具代表性。

▲ 山海关城门

此外，遵化清东陵与易县清西陵，作为帝王陵寝建筑，其庄严肃穆、辉煌壮伟的美学特色也极为突出。清东陵规模恢宏、布局严整。清西陵崇丽辉煌。

（二）楼阁建筑

河北古代著名阁楼建筑凸显了燕赵建筑文化之风骨。其中的代表性楼阁建筑有三个：一是蔚县玉皇阁，为明初所建供奉玉皇大帝的神庙，颇为弘整高峻、雄伟壮观。阁内墙壁上所绘神像及“封神图”壁画，人物形象栩栩如生，场面宏大，色彩艳丽。二是保定大悲阁，始建于宋金时期，阁内两壁十八罗汉画像栩栩如生，飞檐角翼上走兽形态各异。三是定兴慈云阁，始建于元，雕梁画栋，宏伟壮观，为元代建筑珍品。

（三）桥梁建筑

河北古代桥梁建筑极具特色，驰名中外的河北赵县安济桥拱长 37 米，如长虹凌空，气势雄伟。大拱两肩，对称地砌筑了四个小拱，既增大流水通道，又减轻桥身重量，使桥体在恢宏之中，又显现出矫健、轻盈的美感。河北著名的古桥还有：赵县永通桥、永年弘济桥、邯郸学步桥、安国伍仁桥、沧县杜林桥、献县单家桥、衡水安济桥、涿州永济桥等，均各有特色。

（四）宗教建筑

河北古代佛教建筑内容博大精深，声名远播四海。佛寺有全国十大名寺之一的正定隆兴寺。其他的有被称为“艺术宝窟”的邯郸鼓山石窟南、北响堂寺；以精美的古代壁画闻名于世的石家庄市郊毗卢寺；古朴端庄、气势宏大的千年古刹赵县柏林寺等。河北古塔数量也不少，其中有被誉为“中华第一塔”的定县开元寺塔。其他有正定开元寺塔、曲阳修德寺塔与丰润车轴山花塔等。河北古代道观、祠宇、坛宫与清真寺等建筑数量也颇为可观。如曲阳北岳庙、涉县娲皇宫、承德热河文庙、兴义慈惠石柱、沧州清真北大寺等。

▲“中华第一塔”定县开元寺塔

（五）园林建筑

河北古代园林建筑主要有承德避暑山庄、保定莲池和邯郸武灵丛台等。承德避暑山庄将平易朴素与皇家风范统一在一起，具有宁拙勿巧、淡泊素雅的风格。保定古莲池始建于金，北岸碑廊嵌有王羲之、怀素、颜真卿、米芾等历代名家的书法碑刻，堪称书法艺术宝库。邯郸武灵丛台相传建于战国，是赵武灵王观看军事操练和休息娱乐的地方。

唐山皮影

唐山皮影是一种由民间音乐、舞蹈、说唱和民间美术等组合而成的综合性表演艺术，其唱腔源于当地民歌、民谚、俚曲、叫卖调、哭丧调等乡土韵唱腔调，音韵起伏摇荡，刚中有柔。

▲ 承德避暑山庄

任务二　三晋文化

一、三晋文化概述

三晋文化系战国时期韩、赵、魏三国的合称。当时的晋或三晋疆域都远超过山西。后世所用的晋或三晋则指现山西省。西侯度文化、匼河文化、丁村文化、许家窑文化、峙峪文化，直到 14 000 多年前的下丁川文化，形成我国旧石器时期原始文化发展的完整序列。晋是黄河流域文化的中心，华夏文明的重要发祥地。

山西历史文化脉络清晰，框架完整；山西文明进程从未间断，影响深远。山西历史从史前文明的旧石器时代发端，历经尧舜禹和夏商周数千年的演进，到晋国和三晋时期已经形成有别于其他地域文化的显著特征。秦汉以来，山西历史文化更加多姿多彩、灿烂辉煌。山西历史文化的完整性、先进性以及艺术性，对中华民族的精神、风俗、习惯的形成产生了重要作用，对华夏五千年文明史产生了巨大的辐射力、渗透力和影响力，从而使山西成为地方文化特色最浓厚的地区之一。

文化驿站

三晋文化

山西人会经商，善理财。明清山西商人称雄国内商界五个多世纪，“生意兴隆通四海，财源茂盛达三江”，他们的成功，令人钦佩。每一种社会实践活动都有一种特殊的精神作为其灵魂，这种内在的灵魂是实践活动中最活跃的能动力量，而从事这一活动的人就是这一特殊精神的创造者和实践者。明清山西商人的成功，就在于他们是在一定的历史条件下自觉和不自觉地发扬了一种特殊精神，包括进取精神、敬业精神、群体精神，我们可以把它称为“晋商精神”。这种精神也贯穿晋商的经营意识、组织管理和心智素养之中，可谓晋商之魂。

二、三晋文化与山西民间艺术

（一）地方戏曲

山西戏曲艺术以其悠久的历史、丰富的剧种，居全国前列。山西地方剧种多达54个，占全国的1/6。山西地方剧种中的“大戏”，是人称“山西四大梆子”的蒲剧、晋剧、北路梆子和上党梆子等。这些剧种唱腔慷慨激越又委婉柔和，具有粗犷豪放而又细腻缠绵的艺术风格。山西地方小戏特别多，如上党落子、晋南眉户以及受宗教文化影响的道情戏、广泛流行于山西各地的秧歌戏等。

▲ 北路梆子《金水桥》剧照

（二）民间音乐

山西珍贵的“古典乐曲”很多，至今仍有不少在民间流传。其中忻州地区的《八大套》被誉为“中国民间音乐宝库中的瑰宝”。山西的民间乐曲大体分为三类：一是由各地吹鼓手班子演奏的鼓吹器乐曲；二是由各地群众闹社火时用多种乐器演奏的曲调；三是由僧道流传下来的“庙堂音乐”或僧道杂乐。山西的鼓吹乐遍及全省，而以忻州和晋中地区的规模最大、最有名。在山西民间流行的器乐形式中，最有名的是长治的八音会和洪洞的威风锣鼓等。

（三）民间舞蹈

山西还有100多种民间舞蹈，它们同样源远流长，具有浓郁的地方色彩。其中鼓类舞蹈有花鼓、转身鼓、扇鼓、迓鼓；秧歌舞有踢鼓子秧歌、凤秧歌、汾孝地秧歌、狮子舞、龙舞等。远在先秦时期，太原一带就有“蚩尤戏”，舞者三五成群，头戴牛角，相抵作戏。

▲ 中阳剪纸

（四）工艺美术

中阳剪纸作为首批入选国家级非物质文化遗产名录的项目，它所蕴藏着的大量极具历史文化价值的图腾符号，是一种原生态的文化现象。山西现存唐朝以来的彩塑作品12 712尊，这些彩塑造像庄重丰满，神形俱佳，极富时代特征。山西古代壁画以寺观壁画为主，寺观壁画大多是在土坯泥墙上彩绘的壁画。如五台山佛光寺东大殿的壁画、永乐宫壁画等。墓葬壁画是山西古代壁画的又一种类型，如寿阳县北齐库狄迴洛墓壁画、太原王郭村北齐东安王娄睿墓壁画等，都有很强的时代特征和地域文化特征。

三、三晋文化与山西古代建筑

（一）山西木构建筑

我国最古老的木构建筑是唐朝建筑，现存的几座完整唐朝木结构殿堂都在山西。较完整的四座唐朝木构建筑是五台山南禅寺正殿、五台山佛光寺东大殿、芮城广仁王庙正殿和平顺天台庵正殿。建于辽代的应县木塔规模宏大，是我国古代建筑功能、技术、造型艺术有机统一的完美范例，是有建造木塔历史以来保存下来的一座最古老的木塔，是我国乃至世界现存最高大的木结构建筑。

▲ 应县木塔

（二）山西砖石建筑

山西是现存古代长城时间跨度最大的地区。山西保存了战国以来两千余年的长城 2 500 多千米，其中东魏、北齐、隋、宋四朝长城为山西独有。山西古代墓葬石雕艺术也达到了相当高的水平。如太原晋源区隋朝虞弘墓出土的汉白玉石椁，雕绘内容包括宴饮、乐舞、射猎、家居、出行的场景，充满异国风情，对研究古代东西方文化交流和中国绘画史具有重要意义。

（三）山西石窟

山西石窟艺术的成就非常突出。北魏至明清的石窟寺多达 300 余处，其中云冈石窟、龙山石窟、天龙山石窟这几处国家级的文物保护石窟艺术价值极高。云冈石窟亦被列入世界文化遗产。在开凿手法和雕刻技巧上，云冈石窟创造了影响深远的“平城艺术模式”。我国最大的道教石窟是太原的龙山石窟，龛内有 40 余尊造像，雕工朴实，刀法流畅，线条简练，给人以庄重浑厚和风格粗犷的艺术美感。

晋商

通常意义的晋商是指明清 500 年间的山西商人，晋商经营盐业、票号等商业，尤其以票号最为出名。

晋商可以追溯到隋唐之间的武士彟（武则天之父）。李渊父子从太原起兵时，木材商人武士彟从财力上大力资助，李渊父子就是凭借当时天下最精锐的太原军队和武士彟的财力开始夺取全国政权。晋商发展到清代，已成为国内势力最雄厚的商帮。世界经济史学界把他们和意大利商人相提并论，给予很高的评价。这一时期，晋商雄踞中华，饮誉欧亚，辉煌业绩中外瞩目。特别值得指出的是，在晋商称雄过程中，晋商树立了三座丰碑，即驼帮、船帮和票号。

（四）城市建筑

山西有着众多的古城，其中列入国家历史文化名城的就有大同、平遥、祁县、代县、新绛五处。平遥还以“一城、两寺”的人文建筑优势入选了世界文化遗产。平遥这个尧舜时代就有记载的古地，历经几千年后，成为中国古代县城的标本，保存完整的平遥古城，向世界展示着中国明朝的县城建置、官衙方位、街道规划、民居建筑、商街店肆的真实状况。

（五）民居建筑

▲ 平遥古城

具有鲜明时代特征和地方特色的山西民居是我国北方民居的典型代表之一。山西现存比较完好的明清民居建筑群多达数十处，如晋中的乔家大院、王家大院、曹家大院、渠家大院、常家庄园等院落建筑群。这些凝聚着中华民族传统文化的民居建筑，大都古朴厚重，高大结实，构成了一座座封闭的城堡，一座座幽深的庭院。山西老宅院是中华民居建筑艺术的经典之作，反映了几个世纪前建筑艺术的杰出成就。

任务三 三秦文化

一、三秦文化概述

文化驿站

三秦文化

三秦文化闻名遐迩。这里是中国古人类和中华民族文化重要的发祥地之一，是中国历史上多个朝代政治、经济、文化的中心，是中华民族历史文明最早走向世界的地方，也是现代中国革命的圣地，为炎黄子孙的生存、繁衍和人类历史文明作出了独特的贡献。

（一）文明发祥

陕西是中华民族光辉灿烂的古代文明发祥地之一。大约在 80 万年前，蓝田猿人就生活在这块土地上，开始制造和使用一些原始的工具，采集果实和狩猎鸟兽。1963 年在蓝田发现了国内时间最早、最为完整的猿人头盖骨化石。约三四万年前，关中地区的原始人类逐步进入氏族公社时期。1953 年发现的西安半坡村遗址，就是六七千年前母系氏族公社的一座定居村落。

（二）农业发祥

陕西是我国农业生产开发最早的地区之一。大约在 6 000 年前，半坡人就在这里从事农业生产，饲养家畜，打猎捕捞，采集果实。当时种植的谷物主要是粟。传说中最早从事耕种稷和麦的人，是陕西关中周人的祖先。到了西周末年，关中地区的农业生产有了新的发展，并向其他地区传播。

（三）对外开放发祥

陕西是我国对外开放最早的地区之一。著名的“丝绸之路”就是以古长安为起点的，自两汉时期就同南亚、西亚、欧洲各国进行政治、经济、文化交流。

（四）文化发祥

陕西是远古文化的摇篮之一。陕西从西周时起，就进入了一个新的历史发展时期。周代的古阴阳历是我国最早的历法。秦阿房宫、秦始皇陵、汉阳陵、乾陵等都记录印证了博大精深的陕西古代文化，其中已开发的秦始皇兵马俑坑，就展现了一个巨大的地下雕塑艺术宝库，反映出当时高超的艺术水平，是我国文化史上的一个光辉篇章。

由于地形差异，该地区北部畜牧业地区崇尚武力，民风强悍，关中旱作农业地区民风以淳厚、古朴为尚，秦巴山地的人剽悍勇猛，坚忍不拔。在古代海上交通不发达的情况下，陕西长期作为政治中心，地处中国大西北的门户，交通便利，地理位置优越，是连接中国东中部地区和西北、西南的交通枢纽，进而形成了三秦文化的多样性和思想学术的多样性。

二、三秦文化与陕西民间艺术

秦腔

秦腔被称为百戏之源。秦腔板腔音乐结构可以归纳为“散板—慢板—由中板而入于急板—结束”的过程，也即打板节奏从慢到略快、快、极快、结束以前的渐慢、最终结束的过程。秦腔唱腔中还有一个特点就是“彩腔”，假嗓唱出，音高八度，多用在人物感情激荡、剧情发展起伏跌宕之处。

（一）地方戏曲

秦腔作为最具代表性的陕西地方戏，是地域文化的精粹和集大成者。秦腔以其慷慨激越、豪放悲壮的唱腔特点，鲜明地体现了秦人的性格特点和秦地的文化特质。陕西的皮影戏较为出名，主要分为东路皮影和西路皮影。另外，三秦地区的民间还流行委婉细腻的眉户、碗碗腔，欢快流畅的花鼓戏、秧歌戏，巴蜀风情的弦子戏、端公戏等地方小剧种，展示了秦地文化的多样性。

（二）民间音乐

陕西民间音乐常见的乐曲调门及表演形式主要有长安古乐、上阳化鼓乐、陕北民歌。长安古乐是继承唐朝音乐传统并不断创新的有歌有舞的大型古乐套曲。上阳化鼓乐是对流行于周至县上阳化村鼓乐的专称，其特点是层次分明、鼓点刚柔兼备。流行于陕北榆林、延安、神木等地的民间山歌、小调、对曲、信天游等曲目，统称“陕北民歌”，其中信天游是最富特色、流行最广的一种山歌形式，其音调、音色奔放高亢、舒展明快，极为美妙，彰显三秦人民强悍、直爽、坦诚、质朴、倔强的性格特征和精神风貌。

▲ 秦腔历史剧《关中晓月》剧照

（三）民间舞蹈

每逢春节，陕北地区广大群众自发地组织闹秧歌、打腰鼓，是人们庆贺丰收、抒发情怀、祭祀神灵护佑、企盼来年风调雨顺、表现理想愿望的一种文化生活和人文精神的寄托。人们在户外闹秧歌时，多以激越奔放、粗犷欢畅的节奏“走、跑、跳、转”，加以双臂不停地大幅度甩动，情不自禁摇头晃肩，使内在感情的宣泄和外在律动姿态变化和谐统一，形成一种欢快、活泼、阳刚、奔放的舞蹈形象，成

▲ 打腰鼓

为一种独具特色并具有传统文化和地域特征的民间舞蹈文化。

（四）工艺美术

陕西民间剪纸盛行，其中以陕北的定边、靖边、吴堡、榆林、延安，关中的凤翔、富平、三原，陕南的汉中等地为代表。凤翔彩绘泥塑是一种民间美术，汲取了古代石刻、年画、剪纸和刺绣中的纹饰造型夸张、色彩鲜艳，散发着浓郁的乡土气息，具有较高的民俗文化、民间艺术和美学研究价值。安塞民间绘画线条粗犷凝练、色彩浓郁独特、形象雄壮浑厚、意境崇高美妙、行笔运色随心所欲，彰显着三秦文化质朴浑厚、强悍而富于创造的精神品质。

▲ 凤翔彩绘泥塑

三、三秦文化与陕西古代建筑

（一）帝王陵墓建筑

三秦地区的秦始皇陵、汉阳陵、茂陵、乾陵等帝王陵墓都记录印证了博大精深的陕西古代文化。秦始皇陵是中国第一座皇家陵园，以其规模宏大、埋藏丰富著称于世。古埃及金字塔是世界上最大的地上王陵，中国秦始皇陵则是世界上最大的地下皇陵。乾陵内现存有华表、翼马、述圣记碑等大型石雕 120 多件，被誉为“盛唐石刻艺术的露天展览馆”。

▲ 秦始皇陵兵马俑

（二）楼阁建筑

西安城墙是明代初年在唐长安城皇城城墙基础上扩建而成的，是中世纪后期中国最著名的城垣建筑之一，是全国古城中保存较完整、规模最大的城墙。西安钟楼是我国目前规模最大、建筑最宏伟、保存最完整的明代建筑之一。

▲ 西安城墙

（三）宗教建筑

大雁塔即大慈恩寺塔，被视为古城西安的象征。整个建筑气魄宏大，格调庄严古朴，造型简洁稳重，比例协调适度，是唐代建筑艺术的杰作。陕西楼观台国家森林公园是我国著名的道教圣地，被誉为中华文化之魂所在地。化觉巷清真大寺是一座历史悠久、规模宏大的中国殿式古建筑群，是伊斯兰建筑和中国传统建筑艺术风格相融合的产物。

（四）古迹遗址

灞桥遗址位于西安城东灞河上，建于隋开皇三年（583年），为一座规模宏伟的多孔石拱桥，是长安城通往中原和江南的交通要道。长安人送客东行多在此折柳赠别，故又名销魂桥。大明宫遗址、蓝田猿人遗址、半坡遗址、丰镐遗址、阿房宫遗址、汉长安城遗址、华清宫遗址等大量的古遗址，表现出三秦地区文化的厚重之气、雄浑之韵。

项目拓展

赵武灵王胡服骑射

赵武灵王即位的时候，赵国正处于国势衰落的时期，就连中山那样的小国也常来侵扰，赵国常吃败仗。赵武灵王看到胡人在军事服饰方面有一些长处，便与国相肥义商议让百姓穿短衣胡服，学骑马与射箭。他说："愚蠢的人会嘲笑我，但聪明的人会明白的。即使天下的人都嘲笑我，我也要这么做，一定能把北方胡人的领地和中山国都夺过来！"于是自己改穿胡服。

国人都不愿穿胡服，其中公子成称有病，不来上朝。赵武灵王派人前去说服他："家事听从父母，国政服从国君，现在我要人民改穿胡服，而叔父您不穿，我担心天下人会议论我徇私情。治理国家有一定的章法，要以有利于人民为根本；处理政事要有一定的原则，要以施行政令为重。宣传道德要先让百姓议论明白，而推行法令必须从贵族近臣做起，所以我希望能借助叔父您的榜样来完成改穿胡服的功业。"公子成道："我听说，中原地区在圣贤之人的教化下，采用礼乐仪制，是远方国家前来游观，让周边地区学习效法的地方。现在君王您舍此不顾，去仿效外族的服装，是擅改古代习惯、违背人心的举动，我希望君王慎重考虑。"使者回报赵武灵王。赵武灵王便亲自登门解释说："我国东面有齐国、中山国；北面有燕国、东胡；西面是楼烦，与秦、韩两国接壤。如今没有骑马射箭的训练，凭什么能守得住呢？先前中山国倚仗齐国的强兵，侵犯我们的领土，掠夺人口，又引水围灌鄗城，如果不是老天保佑，鄗城几乎就失守了。此事先王深以为耻。所以我决心改穿胡服，学习骑射，想以此抵御四面的强敌。而叔父您一味依循中原旧俗，厌恶改变服装，忘记了鄗城的奇耻大辱，我对您深感失望啊！"公子成幡然醒悟，欣然从命，赵武灵王亲自赐给他胡服，第二天他便穿戴入朝。于是，赵武灵王正式下达改穿胡服的法令，提倡学习骑马射箭。

项目三 中国南方地域文化

“多元一体”是中华民族的文化格局和特色，也是中华民族的重要优势，众多既相通又各具特性的地域文化共同构成了锦绣中华的历史画卷。中国经济、文化的重心南移以后，“江南”成为人们心目中的“人间天堂”“人文渊薮”，环太湖一带的吴越，代表了典型意义上的“江南”；洞庭湖南北的湖南、湖北两省是春秋战国时期的楚国故地，是楚文化的核心地区。楚文化是先秦时期南方文化的代表，在华夏文化南北融合的过程中贡献巨大；巴蜀位于群山环绕的四川盆地，北靠险要的剑门通往陕西，东出长江三峡才能到达楚地，封闭而又富饶，故史称“天府”；岭南在近代得风气之先，无论在历史上还是在当代也都扮演着独特的重要角色。

项目目标

◆ 知识目标

了解多姿多彩的中国南方地域文化，重点认识吴越、荆楚、巴蜀文化。

◆ 能力目标

通过学习、搜集家乡地域文化并做公开介绍、展示，提高自主进行专题性学习的能力，锻炼综合概括和现场讲解的能力。

◆ 素养目标

认识家乡和脚下的土地，加深对中华文化多元一体格局的了解，培养自信且包容的文化心态。

任务一 吴越文化

一、吴越文化概述

文化驿站

吴越文化

吴越文化由吴文化和越文化构成。吴文化主要指江苏无锡环太湖区域的吴地文化；越文化主要指以浙江绍兴为核心区域的越地文化。

吴文化和越文化同属江南文化，除了春秋时期吴越争霸在政治上相对立外，更多的是相统一，共性大于个性。它们同宗同源，具有很大的相容性。这种相容性既体现在两地相通的吴语体系，又体现在相似的生活方式和相近的社会习俗以及宗教信仰等方面。其文化特质主要表现为：第一，鲜明的“善进取，急图利”的功利主义色彩。第二，“富于冒险、开拓进取”的海派文化传统。这主要是因为傍海而居、出海而航的生活生产环境，培育出了吴越人的顽强的生命力和开拓冒险的精神。第三，浓厚的工商文化传统。吴越文化自春秋战国范蠡大夫弃政从商以来，就形成了蓬勃的尚利文化，“工商皆本”的思想几乎是自始至终一以贯之的。第四，“崇尚柔慧，厚于滋味”的人文情怀。江浙文化尊重人欲，重视家庭和家族的血缘亲情关系，这与“存天理，灭人欲”的儒家文化导向很不一样。

二、吴越气质与江浙民间艺术

（一）地方戏曲

昆曲原名“昆山腔”，简称“昆腔”，是我国古老的戏曲声腔、剧种，有“中国戏曲之母”之称。昆曲最大的特点是抒情性强、动作细腻，歌唱与舞蹈的身段结合得巧妙而和谐。该剧种被联合国教科文组织命名为“人类口述遗产和非物质遗产代表作”称号。

评弹是评话和弹词的总称，是一门古老、优美的说唱艺术。苏州评话是采用以苏州话为代表的吴语方言徒口讲说表演的曲艺说书形式，通常与苏州弹词合称“苏州评弹”。苏州弹词通常以说为主，说中夹唱，讲究“说噱弹唱”。

越剧长于抒情，以唱为主，声腔清悠婉丽，优美动听，表演真切动人，极具江南灵秀之气。越剧以才子佳人题材为主，艺术流派纷呈。

（二）民间音乐

江苏在民歌上体现为苏南的吴歌和苏北的楚歌，两者风格迥然不同，吴歌的主要特征是“嗲”，楚歌风格粗犷。浙江的民歌按音乐体裁可分为号子、山歌、小调等。号子，主要是指人们在劳动生产过程中演唱的劳动号子，其音律、节奏与劳动节奏紧密配合。山歌，主要是指农村人们在山野湖河劳作行舟，或在屋前棚下休憩时为舒心解闷自娱自乐时唱的一种民歌，其旋律比较舒展，节奏比较自由。“江南小调”或“江浙小调”，是指以苏杭两地为中心的吴语地区的民间时调俗曲，曲调流畅动听。

（三）民间舞蹈

浙江民间舞蹈大多脱胎于古代的祭神、庆典活动或劳动之余的休闲活动。其特征是绮丽纤秀、轻盈多姿。由于地域的特征，江苏不同地区的民间舞蹈各具特色。苏南的民间舞蹈具有柔美、委婉和抒情的风格。苏北地区的舞蹈风格多样，有雅致秀美的，有刚劲质朴的，也有活泼风趣的。但苏北民间舞蹈有一个共同的特点，那就是舞蹈的技艺性比较高，有些甚至带有杂技表演的性质。

▲ 吴越民间舞蹈

（四）工艺美术

历史上，江苏工艺美术在全国占有重要地位。苏绣是苏州地区刺绣产品的总称，具有图案秀丽、构思巧妙、绣工细致、针法活泼、色彩清雅的独特风格，地方特色浓郁。宜兴紫砂器闻名中外。常见的紫砂器是紫砂壶，其特点是不夺茶香气又无熟

▲ 宜兴紫砂器

汤气，壶壁吸附茶气，使用日久后在空壶里注入沸水也有茶香。南京云锦是我国优秀传统文化的杰出代表，是至善至臻的民族传统工艺美术珍品之一。其因绚丽多姿，美如天上云霞而得名，并因丰富的文化和科技内涵被喻为“东方瑰宝”“中华一绝”。

另外，深具中华优秀传统文化特色，深受国内外好评的还有扬州玉雕、南通蓝印花布、湖笔、龙泉宝剑等。

三、吴越气质与吴越古代建筑

吴越文化的柔、细、雅、美等共同的内在气质，在江浙一带传统的代表性建筑中均有表现。

（一）帝王陵寝建筑

南京明孝陵以其规模宏大、形制独特、环境优美而闻名于世。位于绍兴市富盛镇攒宫山的南宋六陵、位于徐州市东郊狮子山的汉兵马俑等，在营造规划、建筑形式、风俗习惯、艺术渊源等方面具有深厚的人文积淀和区域特征。

（二）关、门、楼、阁建筑

苏州基本保持着古代“水陆并行、河街相邻”的双棋盘格局、“三纵三横一环”的河道水系和“小桥流水、粉墙黛瓦、古迹名园”的独特风貌。扬州的楼阁建筑大多体现出一种闲适的生活方式和江南才子的生活情调。在诸多因素的作用下，杭州则表现出刚柔相济、义利兼顾，矜持而务实、智巧而淳厚、勤奋而又不失从容的文化特征。

▲ 苏州古镇

（三）古代桥梁建筑

苏州宝带桥是驰名中外的多孔石拱桥，因其制造精巧，加上周围有青山绿水相衬，恰似飘动在水乡原野上的一条宝带。扬州的五亭桥造型别致，比例适当，把稳重大方和玲珑剔透巧妙地结合在一起。每当晴夜月满，每个洞内各衔一月，别具诗情画意。断桥位于杭州里西湖和外西湖的分水点上，伫立桥头，放眼四望，远山近水，尽收眼底，是欣赏西湖雪景之佳地。绍兴的太平桥是一座由石拱桥和石梁桥相结合的多跨桥梁，形状若龙首朝天，翻腾水面，既考虑到大船只进拱桥，又兼顾小乌篷船可进低矮的梁桥分流，是江南地区一桥多功能的特有形式。

▲ 苏州园林（一角）

（四）宗教建筑

位于苏州城西枫桥镇的寒山寺、杭州市西湖西北的灵隐寺以及西湖之南的六和塔等的建筑和雕塑艺术，集中展示了我国古代建筑文化的成就，对于研究我国佛教史、建筑艺术史和雕塑艺术史等都很有价值。

（五）园林建筑

吴越的苏州园林、杭州西湖、寄畅园、绮园等园林建筑将自然、人文、历史、艺术巧妙地融为一体，彰显着中华优秀传统文化特色和区域特征。苏州园林的重要特色之一，在于它不仅是历史文化的产物，同时也是中国传统思想文化的载体，表现在园林厅堂的命名、匾额、楹联、书条石、雕刻、装饰，以及花木寓意、叠石寄情等，不仅是点缀园林的精美艺术品，同时储存了大量的历史、文化、思想和科学信息，其物质内容和精神内容都极其深广。

杭州西湖

杭州西湖旧称武林水、钱塘湖、西子湖，宋代始称西湖。它以秀丽的湖光山色和众多的名胜古迹闻名中外，是我国著名的旅游胜地，也被誉为人间天堂。杭州的西湖景区是立体和全方位的，不论从哪个角度都能领略她的风姿，素有“景在城中立，人在画里游”的美称。西湖不仅独擅山水秀丽之美，林壑幽深之胜，更有内涵丰富的文物古迹、优美动人的神话传说。

▲ 杭州西湖十景之苏堤春晓

任务二 荆楚文化

一、荆楚文化概述

文化驿站

荆楚文化

荆楚文化主要是指以当今湖北地区为主体的古代荆楚历史文化。从物质文化和精神文化的双重角度审视荆楚文化的发展轨迹，可以发现它具有以下几方面的特质：

一是筚路蓝缕即艰苦创业、自强不息的进取精神。西周末年，楚人还是一个弱小的部落。熊绎成为部落首领后，率部族居江上楚蛮之地，“筚路蓝缕，以启山林”。这种筚路蓝缕的精神成为楚国强盛的立国之本，也成为中华民族史上艰苦创业的典范。

二是追新逐奇即锐意进取、不断开拓的创新精神。楚国首创县制，并有早于商鞅变法的吴起变法等。楚人在科学技术、哲学思想、文学创作方面都作出了杰出的贡献。以文学而言，屈原是楚辞的宗师，后人对屈原作品的评价是“气往轹古，辞来切今，惊采绝艳，难与并能”，它道出了楚辞惊世骇俗的奇异之美。

三是兼收并蓄即融汇南北、海纳百川的开放精神。在先秦的诸民族中，楚人的民族偏见最少，主张民族融合，强调兼收并蓄，能够融合其他民族、国家，包括来自南洋、西方的文化。考古发现的“蜻蜓眼”玻璃珠，是迄今为止中国最早的中西文化交流的实例，它比丝绸之路大约早4个世纪。

四是崇武爱国即崇尚武装、热爱祖国的爱国精神。楚人有尚武之风，如荆州博物馆有一种称作“连发弩”的文物。在丰富的楚文化中，有很多例子反映了楚人的爱国主义精神。如申包胥为了求得秦国发兵救楚，在秦国朝廷中哭了七天七夜；更有代表性的是屈原，他有这样的诗句：“鸟飞反故乡兮，狐死必首丘。”其精神千秋万代为世人景仰，成为民族脊梁的象征。

二、荆楚特质与湖北民间艺术

（一）地方戏曲

楚人好歌，从古至今，无论农忙与闲暇时皆与歌相伴，无歌不欢。湖北的戏曲品种很多，现有22个地方剧种，有皮黄系统、花鼓系统、高腔系统等，其中最具影响的是汉剧、楚剧和荆州花鼓戏。它们的形成和发展不仅反映江汉平原的民风民俗，而且深刻体现荆楚儿女善于创造、乐观处世、开朗豁达的性格特点。

▲ 荆州花鼓戏《站花墙》剧照

（二）民间音乐

荆楚的民间音乐旋律优美动听、乐器种类丰富。

兴山民歌音调奇特，让人不识音高、不辨调式、不易歌唱，其主要价值之一在于证明了我国有独特的本土音乐，见证了我国民间“鸡鸣歌”唱法的持久性与科学性。宜昌丝竹和枝江民间吹打乐在民间长期盛行于婚丧嫁娶和民俗活动之中，成为一种普遍、实用、极具地域特色的演奏风俗。

（三）民间舞蹈

荆楚地区代表性的民间舞蹈有浦江板凳龙、撒叶儿嗬等。浦江板凳龙，就是一条条用单个板凳串联而成的游动的龙灯，它让人们充分感受到广场民间舞蹈气势恢宏、刚强柔美的特征。湖北长阳土家族的撒叶儿嗬，其曲体结构与楚辞体式多有相似，从中尚能找到古代巴楚之地祭神乐歌的影子，歌舞中显示出土家族人的积极人生态度，贯穿着豁达洒脱的生命观念。

▲ 浦江板凳龙

（四）工艺美术

黄梅挑花又名架子花、十字挑花，以元青布作底，用针将五彩丝线挑绣在底布经线和纬线交织的网格上，形成色泽艳丽、立体感强的图案。其中以方巾最为出色，曾多次获得国际博览会金奖。

荆楚地区颇具地域代表性的民间女工技艺——汉绣，以楚绣为基础，融汇南北诸家绣法之长，创造了富有鲜明地方特色的新绣法，以铺、压、织、锁、扣、盘、套这七种针法的变化运用而著称，以“平金夹绣”为主要表现形式，体现了“花无正果，热闹为先”的美学思想。

▲ 汉绣

另外，孝感雕花剪纸、糖塑等工艺美术品也极具地域特色与乡土气息。

三、荆楚特质与湖北古代建筑

（一）陵墓建筑

位于秭归县东北的屈原故里、宜昌市西的黄陵庙、随州市西北的擂鼓墩古墓群、钟祥市东的明显陵以及闯王陵、李时珍墓、八岭山古墓群、打虎亭汉墓等，都以其独特的环境风貌、精巧的布局构思体现了荆楚文化的特质。

（二）关、门、楼、阁建筑

▲ 黄鹤楼

黄鹤楼高古雄浑，极富个性。与岳阳楼、滕王阁相比，黄鹤楼的平面设计为四边套八边形，谓之“四面八方”。这些数字透露出古建筑文化中数目的象征和伦理表意功能。从楼的纵向看各层排檐，形如黄鹤，展翅欲飞。整座楼雄浑之中又不失精巧，富于变化的韵味和美感。晴川阁由于其所处独特的地理环境、独具一格的优美造型以及诸多文人名士的赞咏，赢得了重要的历史地位，有“楚国晴川第一楼”的美誉。

（三）古代桥梁建筑

位于湖北来凤县的接龙桥古朴而优雅，桥呈半圆形右拱，桥头两端是巨大的青石板砌成的石板路，连着夯峡溪两岸的苗寨。桥下的溪水清澈透亮，一年四季奔流不息，它是这里苗族群众进行“接龙”活动的天然场所。天津桥又名剑河桥，位于湖北省武当山十八盘下，融山、水、桥、观、林为一体。

（四）宗教建筑

武当山古建筑主体以宫观为核心，主要宫观建筑在内聚型盆地或山间台地之上，庵堂神祠分布于宫观附近，自成体系，岩庙则占峰踞险，形成“五里一庵十里宫，丹墙翠瓦望玲珑”的巨大景观。它与大山的内在美结合成一种独特的人文景观，构成一种奇妙的审美感知。另外，位于当阳的玉泉寺和武汉市汉阳翠微街的归元禅寺也较有地域特色。

▲ 武当山古建筑

屈原故里

屈原故里位于湖北省秭归县城东北的屈坪，四周高山环抱，屈河横贯其中，钟灵毓秀，人杰地灵，东面山梁下的香炉坪相传即为屈原诞生地。唐朝时改旧宅为屈原庙祭祀，至今仍存，庙内奉有屈原像。屈原死于农历五月初五日，人们把这一天当作一个节日，即端午节。屈原的家乡和南方广大地区有个风俗，每到这一天就要举行盛大的划龙舟比赛。据说划龙船就是表示救屈原的意思。

任务三　巴蜀文化

一、巴蜀文化概述

巴蜀文化是指以巴蜀地区为依托，北及天水、汉中区域，南涉滇东、黔西，生存和发展于长江上游流域，具有从古及今的历史延续性和连续表现形式的区域性文化。

巴蜀文化创造者以善于体认超越自我、贡献新质文化因素著称。虽然从汉以来，巴蜀历史上所出的人才，其总量不及长江下游的江、浙、沪，但其所产“精英”，即《华阳国志》所说的“英曜炳灵”的文化巨人则秀冠全国。从司马相如、扬雄到陈子昂、李白、苏轼、张问陶、李调元和郭沫若，都是“文章冠天下”的百科全书式文化巨人。

两千年来，巴蜀文化不断积累、变异和发展，为我们留下了神奇的自然世界、神秘的文化世界和神妙的心灵世界三方面的不可多得的独特的历史遗产，延展了长江文化的内涵，铭

文化驿站

巴蜀文化

刻着长江文化突破传统、突破自我、探索创新的精神。在长江文化体系中，巴蜀文化具有独特的历史地位。

二、巴蜀文化与民间艺术

▲ 变脸

（一）地方戏曲

最能体现巴蜀文化特色的川剧，是中国戏曲中十分罕见的融昆、高、胡、弹、灯五种声腔于一体而构成的剧种。不仅巴蜀社会生活的民俗风情，巴蜀人的精神风貌、性格特征、语言风格等，都可以借助川剧得到全景展示，而且川剧艺术中塑造人物的特技“变脸”“喷火”“水袖”等独树一帜。“变脸”是用脸谱以不同的方式勾画出不同形态，揭示剧中人物内心思想感情，成为巴蜀文化有别于其他文化的特色符号。另外，作为四川地方曲种的川北灯戏、四川扬琴、飞刀花鼓、四川清音等，也极富乡土气息和地方特色。

（二）民间音乐

青城洞经古乐是我国古老而优美的民间音乐遗产之一，它既是包容着无穷无尽音乐元素的海洋，又是具有强大吸引力的磁石，宗教音乐、民间小调、戏曲都从洞经古乐中寻找适合自己的曲调、曲牌与旋律，洞经古乐也不断吸纳其他音乐，使洞经古乐成为一支拥有庞大曲牌的音乐流派。另外，巴山背二、川江号子等民间音乐从本质上都体现了巴蜀劳动人民面对险恶的自然环境不屈不挠的抗争精神和粗犷豪迈中不失幽默的性格特征。

▲ 巴山背二歌

（三）民间舞蹈

四川泸州雨坛彩龙以其悠久的历史和浪漫的龙舞表演艺术被誉为“东方活龙”。该艺术表演重在一个“活”字，“人龙合一”。在龙舞中对龙的个性特征、生活情态进行生动的描摹，套路变幻莫测，表演活泼灵动。巴塘弦子是一种优美抒情的藏族舞蹈，“三步一撩、一步一靠”是其基本律动特点，其含胸、颤膝及长袖的绕、托、撩、盖等动作形成了独特的地域舞蹈风格。

▲ 泸州雨坛彩龙

（四）工艺美术

蜀绣又称“川绣”，技艺以针法见长，既长于刺绣花、鸟、虫、鱼等细腻而生动的图像，又善于表现山水磅礴的气势，形成了严谨细腻、光亮平整、构图疏朗、浑厚圆润、色彩明快的独特风格。绵竹木版年画与地方习俗紧密联系在一起，仅张贴就有许多规矩，不能违背。藏族格萨尔彩绘石刻融精湛的刻石技艺和传统绘画为一体，再现了格萨尔王及其岭国众将士为民造福、不畏邪恶、英勇奋战的波澜壮阔的历史场面。成都漆艺是我国最早的漆艺之一，是集艺术性和实用性为一体的手工制品，既可高悬于庙堂之上以彰显华贵，又可充当精致耐用的日常用品。

▲ 绵竹木版年画

三、巴蜀文化与古代建筑

（一）陵墓祠庙

崖墓是四川突出的一种墓葬形式，其特征是沿着浅丘、山谷的砂质岩层由人工凿成方形洞穴，然后安葬遗体和殉葬品。从外部看去，崖墓是一个个神秘的山洞，它是研究四川古代社会政治、经济、文化、历史的重要实物资料。成都武侯祠是我国影响最大的三国遗迹博物馆，其中的蜀丞相诸葛武侯祠堂碑最为有名，该碑文、书、刻俱佳，后世称此碑为“三绝碑”。

（二）楼阁建筑

成都市区的望江楼是一组建筑群，包括薛涛井、崇丽阁、吟诗楼、浣笺亭等，是为纪念唐代女诗人薛涛而兴建的，其建筑和装饰富有民族特色。川南宜宾城内的大观楼蔚为壮观，石砌楼基，四壁红墙，楼上“西南半壁”四字显示出无可替代的霸气。

（三）历史名人建筑

四川历史名人建筑即园林的特点是：建筑内有异宜而无成法；挖湖堆山融入蜀山神韵；

▲ 望江楼

建筑体现“崇尚自然，朴实无华”的四川农舍、民居风致；四川园林以乡土树种为园林的基本格调，体现其“古朴、自然”的特点。代表性的园林有杜甫草堂、三苏祠、望江公园、刘氏庄园等。

（四）水利工程与桥梁建筑

都江堰水利工程是现存的最古老而且仍然在灌溉田畴、造福人民的伟大水利工程，以其“历史跨度大、工程规模大、科技含量高、灌区范围大、社会经济效益好”的特点享誉中外，在政治上、经济上、文化上，都有着极其重要的地位和作用。都江堰水利工程成为世界水资源利用的典范。

▲ 都江堰

安澜桥是我国古代人民为征服高山峡谷和急流险滩，利用本地竹木资源创建的悬空过渡桥梁形式之一，是世界索桥建筑的典范。泸定桥为四川入藏的重要通道和军事要津。

（五）宗教建筑

四川宗教建筑、宗教壁画和宗教人物造像的艺术性使得宗教场所成为书法、建筑、绘画、雕刻、园林等艺术荟萃之地。道教宫观著名的有建福宫、青羊宫等，佛教的著名建筑有乐山大佛、汉地佛寺殿堂、文殊院等。乐山大佛是世界上最大的石刻弥勒佛坐像，大佛双手抚膝正襟危坐，造型庄严，排水设施隐而不见，设计巧妙。

都江堰

都江堰水利工程位于四川成都平原西部都江堰市西侧的岷江上，距成都56千米，建于公元前256年，是战国时期秦国蜀郡太守李冰率众修建的一座大型水利工程。都江堰渠首枢纽主要由鱼嘴、飞沙堰、宝瓶口三大主体工程构成。三者有机配合，相互制约，协调运行，引水灌田，分洪减灾，具有“分四六，平潦旱”的功效。

▲ 乐山大佛

项目拓展

以义乌人为主体的戚家军抗倭百战未尝败绩

根据史料记载，明朝嘉靖年间，浙江沿海倭寇为患，朝廷多次派兵进剿，都大败而归。1555 年，在山东御倭有功的戚继光被调到浙江抗倭。

因为觉得明朝卫所兵战斗力太差，戚继光屡次向朝廷提出在浙江征兵的建议："十室九邑，必有忠信；堂堂全浙，岂无材勇！"他同时保证："诚得浙士三千，亲行训练，比及三年，足堪御敌。"朝廷同意了他的请求。

然而，戚继光的招兵工作并不顺利。一开始，他垂青的是绍兴兵和丽水兵，不过很快就发现，他们都不靠谱。

1558 年，在舟山岑港战役中，他苦心训练出来的新军不堪一击，付出了惨重代价，明军伤亡 3 000 余人，敌军伤亡不到千人，连他自己也被罢免。

这让戚继光反省：绍兴地区以商业著名，在这种大环境下的百姓，适于经商却不适于作战。他们遇见战斗力较弱的倭寇，敢于奋勇杀敌，但若遇到强敌便畏惧不前。要建立一支有战斗力的军队，须征召忠勇彪悍之人入伍。

正当戚继光苦于寻觅忠勇彪悍之人时，他路过义乌，目睹了一场惊天动地的打架事件。开始，义乌好几人被打死，后来赤岸、毛店等地的百姓都参与进来，共聚集 3 000 多人踊跃逆击。双方旷日持久地械斗，从 4 月直到 10 月，最终以义乌人胜利而告终。

戚继光招募的义乌兵，也没有让他失望。经过严格训练，以义乌兵为主体的戚家军，成为中国历史上最能打的队伍之一。自成军时起，这支戚家军转战浙江、南直隶、福建、广东，大小数百战未尝败绩。万历时甚至跨过鸭绿江出征朝鲜，打击日本丰臣秀吉的侵略，保卫了大明北疆的安全。

任务活动

活动一：任务图解（30分）

要求：选取10个任务中的任意一个，画出简洁明了的思维导图。

活动二：文化体验（70分）

主题：区域文化微视频制作。

目的：将地域文化、家乡特色文化以视频的方式呈现给大家，既为家乡做代言，又从细微处观察生活。

1/5 角色构建

要求：全班学生分成5个小组。

项目小组	组长	成员
一组		
二组		
三组		
四组		
五组		

2/5　设计与行动

资料准备	1. 教学平台发布区域文化主题信息或优秀作品示例
	2. 学生按组确定主题，提前进行构思（时间提前一周）；思路拓展：可以从家乡地域文化入手，确定自己小组的拍摄主题
活动内容、活动方式及时间安排	1. 小组合作，捕捉地域素材，确定主题制作微视频
	2. 全班共同分享每组作品，每组选取 1 名成员对其作品进行播放及解说（每组 5 ～ 8 分钟）
	3. 由小组进行项目评估（不超过 10 分钟）

3/5　观察与评价

评价标准	符合要求（30 分）	主题创意（40 分）	视觉色彩文字描述（15 分）	设计结构（15 分）	总分
一组					
二组					
三组					
四组					
五组					

4/5　反思与探究

从实施过程和评价结果两个方面，对上述活动过程进行反思。（可从活动内容是否完成、活动流程是否规范、活动是否完美等方面考虑）

5/5　修正与完善

根据反思与探究中寻求到的解决问题的方法，进一步修正和完善微视频的编辑。

知识链接

1. 纪录片《大河之北》.
2. 纪录片《大秦岭》.
3. 纪录片《中国大运河》.
4. 纪录片《再说长江》.

参考文献

【1】夏鼐. 中国文明的起源［M］. 北京：中华书局，2009.

【2】马克，杨娟，王美玲等. 中国传统文化精神导论［M］. 北京：清华大学出版社，2015.

【3】张汝伦. 中国古代哲学史［M］. 上海：上海古籍出版社，2006.

【4】张岱年，方克立. 中国文化概论［M］. 2版. 北京：北京师范大学出版社，2004.

【5】沈瑞云. 中国传统文化十讲［M］. 2版. 杭州：浙江大学出版社，2011.

【6】唐贵英，李国新. 中国传统文化［M］. 西安：西北工业大学出版社，2020.

【7】安凤琴，李国新. 中国传统与地域文化［M］. 青岛：中国海洋大学出版社，2011.

【8】梁漱溟. 中国文化要义［M］. 上海：上海人民出版社，2018.

【9】刘大杰. 中国文学发展史［M］. 上海：复旦大学出版社，2012.

【10】章培恒，骆玉明. 中国文学史［M］. 上海：复旦大学出版社，2012.

【11】张芹玲. 新编中国传统文化［M］. 2版. 北京：高等教育出版社，2020.

【12】廖奔. 中国戏曲史［M］. 2版. 上海：上海人民出版社，2014.

【13】何炳武，何源. 书法与中国文化［M］. 北京：世界图书出版社，2012.

【14】杨振国. 中国绘画［M］. 修订版. 上海：上海人民美术出版社，2005.

【15】周讯，高春明. 中国古代服饰大观［M］. 重庆：重庆出版社，1994.

【16】方拥. 中国传统建筑十五讲［M］. 北京：北京大学出版社，2010.

【17】胡幸福. 中国饮食文化［M］. 银川：宁夏人民出版社，2010.

【18】高丙中. 中国民俗概论［M］. 北京：北京大学出版社，2009.

【19】金秋鹏. 中国读本：中国古代科技［M］. 北京：中国国际广播出版社，2010.

【20】费孝通. 中华民族多元一体格局［M］. 北京：中央民族学院出版社，1989.

【21】孔颖达. 礼记正义［M］. 北京：北京大学出版社，2015.

【22】卜宪群. 中国区域文化研究：第一辑［M］. 北京：社会科学文献出版社，2019.

【23】徐万邦. 中国少数民族文化通论［M］. 北京：中央民族大学出版社，1996.